的是，此刻在政治上整個中國仍然處於「一分為二」的艱苦狀態，加上馬列教條的種種限制，我們不可能邀請大陸學者參與撰寫工作。不過到目前為止，我們已經獲得八十位以上海內外的學者精英全力支持，包括臺灣、香港、新加坡、澳洲、美國、西德與加拿大七個地區；難得的是，更包括了日本與大韓民國好多位名流學者加入叢書作者的陣容，增加不少叢書的國際光彩。韓國的國際退溪學會也在定期月刊《退溪學界消息》鄭重推薦叢書兩次，我們藉此機會表示謝意。

　　原則上，本叢書應該包括古今中外所有著名的哲學思想家，但是除了財源問題之外也有人才不足的實際困難。就西方哲學來說，一大半作者的專長與興趣都集中在現代哲學部門，反映著我們在近代哲學的專門人才不太充足。再就東方哲學而言，印度哲學部門很難找到適當的專家與作者；至於貫穿整個亞洲思想文化的佛教部門，在中、韓兩國的佛教思想家方面雖有十位左右的作者參加，日本佛教與印度佛教方面卻仍近乎空白。人才與作者最多的是在儒家思想家這個部門，包括中、韓、日三國的儒學發展在內，最能令人滿意。總之，我們尋找叢書作者所遭遇到的這些困難，對於我們有一學術研究的重要啟示（或不如說是警號）：我們在印度思想、日本佛教以及西方哲學方面至今仍無高度的研究成果，我們必須早日設法彌補這些方面的人才缺失，以便提高我們的學術水平。相比之下，鄰邦日本一百多年來已造就了東西方哲學幾乎每一部門的專家學者，足資借鏡，有待我們迎頭趕上。

　　以儒、道、佛三家為主的中國哲學，可以說是傳統中國思想與文化的本有根基，有待我們經過一番批判的繼承與創造的

孟　德　斯　鳩

世界哲學家叢書

侯　鴻　勳　著

1993

東大圖書公司印行

國立中央圖書館出版品預行編目資料

孟德斯鳩／侯鴻勳著.--初版.--臺北市
：東大發行：三民總經銷,民82
　面；　公分.--（世界哲學家叢書）
參考書目：面
含索引
ISBN 957-19-1506-8(精裝)
ISBN 957-19-1507-6(平裝)

1.孟德斯鳩(Montesquieu, Charles
Louis de Socondat, Baront dela
Breade et de, 1689-1755)-
學識-哲學

146.41　　　　　　　　82006526

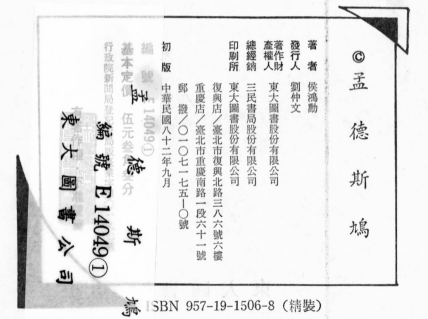

© 孟德斯鳩

著　者　侯鴻勳
發行人　劉仲文
著作財產權人　東大圖書股份有限公司
總經銷　三民書局股份有限公司
印刷所　東大圖書股份有限公司
　　　　復興店／臺北市復興北路三八六號六樓
　　　　重慶店／臺北市重慶南路一段六十一號
郵撥／○一○七一七五─○號
初版　中華民國八十二年九月
編號　E 14049①
基本定價　伍元卷壹分
行政院新聞局登記證局版臺業字

ISBN 957-19-1506-8 （精裝）

「世界哲學家叢書」總序

　　本叢書的出版計畫原先出於三民書局董事長劉振強先生多年來的構想，曾先向政通提出，並希望我們兩人共同負責主編工作。一九八四年二月底，偉勳應邀訪問香港中文大學哲學系，三月中旬順道來臺，即與政通拜訪劉先生，在三民書局二樓辦公室商談有關叢書出版的初步計畫。我們十分贊同劉先生的構想，認為此套叢書（預計百冊以上）如能順利完成，當是學術文化出版事業的一大創舉與突破，也就當場答應劉先生的誠懇邀請，共同擔任叢書主編。兩人私下也為叢書的計畫討論多次，擬定了「撰稿細則」，以求各書可循的統一規格，尤其在內容上特別要求各書必須包括 (1) 原哲學思想家的生平；(2) 時代背景與社會環境；(3) 思想傳承與改造；(4) 思想特徵及其獨創性；(5) 歷史地位；(6) 對後世的影響（包括歷代對他的評價），以及 (7) 思想的現代意義。

　　作為叢書主編，我們都了解到，以目前極有限的財源、人力與時間，要去完成多達三、四百冊的大規模而齊全的叢書，根本是不可能的事。光就人力一點來說，少數教授學者由於個人的某些困難（如筆債太多之類），不克參加；因此我們曾對較有餘力的簽約作者，暗示過繼續邀請他們多撰一兩本書的可能性。遺憾

展，重新提高它在世界哲學應有的地位。為了解決此一時代課題，我們實有必要重新比較中國哲學與（包括西方與日、韓、印等東方國家在內的）外國哲學的優劣長短，從中設法開闢一條合乎未來中國所需求的哲學理路。我們衷心盼望，本叢書將有助於讀者對此時代課題的深切關注與反思，且有助於中外哲學之間更進一步的交流與會通。

　　最後，我們應該強調，中國目前雖仍處於「一分為二」的政治局面，但是海峽兩岸的每一知識分子都應具有「文化中國」的共識共認，為了祖國傳統思想與文化的繼往開來承擔一份責任，這也是我們主編「世界哲學家叢書」的一大旨趣。

傅偉勳　韋政通

一九八六年五月四日

世界哲學家叢書

孟 德 斯 鳩

侯 鴻 勳 著

1993

東大圖書公司印行

國立中央圖書館出版品預行編目資料

孟德斯鳩／侯鴻勳著 . --初版 . --臺北市
：東大發行：三民總經銷,民82
面；　　公分 . --(世界哲學家叢書)
參考書目：面
含索引
ISBN 957-19-1506-8(精裝)
ISBN 957-19-1507-6(平裝)

1.孟德斯鳩(Montesquieu, Charles
Louis de Socondat, Baront dela
Breade et de, 1689-1755)-
學識-哲學

146.41　　　　　　　　　　82006526

© 孟德斯鳩

著　　者　侯鴻勳
發行人　劉仲文
著作財產權人　東大圖書股份有限公司
總經銷　三民書局股份有限公司
印刷所　東大圖書股份有限公司
　　　　復興店／臺北市復興北路三八六號六樓
　　　　重慶店／臺北市重慶南路一段六十一號
　　　　郵撥／〇一〇七一七五一〇號
初版　中華民國八十二年九月

編　號　E 14049①
定　價　伍元叁角叁分

行政院新聞局登記證局版臺業字第〇一九七號

有著作權·不准侵害

ISBN 957-19-1506-8 (精裝)

「世界哲學家叢書」總序

　　本叢書的出版計畫原先出於三民書局董事長劉振強先生多年來的構想，曾先向政通提出，並希望我們兩人共同負責主編工作。一九八四年二月底，偉勳應邀訪問香港中文大學哲學系，三月中旬順道來臺，即與政通拜訪劉先生，在三民書局二樓辦公室商談有關叢書出版的初步計畫。我們十分贊同劉先生的構想，認為此套叢書（預計百冊以上）如能順利完成，當是學術文化出版事業的一大創舉與突破，也就當場答應劉先生的誠懇邀請，共同擔任叢書主編。兩人私下也為叢書的計畫討論多次，擬定了「撰稿細則」，以求各書可循的統一規格，尤其在內容上特別要求各書必須包括 (1) 原哲學思想家的生平；(2) 時代背景與社會環境；(3) 思想傳承與改造；(4) 思想特徵及其獨創性；(5) 歷史地位；(6) 對後世的影響（包括歷代對他的評價），以及 (7) 思想的現代意義。

　　作為叢書主編，我們都了解到，以目前極有限的財源、人力與時間，要去完成多達三、四百冊的大規模而齊全的叢書，根本是不可能的事。光就人力一點來說，少數教授學者由於個人的某些困難（如筆債太多之類），不克參加；因此我們曾對較有餘力的簽約作者，暗示過繼續邀請他們多撰一兩本書的可能性。遺憾

的是，此刻在政治上整個中國仍然處於「一分為二」的艱苦狀態，加上馬列教條的種種限制，我們不可能邀請大陸學者參與撰寫工作。不過到目前為止，我們已經獲得八十位以上海內外的學者精英全力支持，包括臺灣、香港、新加坡、澳洲、美國、西德與加拿大七個地區；難得的是，更包括了日本與大韓民國好多位名流學者加入叢書作者的陣容，增加不少叢書的國際光彩。韓國的國際退溪學會也在定期月刊《退溪學界消息》鄭重推薦叢書兩次，我們藉此機會表示謝意。

　　原則上，本叢書應該包括古今中外所有著名的哲學思想家，但是除了財源問題之外也有人才不足的實際困難。就西方哲學來說，一大半作者的專長與興趣都集中在現代哲學部門，反映著我們在近代哲學的專門人才不太充足。再就東方哲學而言，印度哲學部門很難找到適當的專家與作者；至於貫穿整個亞洲思想文化的佛教部門，在中、韓兩國的佛教思想家方面雖有十位左右的作者參加，日本佛教與印度佛教方面卻仍近乎空白。人才與作者最多的是在儒家思想家這個部門，包括中、韓、日三國的儒學發展在內，最能令人滿意。總之，我們尋找叢書作者所遭遇到的這些困難，對於我們有一學術研究的重要啟示（或不如說是警號）：我們在印度思想、日本佛教以及西方哲學方面至今仍無高度的研究成果，我們必須早日設法彌補這些方面的人才缺失，以便提高我們的學術水平。相比之下，鄰邦日本一百多年來已造就了東西方哲學幾乎每一部門的專家學者，足資借鏡，有待我們迎頭趕上。

　　以儒、道、佛三家為主的中國哲學，可以說是傳統中國思想與文化的本有根基，有待我們經過一番批判的繼承與創造的發

展，重新提高它在世界哲學應有的地位。為了解決此一時代課題，我們實有必要重新比較中國哲學與（包括西方與日、韓、印等東方國家在內的）外國哲學的優劣長短，從中設法開闢一條合乎未來中國所需求的哲學理路。我們衷心盼望，本叢書將有助於讀者對此時代課題的深切關注與反思，且有助於中外哲學之間更進一步的交流與會通。

　　最後，我們應該強調，中國目前雖仍處於「一分為二」的政治局面，但是海峽兩岸的每一知識分子都應具有「文化中國」的共識共認，為了祖國傳統思想與文化的繼往開來承擔一份責任，這也是我們主編「世界哲學家叢書」的一大旨趣。

傅偉勳　韋政通

一九八六年五月四日

自 序

　　早在五十年代，我在莫斯科大學哲學系當副博士研究生時，就主要研究黑格爾哲學，論文題目是：「黑格爾歷史哲學研究」。畢業回國後，一直在中國社會科學院（1977年前屬中國科學院）哲學研究所從事研究工作，並在 1982 年出版了《論黑格爾的歷史哲學》這部專著。

　　出於研究黑格爾歷史哲學的理論來源的需要，我閱讀了一些在社會歷史觀方面曾對黑格爾發生過影響的思想家的著作，其中就有孟德斯鳩的三部主要著作。

　　孟德斯鳩這位偉大的啟蒙思想家，這位歷史名人中的佼佼者，他的三部不朽著作把我深深地吸引住了，使我深深地認識到他是一位站在時代的前列奮力拼搏、在時代的激流中參加戰鬥的偉人。他以其深邃的思想，精闢的理論，啟迪過人們的思想，推動了世界文明的發展進步，對人類歷史進程產生了深遠的影響，在促使舊的封建制度的死亡和新的資本主義制度的誕生方面起了重要的作用。

　　孟德斯鳩不僅是一位學識淵博、思想深邃的啟蒙學者，而且是一位心地善良、品德高尚的人。他關心人，愛護人，助人為樂，樂善好施，他有一顆仁愛之心。他是一個正直的人，真正的

人。他的精神值得世世代代的人尊敬和學習。

「高山仰止，景行行止。」正是出於對這位把畢生精力奉獻給了啟蒙事業的思想家的景仰。八十年代以來，我對這位啟蒙思想家進行了專題研究。這本書就是我的研究成果。因水平所限，本書的缺點和錯誤在所難免，敬請廣大讀者和學術界同仁不吝賜教。

侯　鴻　勳

1993年 8 月於北京永安南里

孟德斯鳩 目次

「世界哲學家叢書」總序

自序

第一章　偉大啓蒙思想家的一生 ……………… 1

　一、貴族世家 …………………………… 3

　二、早年生活 …………………………… 6

　三、一舉成名 …………………………… 10

　四、沙龍常客 …………………………… 14

　五、周遊四方 …………………………… 18

　六、著書立說 …………………………… 28

　七、桑楡暮景 …………………………… 42

第二章　對封建專制主義的揭露和批判 ……… 55

第三章　自然神論觀點和對宗教的批判 ……… 67

　一、自然神論觀點 ……………………… 68

　二、對宗教的批判 ……………………… 73

第 四 章　關於社會發展規律的觀點和地理學說
....103

　一、關於社會及其發展規律的思想.................103
　二、地理學說...109

第 五 章　法學理論 125

第 六 章　君主立憲思想和三權分立學說......151

第 七 章　論戰爭與和平 167

第 八 章　經濟思想 189

第 九 章　人道主義思想 207

第 十 章　婦女問題 219

第十一章　孟德斯鳩在歷史上的作用和地位...233

第十二章　孟德斯鳩與中國 243

　一、孟德斯鳩論中國.................................243
　二、孟德斯鳩在中國.................................251

生平著作年表 259

主要參考書目 269

索　　引 273

第一章　偉大啓蒙思想家的一生

沙利・路易・德・斯貢達・孟德斯鳩 (Montesquieu, 1689
～1755)，是 18 世紀上半葉出生的法國啟蒙思想家、社會學家，
資產階級國家和法學理論的奠基人，是與伏爾泰(1694～1778)、
盧梭（1712～1778）齊名的法國資產階級革命的思想先驅之一。

孟德斯鳩生逢路易十四（1638～1715）封建王朝的鼎盛時
期。然而，這個「鼎盛」的封建肌體已是百孔千瘡、外強中乾。
路易十四在位 55 年❶，實行了長期的、高度集中的封建君主專
制，即所謂「絕對專制」。在他的絕對專制下，法院的權力被大
大地削弱了。他窮兵黷武、橫徵暴斂，弄得民窮財盡，怨聲載
道。到西班牙王位繼承戰爭（1701～1713）結束時，法國政府
的財政赤字竟高達 25 億法郎。善於阿諛奉承的大臣們稱頌路易
十四爲「太陽王」。這位國王和宮廷貴族生活極端奢侈，揮霍無
度。他不惜耗費巨資建造宏大的富麗堂皇的凡爾賽宮。他在私人
生活方面更是荒淫無恥，放蕩不羈，有許多不同社會地位的婦女
都曾是他的情婦。尤其是他到了晚年，受其情婦曼特儂夫人的影

---

❶ 路易十四於1643年 5 歲時繼位，由其母路易十三的寡后安娜攝政，
　但實權卻掌握在馬札然首席大臣手中。1661 年馬札然死後，他開
　始親政，直至 1715 年逝世爲止。

響，使天主教會控制政治和社會的權力大大地增長了。路易十四
的長期統治給法國人民帶來了深重的苦難。他於 1715 年在人民
羣眾一片怨聲中死去之後， 由其曾孫路易十五繼位。 路易十五
（1715～1774年在位）嗣位時年方 5 歲，由奧爾良公爵菲力浦攝
政。他是一個昏庸無能的君主，很少過問國事。這個道道地地的
敗家子有一句名言：今世盡够受用，死後管它洪水滔天。他喜歡
行獵並經常在凡爾賽宮舉行舞會、化裝舞會和話劇表演。他使這
個本已破產的國家瀕於徹底崩潰的邊緣。

　　孟德斯鳩生活和從事創作的 18 世紀上半葉的法國，無論在
政治上還是在經濟上都要比英國落後，是一個以農業爲主的典型
的封建君主專制國家。在全國居民中，農業人口佔絕大多數，封
建的生產關係佔統治地位。當時的法國在政治上仍然存在著等級
森嚴的社會制度，按照法律規定，居民被分爲三個等級：僧侶貴
族爲第一等級；世俗貴族爲第二等級；農民、手工業者、手工工
場工人和資產階級爲第三等級。由貴族和高級僧侶組成的封建統
治階級擁有全國土地的一大部分，享有種種特權，殘酷地壓迫、
剝削廣大人民羣眾，過著窮奢極欲、荒淫無恥的生活。「第三等
級」在政治上處於完全無權的地位，他們是被統治階級。廣大勞
動人民羣眾的處境尤其困苦，他們受到封建專制政權和新興資產
階級的雙重壓迫和剝削，生活在水深火熱之中。

　　當時的法國雖然比英國落後，但它仍然是沿著資本主義道路
發展了。17世紀中葉，路易十四爲了開闢稅源，增強國家經濟實
力，他推行科爾伯（於 1665～1683 年間任財政總監）的重商主
義政策，獎勵工業生產，從而使法國資本主義經濟得到了發展，
國庫增加了收入。新的資本主義的生產關係在封建社會內部逐漸

發展起來了。資本主義工商業有了一定程度的發展，並逐漸形成了一個新興的資產階級。但是，在根深蒂固的封建專制制度下面，資本主義的發展仍然遇到了重重困難。法國國內關卡林立，度量衡不統一，加上封建統治階級的橫徵暴斂，對資產階級徵收高額的賦稅，這些都極大地阻礙了資本主義生產和貿易的發展。例如，在當時，爲把商品從法國南部的朗格多克郡運往巴黎，沿途就要上14次稅。而從中部的奧爾良運往西部的諾曼底的商品，在經過重重徵稅之後，其價格竟要提高 20 倍。而當時法國廣大人民羣眾的購買力又很低，這就大大地限制了國內市場的進一步繁榮。總之，腐朽的封建生產關係已經成了生產力發展的巨大障礙，成了阻礙社會進步發展的桎梏。正處在上升時期的新興資產階級同腐朽沒落的封建統治階級的矛盾越來越尖銳了。

爲了給資本主義生產關係的建立和生產力的順利發展掃清道路，爲了使國家的政治經濟得到進一步的發展，就必須同封建統治階級及其專制制度作鬥爭。這是時代的要求。

孟德斯鳩所處的就是這樣一個極端腐朽的封建專制主義發展到了最高峯並開始轉向沒落的時代，一個正在醞釀著革命風暴的時代——資本主義生產關係在封建制度內部竭力爲自己開闢道路的時代。他在這樣一個時代裏，是作爲一個封建統治階級的反叛者，作爲還比較幼弱的法國新興資產階級的代言人而出現在歷史舞臺上的。

一、貴族世家

孟德斯鳩於法國大革命前一百年，1689 年 1 月 18 日出生在

法國西南部吉倫特省的重要城市波爾多 (Bordeaux) 附近的一個
貴族家庭。 他當時不叫孟德斯鳩, 而叫沙利・路易・德・斯貢
達。 斯貢達家族是一個古老的、出過不少文官武將的「長袍貴
族」家庭, 而且它素以在野黨的反抗情緒聞名, 曾出過不少投石
黨人❷。

　　孟德斯鳩的高祖父名叫讓・德・斯貢達, 祖籍貝里, 後來遷
居到加龍河畔的阿讓, 正是他購買了「孟德斯鳩領地」。曾祖父
叫雅各布・斯貢達, 於 1576 年出生在阿讓市, 並受洗禮爲新教
徒。 雅各布雖有兄弟 6 人, 但有 4 個兄弟在年輕時卽已戰死沙
場, 因此, 他在倖存的兄弟中排行第二。

　　孟德斯鳩的祖父叫讓・巴普蒂斯特・加斯東, 他是雅各布的
長子, 曾任波爾多法院的庭長。他娶法國西南部一位著名法官的
女兒爲妻。他有 10 個兒女, 其中 6 人後來成了神職人員—— 3
個牧師和 3 個修女。 他的第三個兒子雅克, 就是孟德斯鳩的父
親。雅克是個軍人, 他雖相貌出眾, 才華橫溢, 通曉事理, 但卻
一貧如洗。這主要是由於他在家中不是長子, 按照封建社會「長
子繼承權」的規矩, 他無權承襲爵位和封地。1686 年, 雅克與瑪
麗——弗朗索瓦・德・貝斯奈勒結婚。她是一位當地貴族的獨生
女兒, 她血統高貴, 不僅從達爾布蘭和波旁兩門顯貴那裏繼承了
英國血統, 而且還是聖——路易的後裔。她出嫁時帶來了拉柏烈

---

❷ 「投石黨運動」亦稱「福隆德」(Fronde), 是由法院貴族和資產階
　級領導的反政府運動。「福隆德」原是一種當時流行的投石器, 這
　種武器被巴黎市政府禁止, 違者入獄。巴黎羣眾曾用以射擊馬札然
　(路易十四親政以前掌握實權的首相)擁護者的住宅, 因此, 「福
　隆德」有反政府的意思。這場運動後來被鎮壓下去。

德莊園 (Château de la Brède) 和封地。這個莊園地處肥沃的波爾多葡萄種植區的最邊緣地帶。拉柏烈德出產的白葡萄酒和羅凱莫林紅葡萄酒在當年享有盛名，銷路極廣。

孟德斯鳩就是在母親陪嫁來的這個莊園裏出生的。他出生的那一天就在拉柏烈德教區的教堂受了洗禮，取名爲沙利·路易。他的教父是村裏的一個乞丐，也叫沙利。家長之所以選乞丐作孩子的教父，完全是爲了要讓小沙利永遠牢記他對窮苦人應當負有義務。幼年沙利·路易還被送到拉柏烈德的磨坊裏哺養過 3 年，在那裏他完全過著平民孩子的生活，不僅吃的是粗茶淡飯，而且說的話也是當地的土腔土調。

孟德斯鳩有兩個姐妹，姐姐叫瑪麗，妹妹叫特萊絲，她們後來都出家當了修女。特萊絲後來還成了阿讓聖母院的院長。她是一個充滿熱忱、虔誠聖潔的神職人員，被教友們視爲上帝的選民。她精明能幹，辦事認眞，深受教友們的尊敬。她活到 81 歲高齡。弟弟約瑟夫，後來成了一位頗有名氣的律師。同時他也是一位忠誠獻身的牧師，出色的兼聖職者，1743 年被任命爲尼佑爾修道院院長，其後，還擔任過另外幾個修道院的院長。另外一個弟弟和一個妹妹則在年幼時就已死去。

孟德斯鳩的母親是個非常善良的婦女。她很喜愛自己的孩子，對他們有高度的責任心，並且樂善好施。她是個虔誠的教徒，她最愛讀的書是《新約》。但是，這位對家庭忠貞、對信仰虔誠的年輕的母親，竟於 1696 年在生最小的孩子時不幸去世了。這時的孟德斯鳩年僅 7 歲，作爲長子，他繼承了母親的遺產和拉柏烈德男爵爵位。

二、早年生活

　　孟德斯鳩在 11 歲之前是在家裏和村裏接受教育的。教他讀書的老師叫蘇韋爾維。1700 年， 他父親決定送他到 370 英里以外的莫城主教轄區的朱伊公學去學習。

　　朱伊公學是一所很有名氣的教會學校。它在巴黎附近，離巴黎聖母院僅有 20 公里。它於 1633 年經路易十三特許而建立，由奧拉托利 (Oratory) 紅衣主教會議主管。

　　1700 年 8 月 11 日，11 歲的孟德斯鳩與他的兩個表兄弟一起來到了朱伊公學。他於 1705 年 8 月 11 日完成了學業。在這座著名學校度過的 5 年裏，他刻苦攻讀，因而受到了人們的稱讚。這 5 年的學校生活，對這位未來的啟蒙思想家來說也許是至關重要的。因爲，這所學校的學生作息制度極嚴，教學內容充實，學生除了要學習拉丁文、法文、希臘文和地理、歷史、數學以外，還要學習繪畫、音樂、馬術、擊劍、舞蹈等課程。可見，在這所學校裏，少年孟德斯鳩受到了較爲全面的教育，爲以後的進一步發展和學術研究打下了初步的、較爲紮實的基礎。孟德斯鳩在朱伊公學學習期間留下的作品中，值得一提的是標題叫「羅馬史」的筆記，它約有 78 頁。其內容雖然都是一些簡單的歷史事實，但都可以從中窺見這位未來的《羅馬盛衰原因論》著者對古代羅馬所表現出的最初興趣。還有一點值得一提，孟德斯鳩在朱伊公學學習期間，非常崇拜紅衣主教會議最傑出的成員、著名哲學家馬勒伯朗士 (1638～1715) 。

　　在朱伊公學畢業後，孟德斯鳩回到了故鄉，在波爾多大學專

修法律。1708 年，19 歲的孟德斯鳩獲得了法學學士學位和碩士學位，並獲得律師資格，在基因議會任律師。然而，光有書本知識而無實際經驗，是難以處理好律師事務的。這位年輕的律師顯然正是出自這種考慮，才決定離開波爾多前往巴黎這個大都會的。

1709 年，這位 20 歲的青年來到了巴黎，一住就是 5 年（大約從 1709 年至 1713 年）。有關孟德斯鳩這個時期在巴黎的情況，人們所知極少。較爲值得注意的是他與一位名叫黃嘉略的中國人相交往的情況。據記載，他在 1713 年曾與黃嘉略進行過多次討論，他對儒教問題特別感興趣。

1713 年 11 月 15 日，孟德斯鳩的父親去世，終年 58 歲。孟德斯鳩爲奔父喪而回到波爾多，作爲長子，他繼承了父親的產業。這樣一來，他便成爲一個擁有相當產業的封建領主了。1714 年 2 月 24 日，他被破例任命爲波爾多高等法院的推事。

這個在高等法院任職、父母雙亡、年近 25 歲的封建領主也應當擇偶成婚了。他選擇了既高貴而又殷實的一家聯姻。這個富有的貴族家庭住在克萊拉克，距孟德斯鳩村和拉柏烈德莊園都不遠。未婚妻名叫讓娜‧德‧拉爾蒂克，是一位篤信加爾文教的教徒。1715 年 3 月 11 日在克萊拉克舉行了訂婚儀式，婚約寫明給丈夫 10 萬利弗爾的嫁資。同年 4 月 30 日在波爾多的聖——米歇爾教堂舉行了婚禮。婚後生有一男二女，兒子叫讓‧巴普蒂斯特，1716 年 2 月 10 日出生；長女叫瑪麗‧卡特琳娜，1717年 5 月22 日出生；次女叫瑪麗‧約瑟奧‧丹妮絲，1721 年出生。

1716 年 4 月 24 日，孟德斯鳩的伯父讓‧巴普蒂斯特‧斯貢達‧孟德斯鳩男爵病故。因無子嗣，他生前即已立下遺囑，將

全部產業、爵位和官職都留給侄子沙利‧路易。伯父謝世後，孟德斯鳩由於繼承其遺產而家產遽增，他的領地向東延伸到了加龍河中部和洛特省，而孟德斯鳩村也歸他本人所有。同時，由於承襲了伯父的「孟德斯鳩男爵」這個封號，他的名字也成了「沙利‧路易‧德‧斯貢達，拉柏烈德和孟德斯鳩男爵」(Charles-Louis de Secondat, baron de la Brède et de Montesquieu)。此外，他還由於繼承了伯父的官職而成爲波爾多高等法院的庭長❸。他是在賣掉了推事之職以後，於 1716 年 7 月宣誓上任的。

法國封建時代的法院，主要由貴族代表組成，它既是處理訴訟的司法機關，又是貴族參政的機構，相當於議會，可以討論國家大政，並對國王的措施提出不同的意見。但是後來由於路易十四實行君主獨裁，並親自去法院撕毀投石黨的議事記錄，宣稱「朕卽國家」，從而使巴黎法院失去了可以對國王敕令提出異議的權力。所以，孟德斯鳩時代的法院，幾乎僅僅是一個處理訴訟的機關，而且主要是處理市民的訟事。孟德斯鳩所任的庭長之職絕非掛名的閒職，需要處理的日常法律事務十分繁雜。儘管他對自己的工作有高度的責任心和嚴肅認眞的態度，但對訴訟程序卻並不在行。他畢竟是個學者型的人物。

不過，在波爾多高等法院任職本身對他來說卻是重要的，因爲庭長這個職位使他獲得了尊嚴，提高了他的社會地位。而且，也正由於在高等法院任職，才使他有機會結識了英王詹姆斯二世的私生子、擔任過英國將軍、西班牙將軍和法國元帥的貝里克公

---

❸ 法國的高等法院，除巴黎高等法院外，各省亦有高等法院。每一所高等法院設一名院長，若干庭長和推事。院長由國王任命，庭長和推事之職是世襲的，可以買賣。

爵。這位貝里克公爵是從英國被驅逐出來的。他在法國期間，是
宮廷裏受人敬重、眾所矚目的人物。他在 1716 年至 1724 年擔
任吉耶訥司令官期間，曾多次造訪波爾多高等法院。孟德斯鳩與
他成了莫逆之交。孟德斯鳩寫文章讚頌他，說他待人謙和而嚴
厲，有卓識而處事審慎，性格安詳開朗，對待朋友忠誠不渝。與
貝里克公爵的友誼，使孟德斯鳩受益匪淺。後來，正是在這位大
名鼎鼎的皇族好友的支持和贊助下，孟德斯鳩才得以躋身於巴黎
上流社會和順利地周遊歐洲。

青年時代的孟德斯鳩既不是一個只曉得埋頭辦案的封建官
僚，也不是只會混跡於社交場合的花花公子。他在學術和知識方
面有著自己的抱負和追求。他對歷史和政治有著濃厚的興趣。早
在 1711 年，他就在新思潮的影響下，撰寫了一篇為異教徒辯護
的論文，認為他們不應當受到打入地獄、永世不得翻身的判決。
這一時期的另一篇文章也值得注意，在這篇文章中，孟德斯鳩對
西塞羅抨擊迷信、倡導自由、反對凱撒專制表示贊許。1715 年
末或 1716 年初，孟德斯鳩還撰寫了一篇政論性文章，題為〈論
國家債務〉。

1716 年 4 月，27 歲的孟德斯鳩被選為波爾多科學院院士。
他的受職演說是在 4 月 18 日宣讀的。6 月 16 日，他在科學院
宣讀了一篇重要論文，題為〈論羅馬的宗教政策〉。然而，這篇
文章卻並未引起應有的注意。這主要是由於當時波爾多科學院的
研究重點並不在歷史和哲學領域，而是在自然科學和文學領域。
於是，孟德斯鳩也就把自己的研究重點轉向了自然科學。1716年
9 月 28 日，他出資創設了解剖學研究獎。也許是作為酬謝，他
被選為 1718 年度波爾多科學院的院長。此後，他在科學院宣讀

過一些有關自然科學的研究論文，內容涉及海水的漲潮與落潮、回聲形成的原因、腎臟的功能、物體的透明性、重力形成的原因等等。不過，這些論文並沒有多大的學術價值，所以很快就被人們忘記了。

儘管孟德斯鳩在波爾多科學院的學術活動成績並不顯著，但他進入科學院這件事本身卻對他未來的發展有重大意義。因爲，這個成立於 1712 年的波爾多科學院名流薈萃，人才濟濟，正是在這裏，他才有機會結識了兩位名人。其中一位名叫默隆，他是頗有名氣的經濟學家、後來擔任過財政大臣、蘇格蘭人約翰·勞的秘書。另一位名叫多爾圖·德·梅朗，他年輕有爲，於 1717 年被吸收爲科學院副院士，1718 年移居巴黎後不久便被選入法蘭西學士院，後來還成爲學士院的終身秘書。

三、一擧成名

孟德斯鳩自 1713 年 11 月因奔父喪從巴黎回到波爾多之後，一住就是數年。在此期間，他除了在波爾多高等法院供職和參加科學院的活動之外，便是埋頭讀書，從事寫作。這位好學而深思的青年，有著自己的宏偉目標和抱負。他不滿足於寫些引不起人們注意的短篇論文，而決心寫出一部能令擧世矚目的宏篇巨著。

孟德斯鳩是有能力和基礎來實現這一宏偉目標的。他曾是成績優異的學生，研究過法律，擔任過高等法院的推事，並且是現任高等法院的庭長和波爾多科學院的院士，這就是說，他既有深厚的理論基礎和學術研究能力，又有一定的處理訟事的實際工作經驗。此外，他還有豐富的生活閱歷，他經常涉足於波爾多和巴

黎的上流社會的沙龍之中。對於法國現實的黑暗，上流社會的卑鄙污濁，司法機構中的種種弊病，他不僅耳聞目睹，而且有著比較具體而又深刻的了解。這一切也許就是這位正直的、好學而深思的青年學者後來的一部鞭笞時弊的作品誕生的基礎和準備。在他的成名作《波斯人信札》的第 48 封信中，我們就可以看到下面這樣幾句話：

> 勇於求知的人絕不至於空閒無事……我以觀察為生，白天所見、所聞、所注意的一切，到了晚上，一一記錄下來。甚麼都引起我的興趣，甚麼都使我驚訝。我和兒童一般，官能還很嬌嫩，最細小的事物，也能給我大大的刺激。❹

寫大部頭著作的準備工作也許是從 1709 年作者踏進巴黎社會之後就開始了。從那時起直到 1720 年，孟德斯鳩花了 10 年左右的時間進行醞釀和寫作，終於完成了一部在法國文學史上，乃至整個啟蒙運動中具有劃時代意義的名著——《波斯人信札》(*Lettres Persanes*)。

1720 年或 1721 年春，作者帶著完成的手稿來到巴黎，找到一位頗有文學素養的朋友德穆蘭牧師，請他斧正。這位頗具慧眼的朋友讀完手稿之後興奮地對孟德斯鳩說：「庭長，這部書將會像麵包一樣，成為人人爭購之物。」於是孟德斯鳩派秘書前往阿姆斯特丹，找到一位原籍波爾多的出版商、法國新教徒雅克・德博爾德，請他幫助解決出書問題。

---

❹　孟德斯鳩：《波斯人信札》，羅大岡譯，人民文學出版社 1978 年版（下同），頁 75-76。

1721 年春或初夏， 孟德斯鳩的這部重要著作——《波斯人信札》問世了。它是作者以「彼爾‧馬多」 (Pierre Marteau) 的化名在荷蘭的阿姆斯特丹出版的。這部佳作的出版使孟德斯鳩一舉成了文壇名士。它不僅是一部優秀的書信體哲理小說，而且是一部出色的散文名作。它寫得非常形象生動、機智而又引人入勝。孟德斯鳩爲什麼要採用書信體小說體裁？在〈關於「波斯人信札」的幾點感想〉中，孟德斯鳩實際上回答了這個問題。他寫道：「……這類小說，在平常情況下，總是受歡迎的，因爲人們可以借此明瞭自己當前的情況；使各種熱情比在一般敍述熱情的故事中更強烈地觸動人們的感覺 ❺。」「在通常小說中，題外的話是不能允許的，除非節外生枝，另成一篇小說。普通小說中不能夾雜議論，因爲一切人物都不是爲議論才聚合在一起的，議論是和小說的企圖與本性相抵觸的。但是用書信的形式，登場人物就不是預先選定的，討論的題目也不取決於任何計畫，或任何預訂的提綱；作者有這樣的方便，可以將哲學、政治與道德，納入一部小說中， 並且把一切都用一條秘密的鎖鏈貫穿起來； 這條鎖鏈，在某種程度上是使人察覺不到的 ❻。」其實， 更爲重要的是， 採用波斯人通信的方式，乃是一種自衞手段。同時，孟德斯鳩在《波斯人信札》中也顯然是出於政治上的考慮才採用假託和諷喻的手法的。他在書中是以波斯人的面目出現的。他假託兩個爲了「尋求賢智之道」而離鄉背井到歐洲旅行的波斯人， 彼此之間， 以及他們同國內朋友、後房妻妾、閹奴總管、僑居國外的波斯人和外交官等的通信，對法國的政治和社會問題， 以及宗教、

---

❺　孟德斯鳩：《波斯人信札》，頁 284。
❻　同上書，頁 284-285。

哲學、歷史等問題發表一通議論，從各種不同角度，猛烈地抨擊和辛辣地譏諷了當時法國極其腐朽沒落的封建專制制度和風俗習慣，從而啟迪和間接地號召人們要對這種國家制度進行改革和鬥爭。《波斯人信札》所反映的顯然是法國新興資產階級的思想與感情。它不僅表達了作者對於黑暗反動勢力深惡痛絕的思想感情，而且用形象生動的語言抒發了作者對於未來的美好理想。因而它成了第三等級的代表們在為破壞舊的封建專制制度和習俗傳統，建立新的資本主義制度，而進行鬥爭的銳利的思想武器。

　　《波斯人信札》出版後，極受歡迎，一時成了巴黎最為暢銷的書，以致那些書商們想盡辦法謀求續篇。他們在街頭看到過路的文人時，便一把拉住說：「先生，請您給我寫一部《波斯人信札》吧！」這部書僅在一年內就再版 10 次，在孟德斯鳩生前曾重版過 20 多次。《波斯人信札》出版時，雖然沒有署作者的眞名，但是巴黎的讀者很快就猜出作者是孟德斯鳩，而他也就從此聲名大震，一舉而成了法國文壇上矚目的人物。然而他也因這本書而得罪了封建統治階級，法國國王路易十五就曾為此而一度拒絕批准孟德斯鳩為法蘭西學士院院士。孟德斯鳩在〈關於「波斯人信札」的幾點感想〉和〈「波斯人信札」解辯〉中，都曾為《波斯人信札》進行辯解，他一再企圖使書刊檢查人相信，書中對法國現實以及宗教的批評，乃是出自兩個文化水平不高的波斯人，在突然置身於完全陌生的歐洲的情況下，對於法國這樣的文明國家中所發生的種種事情的茫然無知和偏頗成見。當然，孟德斯鳩的這些辯解只不過是應付封建統治者的遁詞罷了。而且人們可以看得很清楚：這只不過是作者所採用的掩飾其「顛覆」思想的一種獨特的、頗為高明的手法罷了。其實，這兩個波斯人在某

種意義上也可以說是孟德斯鳩的化身，而孟德斯鳩也只不過是借他們之口來揭露和批判法國的現實罷了。

《波斯人信札》在文學史上的重要地位是無法抹煞的。就其體裁的活潑多樣、文筆的清麗流暢、思想的機智敏銳而論，它堪稱爲世界文學傑作和散文名作。它是法國啟蒙運動的第一部重要的文學作品。它爲作爲啟蒙文學的主要藝術形式和啟蒙思想的藝術表現的哲理小說奠定了基礎。它對於法國文學，尤其是 18 世紀的法國文學的影響是非常巨大的。例如，伏爾泰的那些著名的哲理小說，就曾受到過《波斯人信札》的明顯影響。

《波斯人信札》在啟蒙思想史上也有重要的地位。在這部文學名著中，孟德斯鳩不僅談到了他那時代的政治和習俗，而且還大膽地探討了宗教、哲學、歷史、法律、人口等理論問題，並以極大的理論勇氣就這些問題發表了自己的看法。誠然，他在此書中所表述的理論思想既不够系統，又不够嚴謹，而且往往是雜亂無章，甚至前後矛盾，然而在這部著作中，已可看到 27 年後出版的更偉大、更重要的理論名著《論法的精神》中闡發的理論思想的雛形。《波斯人信札》與《論法的精神》這兩部名著在理論觀點上的聯繫是異常明顯的。我們完全有根據認爲，前者是後者的先驅和基礎，後者是前者的繼續和發展。

四、沙龍常客

《波斯人信札》的出版，使孟德斯鳩一舉成了文壇名士。此時的他躊躇滿志。遠離首都的波爾多對他來說已嫌過於狹小，他要到更加廣闊的天地裏去馳騁遨遊。他希望自己的才華能得到更

大的發揮，並得到更顯赫人物的讚賞。於是，他比以前更頻繁地到巴黎去。他到巴黎的目的主要是要涉足到巴黎的社交界中去。要達到這個目的並不太難，因爲他是大名鼎鼎的《波斯人信札》的作者，而且又是頗有權勢的貝里克公爵的朋友。因此，在他來到巴黎之後不久，便成功地躋身於巴黎的宮廷和知識界之中，成了巴黎社交圈裏的活躍人物。

初入宮廷社交生活圈的孟德斯鳩，除了有貝里克公爵這個大靠山之外，他還結識了幾位法國老一輩的軍界貴族，其中包括戈瓦伊翁·德·馬蒂翁家族。孟德斯鳩與馬蒂翁元帥的兒子德·加塞伯爵及元帥的女兒瑪麗·安娜的關係最爲密切。他還與巴黎當時名噪一時的德·普里夫人（攝政王奧爾良公爵和波旁公爵的情婦）相識，並曾在這位貴夫人在楓丹白露附近的貝勒巴家裏住過。

在法國宮廷的社交生活中，孟德斯鳩還與另一位令人矚目的人物有著密切關係，此人叫德·克萊爾蒙小姐，她是波旁的瑪麗·安娜公主、路易十四的孫女，她後來嫁給了一個西班牙王子。孟德斯鳩對這位花容月貌的貴族小姐異常愛慕。據說，正是她的社交圈激發了孟德斯鳩的創作靈感，才使他寫出了散文詩《尼德的神殿》（1724年）。這篇散文詩是在受到「羅可可」式❼文藝風格的影響下寫成的。《尼德的神殿》是一篇比較輕浮的作品，它在巴黎出版後，以其用神話式的紗幕所遮掩著的、香艷的以至放蕩的情節，並以其高超的修辭技巧、絢麗的文彩、熾烈細膩的感情，而在上流社會廣爲流傳，得到了很高的讚譽。不過，這裏需

---

❼　這是 18 世紀歐洲流行的一種藝術風格，其特點是比較纖巧、華麗、輕佻。

要指出的是：《尼德的神殿》屬於假古典主義的散文詩，絕不是
孟德斯鳩的代表作，更不是他的文學生涯中的主要傾向。孟德斯
鳩不是一位假古典主義作家，而是一位偉大的現實主義作家。

孟德斯鳩在巴黎的這些年裏，還撰寫了幾篇較爲次要的政治
著作，其中值得一提的是《色諾克拉底致菲拉斯的信》，它實際
上是一部稱贊奧爾良公爵的書。

大約在此期間，孟德斯鳩還結識了一位在國際上頗有名氣的
人物博林布羅克子爵，此人對他以後的政治著述有極其重大的影
響。

然而，孟德斯鳩並不以躋身於巴黎宮廷社交界而感到滿足。
他畢竟是個學者，他在學術上有著遠大的目標和追求。此時的他
雖然已經是波爾多科學院院士，但還不是法蘭西學士院的成員。
此時的他雖然已經出版了使他一舉成名的《波斯人信札》，但自
那以後尚未寫出一部更有分量、更有影響的學術著作來。因此，
他得爲自己的未來謀劃，刻意追求。他決心參加當時巴黎一些著
名的沙龍，以便在那裏一展自己的才華❽。

通過友人的引薦，孟德斯鳩得以結識了一位文壇名人豐特納
爾。這位豐特納爾正是在巴黎蜚聲一時的德·朗貝爾侯爵夫人的
沙龍裏大展才華的。這位侯爵夫人的沙龍每週有兩次聚會，一次
是在星期二，參加者主要是貴族，偶而也有其他人參加；另一次

---

❽ 我們知道，18世紀是法國文藝、哲學沙龍的黃金時代。這些沙龍乃
是當時學術派別聚會、進行思想交流、理論探討、學術爭鳴以及新
作品傳閱的重要場所。當時一些著名的思想家、文學家、科學家，
如伏爾泰、孟德斯鳩、盧梭、狄德羅、達朗貝爾、愛爾維修、杜
爾哥、霍爾巴赫、布封、孔多塞等等，都曾先後頻頻出入於當時巴
黎一些著名的沙龍。

是在星期三，參加者則是文人雅士。在這個沙龍裏，禁止賭博，絕不接納法國社交界那些聲名狼藉的人。因此，若能被接納參加這位侯爵夫人品位高雅的沙龍聚會，都被看作是一種難得的榮譽。據說，孟德斯鳩正是通過豐特納爾的引薦，才得以成為朗貝爾夫人沙龍中的常客。孟德斯鳩為能參加這個沙龍的活動而費盡了心機。可能是在 1724 年，他通過豐特納爾的介紹，把幾封有關波斯人的信件寄給朗貝爾夫人。後來，他便在豐特納爾的幫助下，進入了侯爵夫人的沙龍，並成了星期二聚會的常客。參加這個沙龍活動，對於激發孟德斯鳩的創作靈感極有好處。在朗貝爾夫人的沙龍裏曾認真討論過義務、趣味、愛情、友誼、幸福等等這些抽象的道德問題。孟德斯鳩是積極的參加者，從他的《隨想錄》可以看到，他曾參加過有關幸福、趣味、正義等問題的探討。他那篇著名的美學論文〈論趣味〉就是從那時著手撰寫的。孟德斯鳩還有 3 篇論文也與參加朗貝爾夫人的沙龍活動有關。第一篇題為〈漫話妒忌的歷史〉，這篇未完成論著的一些片斷保留在《隨想錄》中。第二篇題為〈論敬重與聲望〉，它在波爾多科學院宣讀過，其摘要刊登在 1726 年的《法蘭西書訊》期刊上。第三篇題為〈論義務〉，它是在朗貝爾夫人的影響和鼓勵下撰寫的。這篇論文的已完成部分曾於 1725 年 5 月 1 日在波爾多科學院宣讀過。

在巴黎的日子裏，孟德斯鳩還參加一些民間學術團體的活動。這是一種志趣相投之士定期聚會研討文學理論的民間學術團體。孟德斯鳩曾有一段時間經常參加在紅衣主教德‧羅昂家裏舉行的聚會，但後來他就不再參加了。

孟德斯鳩經常參加的另一個民間學術團體叫作中樓俱樂部，

其主持人是法蘭西學士院院士阿拉里教士，他曾當過路易十五年輕時的家庭教師，他也是德·朗貝爾夫人沙龍的成員之一。這個中樓俱樂部是整個 18 世紀法國最惹人注目的學術團體之一。它的成員每個星期六聚會，他們聚集在一起閱讀報紙、議論時政。在這個俱樂部裏，貴族與中產階級人士一律平等相待，大家都可以對政治問題自由發表意見。與喜歡探討抽象的道德問題的德·朗貝爾夫人的沙龍不同，中樓俱樂部所研討的乃是一些異常敏感的社會政治歷史問題。這個俱樂部存在達 7 年之久，於 1731 年解散。孟德斯鳩很可能是在 1727 年與 1728 年之間參加了中樓俱樂部的活動，並在那裏宣讀了他於 1724 年寫就的〈蘇拉與歐克拉底的對話〉這篇有關羅馬歷史的研究論文。

五、周遊四方

長期涉足於巴黎社交界的孟德斯鳩，經濟狀況出現了困難。到 1725 年，他已負債數萬利弗爾。如何擺脫困境？他雖有大量房地產，但又不能變賣。於是，他想到了鬻賣官職的方法，打算把承襲下來的波爾多高等法院的庭長職位賣掉。1726 年初，他把這種想法告訴了自己的朋友巴爾博。同年 4 月 9 日，巴爾博寫信勸阻孟德斯鳩，對他的想法提出了反對意見。而孟德斯鳩本人也不急於操辦此事，因爲他希望自己唯一的兒子能够承襲這個職位。當時，他的兒子正在上學，孟德斯鳩曾特意去詢問兒子的學習情況。當他得知兒子對自然科學特別感興趣的時候，他一下子變得臉色蒼白，頹然倒在扶手椅裏，露出絕望的神色，並高喊道：他的全部希望徹底破滅了。他清醒地意識到，兒子是絕對不

會承襲他在法院的庭長職位了。看來，正是這種無人接班的絕望感促使他最後下定決心把庭長之職賣掉。

促使他賣掉官職的另一個原因就是，這時的他對於訴訟職務已不感興趣，庭長職務對他來說已不是什麼快樂之事，反而成了他的一種負擔。然而，還有一個更為重要的原因，這就是由於他對當時法國的封建專制制度非常不滿，他深深地認識到，法院在王權面前是軟弱無力的。在《波斯人信札》中，他憤懣地寫道：

> 法院就類乎供人踐踏的廢墟，……法院除了審理訟事，別的幾乎不聞不問了，它的權力日益削弱。❾

他哀嘆像法院這樣一些巨大的團體也難逃人間事物的命運：它們「在最高權威前讓了步，因為這權威打倒一切❿。」在《波斯人信札》第 140 封信中，孟德斯鳩訴說了在專制制度下法院的困難處境。他清楚地知道，造成這種狀況的原因就在於：由於法院揭露社會的真實情況，同情人民的疾苦，從而使它與欺君枉法的廷臣們存在極大的矛盾。他說：巴黎的法院以及其他幾處法院，「這類團體總是討人厭的：因為它們不接近君主則已，一接近君主就是為了奏聞令人發愁的真實；當一大羣宮廷侍奉之臣，正在不停地對君主們介紹人民在他們統治之下如何幸福的情形時，這類團體卻來揭穿廷臣們的諛詞，而將他們所接受的人民的呻吟與眼淚，獻於御座之前⓫。」孟德斯鳩希望君主能够體察、理解法

---

❾　孟德斯鳩：《波斯人信札》，頁 159。

❿　同❾。

⓫　同上書，頁 242。

院處境之困難和它之忠於職守以及對君主的一片忠心，所以他接
著說：「如果需將眞情實況奏給君主，實在是個沉重的負擔。君
主們很應當想到，決心如此做的人，亦出於不得已；倘若不是迫
於義務，出於敬意甚至忠愛，他們不至於下此決心，辦理對於自
己也可悲可痛的手續⑫。」

可見，孟德斯鳩之所以要賣掉庭長之職，是由多種原因促成
的。

1726 年 7 月 7 日，孟德斯鳩終於賣掉了波爾多高等法院庭
長之職，買主名叫讓・巴蒂斯特・達爾貝薩。據估計，孟德斯鳩
獲得了 10 萬利弗爾左右的巨款。另外，按照簽約上的規定，達
爾貝薩在任職期間，每年還須向孟德斯鳩或其繼承人付 5200 利
弗爾。

出售官職之後，孟德斯鳩在波爾多還逗留了半年時間，以便
處理一些其他事務。1727 年新年伊始，這位業已退出政界的孟
德斯鳩便立即告別妻小，離開故鄉，前往巴黎。

孟德斯鳩此次重返巴黎的主要目的，就是要最終解決躋身於
法蘭西學士院的問題。在《波斯人信札》問世之後，他便是一位
公認的文壇名士了。在其後的數年裏，他在巴黎宮廷裏和在文化
沙龍及民間學術團體中，他的卓越才華已得到充分的展示，巴黎
社交界也已公認他是一位名副其實的才子了。然而，他的才華和
成就卻尚未得到巴黎官方的承認，他還沒有進入法蘭西學士院。
妨礙他躋身於法蘭西學士院的主要障礙據說有兩個：第一個重大
障礙就是，他不是在巴黎定居的人。因此，有人說他賣掉官職的

---

⑫　孟德斯鳩：《波斯人信札》，頁 242。

原因之一是爲了定居巴黎，這也是可能的。另一個重大障礙就是，他曾在《波斯人信札》中不僅對法蘭西學士院挪揄了一番，而且攻擊了國王和教皇，說他們都是魔術師。後來，在經過孟德斯鳩的多方周旋和耐心解釋之後，才終於在院士會議上獲得多數同意通過，被接納爲法蘭西學士院的成員。1728 年 1 月 24 日，他在院士會議上發表了一篇洋洋灑灑、文辭優美的受職演說。此後，他在出國遊歷前出席過兩次院士會議。

39 歲的孟德斯鳩，在進入法蘭西學士院這個最高學術殿堂之後，便準備出國考察，遊歷四方。其目的顯然在於實地考察歐洲各先進國家的政治經濟狀況和風土人情，增長見識。而其最終目的則在於尋求醫治法國社會弊病的藥方。

這時的孟德斯鳩出國旅遊，無疑具有許多優越條件。他已不只是一位出身高貴的男爵和波爾多科學院院士，而且還是一位享有極高名望的法蘭西學士院的院士了。他這種社會地位無疑能夠給他的旅途生活帶來許多便利，而且也使他能够輕而易舉地打進國際上一些最著名的知識界的圈子。此外，他在賣掉官職之後，不僅擺脫了經濟窘境，而且也解決了出國遊歷的旅費問題。

1728年 4 月 5 日，孟德斯鳩離開巴黎，踏上了漫長的旅途。

他這次出遊的第一個國家是奧地利。1728 年 4 月 26 日，他在一位在奧地利擔任大使的沃爾德格雷夫伯爵（一世）的陪同下來到了維也納。這位伯爵是孟德斯鳩的至交、在歐洲各國宮廷中聲名顯赫的貝里克公爵的侄子。在維也納期間，孟德斯鳩不僅觀見了皇帝，而且數次會見歐仁親王和施倫堡元帥。此外，他還結識了一些外交使節。正是在維也納的這些活動，使他甚至萌發了想要成爲一名大使的心意。

按照原定計畫，孟德斯鳩是要從維也納直接前往義大利的。但他由於對地質科學的興趣而臨時改變了主意，決定先去匈牙利。此行的主要目的是查看匈牙利的礦山。他訪問了克姆尼茨地區的銅礦，對那裏的具有銅鐵共生特徵的一股噴泉特別感興趣。他的匈牙利之行幾乎花了整整一個月時間。

1728年6月底，他回到了維也納，並從那裏向義大利進發。他直接穿過格拉茨和萊恩巴赫，到達美麗的威尼斯。從此時起，他開始了一年零一個月的義大利之行。他隨身帶著頗有影響的推薦信，幾乎遊遍整個義大利。這個美麗國家的所有歷史名城——威尼斯、米蘭、都靈、熱那亞、比薩、佛羅倫薩、羅馬、那不勒斯，都留下了他的足跡。

孟德斯鳩來到義大利，並不純粹是爲了遊覽參觀。他此行的主要目的，還是爲了弄清文藝理論方面的一些問題而進行實地考察，以便印證和修改他原已初步形成的思想。前面已經提到過，他在出國遊歷之前，卽已著手撰寫〈論趣味〉這一美學著作。這部著作尚有待於繼續完成，而業已完成的那些部分的觀點亦有待於進一步訂正。因此，他在來到義大利之後，便很自然地把自己的注意力主要集中在文化藝術方面，竭力加強自己的藝術修養。而他也相當走運，有一位通曉繪畫藝術的歷史和技巧的人幫他講解這門藝術，並陪伴他遊覽參觀。

有些奇怪的是，威尼斯的輝煌建築並未引起他的強烈興趣。但是到了佛羅倫薩，他對那裏的藝術卻表現出異常濃厚的興趣。他贊美那裏的大教堂和新聖瑪麗亞教堂，稱贊喬托（約 1267～1337）的鐘樓是歐洲最好的哥特式建築。他在行家的陪同下參觀美術館時，看得極其認眞，並且做了一些筆記，把佛羅倫薩的

藝術珍品極其詳細地記錄了下來。佛羅倫薩的雕塑也使他傾倒和著迷，他經常長時間地駐足於塑像之旁，認眞觀察，悉心研究。孟德斯鳩在這個藝術之城訪問了整整 6 個星期。

然而， 孟德斯鳩最喜歡的城市還是羅馬。 在訪問義大利期間，他在羅馬逗留的時間最長。從 1729 年 1 月 19 日至 4 月 18 日，他一直住在羅馬。其後，他到義大利南部訪問那不勒斯兩週之後，又返回羅馬住了幾乎兩個月。由此亦可看出，羅馬這個古老而又美麗的城市對孟德斯鳩有著多麼大的吸引力。難怪他後來對一位朋友說： 比起其他城市來，他退休後更願意到羅馬來居住。在羅馬逗留的 5 個月裏，他在一些藝術家和學者的陪同下進行參觀訪問，對這個城市進行了徹底的考察。16世紀文藝復興時期義大利藝術大師們的傑作給他留下極其深刻的印象，他對這些藝術珍品給予極高的評價。他非常讚賞拉斐爾（1483～1520）的作品，尤其對他的代表作「雅典學院」這幅名畫更是讚不絕口。他非常喜歡和推崇米開朗基羅（1475～1564）的作品，認爲在他的任何作品裏都可以找到高貴的東西和偉大的東西。他也極其讚賞聖彼得大教堂這座宏偉建築，說由於它的整體的寬度和高度的比例很適切而顯得要比它的實際規模要小些。在參觀西斯廷禮拜堂時，他雖然對那裏的壁畫在透視方面 提出了一些批評意見，但仍然對這些出自名家的藝術傑作的宏偉氣勢和雄渾有力的表現手法讚嘆不已。可是，令人頗爲費解的是，他對於羅馬的古代遺蹟卻沒有表現出濃厚的興趣，他既不懂得古蹟本身的價值，也認識不到考古挖掘工作的重要意義。

在羅馬期間，孟德斯鳩與宗教界人士有著廣泛的接觸。他拜見了一些樞機主教。 他甚至與其中一些樞機主教還有私交。 例

如，他很喜歡樞機主教洛倫佐·科爾西尼，不僅經常與他會面，而且認識他家的其他成員（這位在知識界享有很高聲望的樞機主教，後來在 1730 年成了羅馬教皇，人稱克雷芒十二世）。然而，在所有這些樞機主教中，與孟德斯鳩交誼最深、也最受他愛戴的，卻是波利尼亞克。這位樞機主教是法國駐羅馬大使。孟德斯鳩在出國訪問之前並不認識他，只是到了羅馬才通過介紹信與他見了面，並與他建立了親密關係，成了他城堡裏的常客。孟德斯鳩結識了這位樞機主教，實在受益匪淺。他不僅可以在城堡的陳列室內盡情欣賞不計其數的珍奇古玩，而且在外出考察時還往往有這位樞機主教作伴。當然，使他受益最大的，還是同這位才思敏捷、見多識廣、學問淵博的樞機主教進行談話。他們之間談話無拘無束，涉及的問題極其廣泛。他們除了探討神學、歷史、哲學等問題以外，還談到外交活動、宮廷生活和教會內幕。這位樞機主教不僅談到了外交中的奧妙，而且向孟德斯鳩講述了路易十四親政時期的宮廷生活，透露了有關克雷芒通諭的幕後活動和選舉羅馬教皇的秘密會議上勾心鬥角的情況。

在羅馬期間，孟德斯鳩還會見一些耶穌會士。他之所以結識他們，主要是爲了增長見識，尤其是想了解一些有關中國的情況。他希望通過同那些到過中國傳教的耶穌會士進行談話，來印證和深化他從 1713 年起在巴黎時從中國人黃嘉略那裏獲得有關中國的知識。孟德斯鳩在羅馬時會見的第一個耶穌會士是福凱（中文名叫傅聖澤）。此人是法國勃艮第人，曾作爲傳教士在中國住了 30 年，退休後住在羅馬，在羅馬社交界還是個活躍人物。在梵蒂岡的圖書館裏收藏有他的手稿，其中有關於 18 世紀中國的描述；另外，他的中國生活日記，也很值得研究。孟德斯鳩以

前在法國時並不認識他，但這位傳教士的侄子卻是孟德斯鳩在朱伊公學時的同窗。此次他們在異國相識，談起話來特別投機。這位極愛交談的「中國通」，把他所知道的有關中國的情況，諸如中國的風俗習慣、宗教、政府和人口等等，都向孟德斯鳩作了詳細介紹。孟德斯鳩把他的多次談話內容都做了筆記。後來孟德斯鳩極其滿意地說：「我從他那裏了解到了中國的一切」。顯然，孟德斯鳩後來出版的著作中有關中國的大量知識和論述，有不少就是來自這位耶穌會士的多次談話。孟德斯鳩在羅馬期間，還與另一位耶穌會士有過接觸，此人也是從中國回來的傳教士，叫做馬蒂亞·里帕(中文名叫馬國賢)。這個馬國賢此時正在為住在那不勒斯的中國人籌建一所學院，並且已經招收了一些中國學生。

在羅馬期間，孟德斯鳩還與義大利的詹森教派的三位主要領導人的三名重要助手交往密切。這一點無論對於詹森派的歷史，還是在孟德斯鳩的生活歷程中，都具有很大意義⓭。

從上述情況可以看出，孟德斯鳩在羅馬期間之所以結識一些神職人員，無疑是希望與他們探討一些問題，從而獲得一些他所需要的知識。他雖然與一些地位顯要的樞機主教交往密切，但與教會本身卻沒有什麼特殊關係。

孟德斯鳩在羅馬居留期間尚有一件值得一提的事：他結識了一位名叫雅各布·韋爾耐的瑞士人。他們有相當長一段時間住在同一家旅館裏。過了 19 年後，正是這位瑞士人在日內瓦監督出版他的名著《論法的精神》。

⓭　詹森派系，天主教中隨從荷蘭天主教反正統派神學家詹森（1585～1638）學說的教派。該派後來被羅馬教皇英諾森十世（1644～1655年在位）斥為異端，下論禁絕，但在法國、荷蘭等地仍有不少人信從。

　　1729 年 7 月 31 日，孟德斯鳩離開了義大利北部城市特蘭托，8 月 1 日到達奧地利的因斯布魯克。然後進入德國境內，在慕尼黑逗留了兩個星期。接著又繼續北上，途經奧格斯堡等城市，於 9 月 14 日抵達漢諾威。在漢諾威逗留一些時日之後，於 10 月 8 日起繼續乘坐驛車，日夜兼程，向荷蘭的烏德勒支奔馳。接著取道運河水路，於 10 月 15 日抵達阿姆斯特丹。然後又從那裏來到海牙，並於 10 月的最後一天乘船前往英國，經過 3 天艱苦航程，終於在 11 月 3 日抵達大英帝國的首都倫敦。從此，孟德斯鳩便開始了他此次出國遊歷中時間最長、收獲最大、影響最為深遠的英國之行。

　　當時的英國已經是一個完成了資產階級革命的國家，它對孟德斯鳩有著巨大的吸引力。英國是他多年來心向神往的國度。

　　孟德斯鳩英國之行的主要目的，就在於著重考察這個國家的社會政治制度。因此，他在到達英國之後，不僅周旋於王公貴族之間，而且在當時的政界裏面進行活動。他會見過英國女王。英國政界中的許多活躍人物都是他的友好知交。這些政界人物不是輝格黨人就是托利黨人⑭。他參觀過英國議會，兩次出席聽取了輝格黨人和托利黨人在下院進行的辯論。第一次下院辯論是1729～1730 年 1 月 28 日舉行的，其內容是關於維持一支 1.7 萬人常備軍的問題。第二次下院辯論是 1729～1730 年 2 月 27 日舉行的，其內容是關於法國政府增防敦刻爾克港的問題。孟德斯鳩對這兩次下院辯論都作了簡明扼要而又準確無誤的記述。

---

⑭　在英國議會中，「輝格黨」代表部分資產階級和新貴族的利益，「托利黨」則擁護封建復辟政權。「輝格」和「托利」是英國議會中兩派互相辱罵時用的綽號。「輝格」原指蘇格蘭「強盜」，「托利」原指愛爾蘭「歹徒」。

　　爲了更好地了解英國的政治狀況，孟德斯鳩還大量閱讀各種報刊。他最經常翻閱的是《手藝人》雜誌。在這個雜誌上，他可以讀到許多政論文章，它們探討和論述各種各樣的社會歷史問題，諸如關於古老的自由精神問題，關於把羅馬歷史與英國歷史進行比較問題，關於愛國主義、開明政府問題，尤其是關於分權理論問題等等。毫無疑問，《手藝人》雜誌對孟德斯鳩的社會政治思想的形成和發展產生過重大的作用。

　　在英國期間，孟德斯鳩與英國知識界有著密切聯繫，他至少認識 10 多位皇家學會會員。在這些皇家學會會員中，有一位聲譽卓著的皇家內科醫生、皇家醫學院的研究員，名叫喬治——路易·泰西爾，正是他於 1729 年至 1730 年 2 月 12 日提議接納孟德斯鳩爲皇家學會會員。泰西爾的這項提議立即得到了兩位皇家學會會員聖——西辛特和漢斯·斯隆爵士的支持。2 月 26 日，經會議投票表決，孟德斯鳩當選爲享有崇高學術聲譽的英國皇家學會會員。孟德斯鳩主要是憑著他那部成名作《波斯人信札》的巨大影響而進入英國皇家學會的。可見，儘管孟德斯鳩的兩部嚴肅的學術名著——《羅馬盛衰原因論》和《論法的精神》——尚未問世，他的崇高學術地位已在國內和國際上得到承認，登上了學術上的最高榮譽寶座，先後成了法蘭西學士院院士（1728年）和英國皇家學會會員（1730 年）。

　　在英國期間，孟德斯鳩與共濟會也有一些聯繫，並成爲這個世界性的秘密互助會社的成員。1730 年 5 月 16 日（星期六）的《不列顛日報》曾經報導說：孟德斯鳩作爲外國貴族出席了 1730 年 5 月 12 日（星期二）晚上在威斯敏斯特的霍恩酒館舉行的共濟會分會會議。

自 1729 年 11 月 3 日來到倫敦之日起，孟德斯鳩在這個被他稱之爲「文明的國度」的英國生活了近一年半時間。他的英國之行收穫最大的無疑是在政治思想方面。他對英國所採取的寬容異教的態度和資產階級的政治自由特別感興趣。他讚賞英國式的君主立憲制，把它看作是一種理想的政治制度。洛克的分權學說對他有很大影響。

令人深感遺憾的是，有關孟德斯鳩在英國訪問的情況，我們知道的實在太少。造成這種情況的主要原因，就在於他有關訪英的記述，在英國被他的孫子焚毀了。

1731 年 4 月，孟德斯鳩離開英國回國。歷時 3 年的國外遊歷考察工作就此圓滿地結束了。他帶著這次出遊期間收集到的大量珍貴資料回到了自己的祖國。

六、著書立說

從英國回到闊別 3 年的祖國之後，孟德斯鳩在巴黎作了短暫的逗留。1731 年 5 月 2 日，他出席了法蘭西學士院的會議。6 月底，他回到故鄉波爾多，並在遠離城市的拉柏烈德莊園住了下來。從此時起，他便過著深居簡出，閉門著書的生活。

在 1731 年至 1734 年期間，孟德斯鳩所寫的論文主要有兩篇。一篇是〈論歐洲一統王國〉；另一篇是討論英國立憲制度的論文，此篇闡述分權理論的作品，孟德斯鳩在英國考察期間即已動筆撰寫，直到 1734 年才告完成，後來又經過多次修改，直到 1748 年才作爲《論法的精神》這一名著的第 11 章第 6 節（「英格蘭政制」）發表出來。

在這同一時期裏，孟德斯鳩除了撰寫上述兩篇論文外，便把主要精力集中在撰寫他的第一部嚴肅的學術專著《羅馬盛衰原因論》(*Consiérations sur les de La Grandeur des Romains, et de leur Décadence*) 上面。

孟德斯鳩對羅馬有著極其濃厚的興趣。早在他就讀朱伊公學期間，即已做過長約 78 頁的「羅馬史」筆記。後來又在波爾多科學院宣讀過〈羅馬人的宗教政策〉這篇重要論文。他還認真閱讀過西塞羅的著作，並撰寫過〈蘇拉與歐克拉底的對話〉一文。尤其是他曾在羅馬居留數月，這個古老的歷史名城不僅給他留下了美好的印象，而且激發了他那思古之幽情。

爲了撰寫一部探討古代羅馬盛衰原因的理論專著，他極其認真地研讀了大量有關羅馬帝國的重要史料和權威著作。在整整兩年的時間裏，他幾乎足不出戶，全力以赴地進行苦讀和寫作。1733 年春末，《羅馬盛衰原因論》終於寫成。這樣一來，他又在自己的創作生涯中豎起了一個重要的里程碑。

1733 年夏，他來到巴黎。他此行的目的，主要是安排新著的出版事宜。爲了出版此書，孟德斯鳩頗費了一番心機。經過慎重考慮，他決定沿用《波斯人信札》的先例，在荷蘭出版這部新著。此時的孟德斯鳩，既想成爲學術界的泰斗，又未放棄當外交官的考慮。他不願爲了出版這部新著而與當局發生衝突，以致耽誤了自己的錦繡前程。於是，他把此書的校樣主動送交給自己信得過的書報檢查官、與自己有過交往的耶穌會士路易·貝特朗·卡斯泰爾教授，請他進行審閱。他認真地聽取並採納了這位書報檢查官對書中有關宗教、道德、哲學等方面的內容提出的一些修改意見。這樣一來，這部新著便得以較爲順利地問世了。

1734 年 6 月初，此書開始出售，但數量極少。當局要求作者出巴黎版，但必須經過皇家批准。於是，熱心腸的卡斯泰爾又主動幫助孟德斯鳩對書的內容作了一些修改。此書的巴黎版經皇家批准後於同年 7 月問世。作者把這一新著贈送給法蘭西學士院的同事們，並給英國皇家學會寄去三本。

《羅馬盛衰原因論》的出版，雖然不像《波斯人信札》的出版那樣轟動一時，但是也引起了學術界的廣泛關注。一些報刊對它發表了評論。評論家們對它的評價譭譽不一。有的人贊揚它學識淵博、思維敏捷、說理深透。有的人批評它缺乏連續性，有些地方含糊其辭、晦澀難懂，但同時又承認其筆力雄健、頗有創見。還有的人把此書的出版形容爲「孟德斯鳩的衰落」。而在發表評論的學者中，對此書評價最低的要算是伏爾泰了，他把孟德斯鳩的這部新書簡直說得一無是處，他說，這部著作充滿了隱喻。與其說這是一部書，不如說這是一本以怪異的風格寫成的就事論事的「資料堆砌」。

應該說，這些評論大都有一定的道理。眞可謂見仁見智。而伏爾泰的評論，則未免過於偏頗，究其原因，恐怕主要是由於他未能正確理解孟德斯鳩撰寫這部著作的眞正用意。其實，孟德斯鳩此書並不是一部一般意義上的古代羅馬史。作者在書中並不是致力於歷史的敍述，而是致力於探討歷史的因果關係。書中之所以羅列一些歷史資料，完全是爲了說明羅馬歷史中的內在的因果聯繫，闡明其興衰原因。

《羅馬盛衰原因論》是孟德斯鳩的思想完全成熟時期的著作。它不僅是一部重要的歷史哲學著作，而且可以說是一部重要的軍事著作。在這一著作中，孟德斯鳩系統地考察了古代羅馬人

所進行的戰爭。在這部用歷史題材寫成的著作中，孟德斯鳩第一次扼要地闡述了自己的社會學理論，探索了歷史更替的基本原因。在他看來，一個國家的興衰主要是由政治制度和風俗習慣的優劣決定的。他認為，羅馬興盛的原因，就在於它建立了共和制度，統治者賢明，法律嚴明，社會秩序井井有條，每個人都熱愛祖國，非常關心保衛祖國，有精良的軍隊，人們能嚴格遵守法律，有很好的風俗習慣和道德品質。而羅馬衰亡的原因，則在於出現了惡劣的執政者，實行君主政體的統治和對外進行掠奪戰爭，致使人民不再熱愛自己的祖國，法紀遭到破壞，社會陷於無政府狀態，民風道德也被敗壞等等。而羅馬人在精神上的墮落，都是由共和制突然變為帝制所必然導致的結果。顯然，孟德斯鳩是想通過這本書來闡述自己的政治主張，論證政治制度和法律制度以及風俗習慣等在社會發展中的決定性作用，從而證明共和制度的優越性，並進而達到抨擊法國當時的封建專制暴政的目的。因此，《羅馬盛衰原因論》一書也是法國資產階級革命的思想源泉之一。

此外，關於《羅馬盛衰原因論》還有一個值得探究的問題：孟德斯鳩在這部論述古代羅馬的著作中，為何對基督教問題噤若寒蟬，不作任何評論？這的確是個令人費解的問題。其實，出現這種怪現象的決定性原因，看來主要還是由於作者害怕直言不諱地評論基督教會惹來諸多麻煩，對著作的出版和他所渴望的外交官的出任都極為不利。曾記否，當年他在《波斯人信札》中只是罵了教皇一句，就弄得他幾乎沒當成法蘭西學士院的院士。因此，他這次學乖了，接受了慘痛的教訓，為了自己的錦繡前程，乾脆對基督教這個敏感問題避而不談了。

不過，儘管《羅馬盛衰原因論》一書存在一些缺點和問題，它仍然是一部具有重大學術價值的歷史哲學著作，是孟德斯鳩學術生涯中又一個偉大的里程碑。

巴黎始終是孟德斯鳩嚮往的地方。他自 1733 年春末夏初為安排《羅馬盛衰原因論》的出版事宜來到巴黎時起，直到 1748 年 10 月《論法的精神》出版時止，在這 15 年間，他往返於波爾多與巴黎之間至少有 7 次之多。他在巴黎居留的時間比在故鄉居住的時間還要長得多。

巴黎之所以對孟德斯鳩具有強烈的吸引力，這有許多原因。首先，孟德斯鳩非常重視他作為法蘭西學士院院士的地位。他每次到巴黎都要盡量出席院士會議。其次，他對巴黎的共濟會極感興趣。他不僅自己參加過共濟會的會議，而且還介紹年齡不滿 18 歲的兒子入會。只是在 1738 年教皇克雷芒十二世頒布一份通諭，明令譴責共濟會之後，他才不再與共濟會發生聯繫。再次，在巴黎，他可以更廣泛地與外國學者發生聯繫。最後，更為重要的是，巴黎的沙龍對他仍有極大的吸引力。巴黎此時的沙龍已發生一些變化，沙龍的女主人不一定都是出身名門望族的貴夫人，而沙龍的座上客也不一定都是有等級和地位的達官顯貴。此時的巴黎，沙龍中的常客都是一些出身高貴而又才智出眾的文人。孟德斯鳩把涉足於這種文人的沙龍視為一大樂事。在他當時所出入的大多數沙龍中，他最喜歡的是勃朗卡飯店的沙龍。這個沙龍的學術氣氛較濃，客人們的談話涉及各種各樣的題目，有時談及流言蜚語，有時談論文學，有時討論社會問題。孟德斯鳩也經常出入於德·唐森夫人的沙龍之中。這位夫人是孟德斯鳩的摯友。她曾為《羅馬盛衰原因論》的出版出過主意。後

來， 她又承辦了《論法的精神》一書在巴黎初次出版的印製事宜。

孟德斯鳩在故鄉波爾多居留期間， 也經常參加各種社交活動，譬如，與包括愛爾維修在內的一些朋友進行交往，出入於當地最有才華的女主人——杜帕萊西夫人的沙龍之中。他還積極參加波爾多科學院的活動，並經常在那裏宣讀一些有關自然科學方面的學術論文。

然而，孟德斯鳩在《羅馬盛衰原因論》出版之後不久，便立下了一個更加宏大的目標——撰寫一部有關政治法律的理論巨著。其實，應該說他從 1728 年出國遊歷時起，就已下定決心要撰寫這樣一部宏篇巨著了。他周遊歐洲諸先進國家，尤其是英國時搜集的大量資料，都是爲撰寫這部巨著使用的。據說，在《羅馬盛衰原因論》出版之後，孟德斯鳩只休息了兩三個月。大概在1734年底，他便決心投入新的戰鬥——撰寫一部意義更重大、影響更深遠的著作《論法的精神》。

爲了撰寫這部巨著，必須有淵博的知識，必須博覽羣書。書源是不成問題的，他有 300 多種藏書，其中有些是祖傳的珍本，有些是他自己在國內購買的， 有些則是他從國外帶回來的 。 此外， 他還可以向朋友們和向波爾多科學院圖書館、皇家圖書館借閱圖書。

孟德斯鳩幾乎是住到那裏就寫到那裏，但毫無疑問，他主要是在拉柏烈德莊園寫成這部巨著的。因爲，他的絕大部分藏書都在這裏， 而且在這裏不像在巴黎和波爾多， 既無社交活動的干擾，又無案牘之勞形，寧靜的鄉間生活和寬敞的書房，無疑是他讀書和寫作的最佳環境。

　　爲了寫出這部巨著，他全力以赴，嘔心瀝血。他孜孜不倦地博覽羣書，做讀書筆記，對資料進行分類、整理。他以持之以恒、鍥而不捨的精神奮力寫作，幾乎每天都要伏案工作 8 小時，卽使在視力減退時也從不間歇。他寫得極其嚴肅認眞，眞是做到了字斟句酌。幾乎所有的完成稿都是經過反覆修改、仔細推敲之後確定下來的。

　　1746 年底，這部宏篇巨著的撰寫工作終於大功告成。接著要進行的只有謄寫工作了。1747 年 6 月底，他以興奮的心情寫信告訴一位朋友說：「感謝上帝，歷時許久的著作終於完成了。」

　　《論法的精神》（ *De lésprit des lois* ）是孟德斯鳩的第三部重要著作。它同《羅馬盛衰原因論》在思想上有著密切的聯繫。人們往往把《羅馬盛衰原因論》看作是《論法的精神》的緒論，認爲前者爲後者打下了基礎。這種看法不是沒有道理的。《論法的精神》是孟德斯鳩最重要、最有影響的著作，是他 20 年辛勤探索的最後成果和理論總結。他在 1749 年曾經說過:《我畢生精力，耗盡在《論法的精神》一書上面。」同時，《論法的精神》也是一部劃時代的作品: 它旣是亞里士多德以後第一部綜合性的政治學著作，又是到他那時代爲止的一部最進步的政治理論著作。在這部內容極其豐富的著作中，作者全面地、系統地、明確地闡述了自己的哲學、社會學、法律、經濟和歷史觀點，揭露和批判了封建專制制度和反動的天主教會，反對和抨擊了形形色色的反動王朝戰爭。顯然，這部書也是孟德斯鳩站在當時尚處於幼弱階段的法國新興資產階級立場上撰寫成的一部專著，它代表了這個階級的「理性」要求。它雖然不可避免地具有時代和階

級的局限性，但其革命性卻是異常鮮明的。孟德斯鳩的這部名著
與他的另外兩部主要代表作——《波斯人信札》和《羅馬盛衰原
因論》一起，集中體現了孟德斯鳩的思想和學說，爲卽將來臨的
法國資產階級革命提供了理論根據。它們都是孟德斯鳩給人類留
下的極其珍貴的思想遺產。

　　毫無疑問，像《論法的精神》這樣一部具有鮮明革命性的著
作，是根本無法通過嚴格的書報檢查而在當時的法國出版的。因
此，只得考慮在國外解決它的出版問題。1747 年夏，有一位名
叫皮埃爾·繆薩的瑞士外交官來到巴黎，孟德斯鳩與他會面時，
問他是否願意爲自己的新作安排出版事宜。這位外交官欣然答
應，並將手稿親自帶到了日內瓦。在日內瓦，他找到了一位名叫
巴里約的出版商，同時還選定了一位19年前曾在羅馬與孟德斯鳩
邂逅的知名教授——加爾文教派神甫雅各布·韋爾耐，負責監督
出版事務的細節和校稿工作。於是，此書的排版工作很快就在日
內瓦開始了。然而，就在這以後，筆耕不輟的孟德斯鳩還利用多
年前收集的一些資料，著手重寫或撰寫了該書的第26、28、29、
30、31 章。1748 年 9 月，這幾章的手稿也送到了日內瓦的韋爾
耐教授手中。同年 10 月，這部具有劃時代意義的巨著問世了。

　　《論法的精神》出版後，轟動一時，極受讀者歡迎，在短短
的兩年內（1748～1749），連續印行了 22 版，並很快被譯成多
種外文出版。

　　但是，它的出版也引起了軒然大波。學術界、政界、宗教界
對它譭譽不一。圍繞著它展開了一場異常激烈的爭論。

　　孟德斯鳩的朋友們幾乎異口同聲地贊賞他的這部新著。德·
唐森夫人在 1748 年 11 月 11 日和 12 月 2 日寫給孟德斯鳩的

信中，稱讚此書集哲學、理性及仁愛之大成，而瑰麗的文字，更
爲博大精深的學識錦上添花。愛爾維修也稱此書是「世界上最偉
大、最傑出的著作」。一些與孟德斯鳩素昧平生的人也對此書讚
不絕口，例如，有一位名叫德・勃勞斯的人，在讀完此書後寫信
給朋友說：「啊，妙極了，難以計數的想法，無與倫比的熱情，
鞭辟入裏的論述（簡直太精闢了），嶄新的、閃光的思想！」在
法國國外，也有不少讚賞此書的人。孟德斯鳩的一位義大利朋
友塞拉蒂在讀完此書後，於 1749 年 2 月 18 日從比薩寫信給作
者，高度讚揚此書，同時，他也向作者通報了他從巴黎得到的一
個令人不安的信息：「暴風雨將向你的著作襲來」。

　　果不其然，過不多久，與孟德斯鳩爲敵的事件眞的發生了。

　　首先發難的是耶穌會教士德・普萊斯神甫。他在 1749 年 4
月出版的《特雷沃雜誌》上，以公開信的形式發表了一篇評論
《論法的精神》的文章，文中除對此書加以恭維之外，還議論了
該書觸犯宗教的一些章節，同時還反對孟德斯鳩對一些重要社會
現象的看法。

　　同年晚些時候，出版了一部匿名發表的著作──《關於「論
法的精神」一書中若干部分的見解》。據說，此書的作者是金融
家克洛德・德比內。他對《論法的精神》竭盡篡改歪曲之能事，
對孟德斯鳩及其理論進行了猛烈的攻擊和責難。不過，對孟德斯
鳩的這場進攻很快就流產了。這部錯誤百出、內容淺薄的書最多
只印了 8 套，而其中大部分都由作者收回並銷毀了。

　　1749 年 10 月 9 日，詹森教徒德・拉羅什神甫寫了一篇文
章，對《論法的精神》一書進行惡毒攻擊。他指責孟德斯鳩自始
至終力圖使宗教名聲掃地，認爲他對氣候、多妻制、離婚、高利

貸、獨身主義等一系列問題的見解，都表現出其反宗教主義的觀點。這位神甫對孟德斯鳩的新著所扣的大帽子是：《論法的精神》反對耶穌基督的宗教，也同樣反對政體的正確準則。

對於上述那些惡毒攻擊，孟德斯鳩在公共場合並未表現出不安和煩惱，他顯得泰然自若、毫不介意，甚至把那些攻擊者們只當作是圍著他嗡嗡叫的幾隻黃蜂罷了。但在私下裏，他卻並不等閒視之，而是認真對待。於是，他撰寫了《為「論法的精神」辯護》一著。此書於 1750 年 2 月匿名發表。書中出版商的名字巴里約和出版地日內瓦都是假的（其實，出版地是巴黎）。他在書中明確宣稱：他之所以撰寫此書，乃是由於某個雜誌上發表的文章對他進行了誣陷和攻擊，指責他是斯賓諾莎主義者和自然神論者。於是，他逐一反駁了這些指責。同時，他也拒絕接受說他沒提原罪的批評，因為《論法的精神》是一部政治學專著，而不是神學專著。此外，他還對那些被斥責為異端邪說的比較次要的具體問題，諸如多妻制、離婚、氣候影響、宗教寬容、高利貸、獨身主義等等問題，也都一一作了十分巧妙的回答。在書的最後部分，他向那些攻擊他的人說了這樣一句話：「評論宏篇巨著不能只憑熱情，還得靠學識。」《為「論法的精神」辯護》一書是孟德斯鳩晚年的成功之作，它文筆流暢優美，說理嚴謹深透。而更為難能可貴的是，它充分表現出作者對信念的堅定不移態度和對壓力絕不屈服、毫不妥協的鬥爭精神。其所以會如此，除了作者本人的高度成熟之外，也許正是由於那些攻擊者們的責難激發了他的鬥爭勇氣，從而使他在書中堅決維護自己的全部觀點，既不作任何修改，又不加以撤回，更不對任何論敵表示讓步。

不難預料，孟德斯鳩的這種態度，勢必引起批評者們的不

滿，招致更加猛烈的攻擊。1750 年 2 月 16 日《特雷沃雜誌》上
發表了一篇文章，對《爲「論法的精神」辯護》進行了指責。過
不多久，同年 4 月 21 日和 5 月 1 日《教會新聞》上分別發表了
詹森教徒拉羅什的兩篇文章，作者漫罵孟德斯鳩是瀆神之人，是
一個滿嘴噴出褻瀆之辭的人，並指責他是斯賓諾莎主義者。

　　但在這時，站出來支持孟德斯鳩的也不乏其人。首先是大名
鼎鼎的伏爾泰。他雖然不是孟德斯鳩的朋友，但在這場兩軍對壘
的爭論中他們有著共同的敵人，於是他毅然站出來，成了正在奮
勇抗爭的孟德斯鳩的暫時盟友。他出版了一本帶有譏諷意味標題
的小册子《向一位仁慈者的衷心感謝》（出版日期爲 1750 年
5 月 14 日）。在這本小册子中，他對詹森教徒極盡嘲諷之能
事，而對孟德斯鳩則備加贊譽，說他的信仰是以理性爲基礎的。
另一個站出來支持孟德斯鳩的人是《當今書刊評論》雜誌的主編
艾里·卡特林·弗雷隆，他稱《論法的精神》是一部博大精深的
著作，認爲那些力圖詆譭它的人只是在徒勞地追求一個毫無用處
的目的。此外，還有幾篇爲《論法的精神》辯解的文章。直到
1751 年還出現一些參加爭論的文章。其中一篇題爲〈寫在「爲
論法的精神辯護」之後〉，作者是孟德斯鳩的朋友、新教徒拉博
梅爾，他對孟德斯鳩的敵手進行了攻擊，高度評價了《論法的精
神》，贊頌它是人類的勝利、天才的傑作和政治家的《聖經》。

　　自從《論法的精神》一書於 1748 年 10 月問世以來，圍繞
著它所開展的這場激烈爭論整整延續了 3 年多。經過這場爭論，
各種社會勢力的陣線變得越來越分明。看來已可對這場爭論做個
小結了。於是出現了一些綜述這場爭論的著作。其中值得一提的
有：1752 年出版於日內瓦的《「論法的精神」論戰匯編》，從

其內容來看顯然是褒多於貶。另外還有一篇弗雷隆撰寫的〈「論
法的精神」評論綜述〉一文，它以議論的形式匯輯了爭論中的各
種觀點，作者的評論顯然也是有利於孟德斯鳩的朋友們而不利於
他的敵人。

　　《論法的精神》一書的影響越出了國界，孟德斯鳩的聲望在
國外與日俱增。義大利人卡塔內奧在他的著作《法的起源、力量
及真正的精神》中對孟德斯鳩贊賞備至。佛羅倫薩人貝爾托尼專
門撰寫了《「論法的精神」辨析》一著。丹麥人霍爾貝格在其
〈略論「論法的精神」的若干見解〉中表達了他對孟德斯鳩及其
新著的敬仰和贊賞之情。《論法的精神》一書在奧地利廣為傳閱，
而在英國議會則被當作權威著作加以引用。

　　那麼，法國官方對《論法的精神》的態度如何？巴黎高等
法院對於此書不抱敵視態度，政府當局也未給作者製造太大的困
難。大法官達格索起初雖曾下令禁售此書，但後來還是被說服
了。他不僅准許出售此書，而且還允許此書在巴黎出版，不過提
出一個附帶條件：出版地必須用外國城市的名字。

　　給孟德斯鳩製造麻煩的主要是法國的教會機構。首先是在
1750 年 5 月 25 日開幕的法國神職人員代表大會。1750 年 7 月
底，大會主席紅衣主教德·拉羅什富科在其向大會所作的報告
中，把《論法的精神》一書稱為「反宗教著作」。在大會上，桑
城大主教朗蓋·德·吉爾基也指責此書對神的啟示閉口不談。不
過，大會後來並未認真追究《論法的精神》。

　　幾乎與此同時，索爾邦神學院即巴黎大學神學院也來找孟德
斯鳩的麻煩。1750 年 8 月 1 日，這個神學院為了對敵視宗教的
書籍採取行動而成立了一個由 20 名代表組成的委員會。這個委

員會查閱了《教會新聞》，並提出了一個應該審查的書單。當孟德斯鳩得知《論法的精神》也被列入此書單時極其氣憤，表示絕不妥協。後來，經過巴黎大主教克利斯多夫‧德‧博蒙從中斡旋，查禁《論法的精神》的這樁公案也就不了了之了。

而羅馬教廷對《論法的精神》一書的態度又怎樣？1750 年初，孟德斯鳩獲悉有人向羅馬教廷告發了《論法的精神》，並試圖把它列入《禁書目錄》之中，他馬上寫信給法國駐羅馬教廷大使德‧尼凡爾內公爵，把《論法的精神》所面臨的危險處境告訴了他，並懇請他進行干預。而在此之前，羅馬教廷審書部已經注意到孟德斯鳩的這部新著，並已指派鮑塔里負責審閱此書。這一情況對孟德斯鳩是有利的，因為鮑塔里是一位學者，他早就閱讀過此書，並對它讚賞備至，認為它是一部令人嘆羨的著作。

這時，那些讚賞《論法的精神》的孟德斯鳩的朋友們都出來幫助作者逃脫刼難。尤其是德‧尼凡爾內大使更是全力以赴，四處遊說，還寫了一份備忘錄，轉達了孟德斯鳩本人對此問題的態度和看法。1750 年 4 月 1 日，他把備忘錄呈送給了樞機主教帕西奧內。同時，他又要求孟德斯鳩寄 12 本《為「論法的精神」辯護》給他。在收到這些書之後，他就把它們分送給有關人士，其中一本呈送給教皇本尼狄克十四世，同時還把孟德斯鳩的其他著作（《波斯人信札》除外）也一併送去給教皇。教皇因得到贈書而異常高興，對作者備加讚許。

但是，在當時的義大利，對孟德斯鳩的譴責逐步升級，對《論法的精神》的攻擊日益猛烈。在這種敵視情緒不斷增長的情況下，雖然有一些顯要人物的鼎力相助，其中包括教皇的偏袒和 3 名樞機主教的斡旋，依然無濟於事。結果，1751 年 11 月 29

日，《論法的精神》還是被列入了《禁書目錄》之中。宣布它為禁書的裁決書是 1752 年 3 月 2 日公開發布的。不過，檢查官鮑塔里對《論法的精神》的批評並不嚴厲，而是相當客氣。他所提出的批評意見，絕大部分都只涉及細節問題，有時還提出一些修改建議。他提出的唯一較為重要的指責，是針對書中論及宗教法庭的第 26 章第 11 節的，他認為這一節必須完全刪掉。

通過圍繞著《論法的精神》的爭論，尤其是羅馬教廷對它的態度，我們可以清楚地看到，以孟德斯鳩、伏爾泰等人為代表的啟蒙思想家的隊伍正在不斷壯大，他們的啟蒙思想不僅在知識界廣為傳播，而且在身居顯位的神職人員中也有了相當明顯的影響。然而，有一種事實依然不能忽視：在 18 世紀上半葉，遵循傳統的教義和禮儀的勢力在社會上和教會裏依然佔居統治地位。而在這種情況下，包含有大量反宗教內容的《論法的精神》，當然不可能逃脫社會上的庸夫俗子的攻擊和教會的譴責。孟德斯鳩的摯友義大利人塞拉蒂已清楚地看到了這一點，他在 1751 年 1 月 31 日致鮑塔里的信中就曾直言不諱地說：《論法的精神》這部為時代增光添彩、超凡脫俗的天才的成功之作，肯定不能逃脫神學的譴責。孟德斯鳩的另一位好友德穆蘭教士也持有類似的觀點，他說：這部值得讚賞的著作必然會受到譴責，因為它公開宣揚真理，而這些真理是心胸狹窄的人無法接受的。

平心而論，孟德斯鳩把羅馬教會對他的譴責實在看得過於嚴重了。其實，教會的譴責絕不會給他帶來多大的損害，而恰恰相反，還會使他的聲譽更加提高。他完全可以採取泰然處之的態度，根本用不著如此惴惴不安，為此事過分煩惱。他在這場風波中的種種表現，顯然也是他的軟弱性和妥協性的生動寫照。

七、桑榆暮景

《論法的精神》問世後，成了轟動一時的暢銷書。此書雖被教會列入《禁書目錄》之中並遭到譴責，但卻無損於作者的聲譽，反而使他的名字變得更加響亮，在社會上幾乎家喻戶曉。孟德斯鳩一時成了人們崇拜的偶像。他的著作爲人們所爭購，他的思想不脛而走，他的警句雋語被人們爭相傳抄，他的信函和手稿都成了珍品，他的外表和性格也成了人們議論和描述的對象，甚至他的生活起居情況人們也很想知道。若能與他見上一面，那就要被看成是一件極其榮幸的大事了。

關於孟德斯鳩的外貌，人們可以從他最早的一幅油畫上看到。此油畫保存在波爾多科學院的公寓裏，據認爲作者是圖盧茲的老讓·拉佩納，作畫時間是 1739 年，當時的孟德斯鳩已是 50 歲的人了。畫上的孟德斯鳩身穿高等法院庭長的紅色長袍，頭戴假髮，手持曰形帽。他的面容安祥威嚴，但卻顯得過於蒼老。長臉型，尖下巴，高鼻樑，藍眼睛，左眼的右邊有一個痣。人們從這幅傳統畫像中，只能看到作爲高等法院法官的孟德斯鳩的形象，而無法看出他所具有的超凡脫俗的偉人性格。

若干年後，在 18 世紀 40 年代中後期，有一位義大利畫家也曾爲孟德斯鳩作畫。此畫現已不復存在。不過，它的失落並不可惜，因爲，據說這是一幅平庸之作，畫上所表現的孟德斯鳩的形象欠佳。

大約是在 1753 年，有一位曾受雇於倫敦造幣廠的瑞士徽章匠人，名叫雅克——安托葛·達西埃，他出自對孟德斯鳩的景仰

之情，　專程來到巴黎拜訪。在聖多米尼克大街孟德斯鳩的寓所
裏，思想家讓這位匠人畫了像。結果製作出了異常完美的孟德斯
鳩的胸像。胸像像章所顯示的是孟德斯鳩的左側面像。勻稱的脖
子，豐滿的下頦，高高隆起的鼻子，無所畏懼地向前凝視的眼
睛，再加上濃密而又蓬鬆的頭髮，這種富有剛毅表情的相貌，幾
乎和羅馬帝國的偉人一模一樣。難怪有人說他像西塞羅，也有人
說他更像凱撒。但是無論如何，這是一件成功之作，它所表現的
正是一位性格開朗、才思敏捷的偉大啟蒙思想家的光輝形象。孟
德斯鳩本人對此像章異常滿意，爲了對製作者表示謝意，他曾特
地爲之賦詩 10 行。

　　根據人們的描述：孟德斯鳩個子不高（他兒子說只有 5 呎 2
吋），體形瘦弱，皮膚白皙；他的面部表情富於變化，性格異常
活躍。然而，他那高度近視的眼睛，對他的研究工作和社交活動
有著極大的妨礙，長期給他帶來無窮的煩惱。有人說他在社交場
合顯得相當腼腆，局促不安。其實，這完全是由於他的視力不好
造成的：他根本無法弄清楚誰在同他談話。而有些人的看法則全
然不同，他們認爲，孟德斯鳩談吐高雅，才氣橫溢，在法國社交
界享有盛譽。例如，達朗貝爾說，孟德斯鳩談吐輕鬆，中聽，而
且給人以教益，抑揚頓挫分明，妙語連珠，既不慷慨陳詞，也不
諷刺挖苦。莫佩爾蒂也贊譽說，孟德斯鳩的談吐「言簡意賅，鞭
辟入裏，趣味高雅，迷人而有教益，從不傷人。」因此，我們幾
乎完全可以肯定，這位思想家在社交場合是個談吐高雅、樸實無
華的人。當然，孟德斯鳩在社交場合的表現也確實並不總是那麼
完美無缺，光彩照人。據說，他有心不在焉的毛病，且又不善於
記人名，所以他在與人交談時往往一會兒一個「那位」，從而使

他得了個「那位庭長」的渾名。

《論法的精神》出版之後，步入老年的孟德斯鳩仍然喜歡涉足於沙龍。在那裏，他比以前更受人們的喜愛和歡迎。人們喜歡他那開朗的性格和儒雅風度，敬仰這位學識淵博、心地善良的偉人。

孟德斯鳩在國外也有許多崇拜者，尤其在英國更不乏其人。不少英國青年到法國旅行時都想方設法要同孟德斯鳩見上一面，向他請教一些問題。

由於社交活動過於頻繁，晚年的孟德斯鳩已經沒有太多的時間參加法蘭西學士院的活動了。 1749 年和 1750 年，他參加了學士院的選舉和招待活動。1751 年和 1752 年，他大部分時間都住在故鄉，不在巴黎，因而未能參加學士院的任何活動。只是在他於 1753 年 4 月 2 日被選爲學士院院長之後，他才比較經常地參加學士院的活動。

晚年的孟德斯鳩依然筆耕不輟。他除撰寫了一篇風雅的幫閒文章〈珍珠荣〉之外，主要從事一些其他創作活動，例如，準備新版《論法的精神》和《波斯人信札》，利用舊材料撰寫兩篇重要論文——〈論趣味〉和〈論政體〉，以及著手準備撰寫一部論述梯歐多立克的著作。這裏值得特別一提的是美學論文〈論趣味〉（卽〈論自然和藝術的趣味〉）。這是一篇孟德斯鳩關於審美的專論。它是研究 18 世紀法國啟蒙思想的美學觀點的重要資料。從這篇光輝的美學論文的內容中我們可以看到，孟德斯鳩確實是一位藝術方面的行家，是一位具體地、歷史地對待藝術的現實主義的美學理論家。他不僅對自己祖國的古代藝術有很好的了解，而且對歐洲各國，尤其是義大利的文化藝術也有很深刻的理

解。他對建築、雕刻、繪畫等有著深刻的、獨到的見解，他在關於趣味、關於藝術的規則、藝術的各種形式和風格、關於魅力、關於藝術在教育方面的作用等等的論斷和見解也都相當精彩，非常值得注意。

孟德斯鳩是法國啟蒙運動的思想先驅。他的早期著作《波斯人信札》中所包含的進步思想，啟迪過不少當時的青年人，使他們轉變思想，成了後來蓬勃發展的啟蒙運動中的傑出人物。他的晚期著作《論法的精神》給人們的啟迪作用更爲巨大，而圍繞著這部著作所進行的一場爭論，則使具有啟蒙思想的人們結成聯盟，形成了聲勢浩大的啟蒙運動。因此，晚年的孟德斯鳩也就很自然地在啟蒙思想家的圈子裏成了最受尊敬的成員之一。到了18世紀 50 年代初期，法國啟蒙派的隊伍已經異常龐大。在法蘭西學士院中，除了孟德斯鳩以外，還有 9 名成員可以算是啟蒙派。他們是：豐特納爾、梅朗、迪雷奈爾、米拉波、莫佩爾蒂、伏爾泰、布封、達朗貝爾和杜克洛。他們之中的大部分都是孟德斯鳩的朋友或晚輩。在 1753 年孟德斯鳩擔任院長期間獲選補缺成爲院士的布封，雖曾在其《論風格》一書中批評過《論法的精神》，但他對孟德斯鳩卻異常敬佩，他曾一再宣稱，只有 5 個人可以稱爲偉人，這就是：牛頓、培根、萊布尼茲、孟德斯鳩和他本人。

伏爾泰與孟德斯鳩的關係比較複雜，有點特殊。他們之間的積怨比較深。早在 40 年代，當孟德斯鳩聽到伏爾泰有可能被選爲法蘭西學士院院士的消息時，他曾這樣寫道：「伏爾泰若當上院士，將是法蘭西學士院的恥辱；而伏爾泰終將因未當過院士而感到羞恥。」 1746 年，伏爾泰在孟德斯鳩缺席的情況下被選爲

法蘭西學士院院士。可是，隨著啟蒙運動的發展，他們之間的關
係也多少發生了一些變化，他們之間儘管仍然存有敵意，但又互
相抱有一定程度的敬意，而且還多少增添了一點點戰友情誼。伏
爾泰對《論法的精神》讚賞備至，把它推崇為「理性和自由的法
典」。當它受到教會譴責時，他挺身而出，在〈向一位仁慈者的
衷心感謝〉一文中為之辯護。而孟德斯鳩儘管從不掩飾他對伏爾
泰的厭惡感，但他也並不否認伏爾泰是個天才。

　　達朗貝爾和杜克洛二人比較年輕，他們後來成了法蘭西學士
院中最有活動能力的啟蒙派首領。達朗貝爾是德·唐森夫人的棄
兒。前面已經提到過，孟德斯鳩與這位夫人關係密切，是她的沙
龍裏的常客之一。正是這位夫人曾為出版《羅馬盛衰原因論》出
過主意，並曾為《論法的精神》一書在巴黎首次出版承辦印製事
宜。孟德斯鳩與達朗貝爾也一直保持著比較特殊的關係。孟德斯
鳩非常賞識達朗貝爾，讚頌他為《百科全書》撰寫的前言，並為
他的進入法蘭西學士院出過力。達朗貝爾則對年長的孟德斯鳩極
為崇拜，曾邀請他為《百科全書》撰寫〈趣味〉這一條目（此條
目於 1757 年發表在《百科全書》第 7 卷上）。在孟德斯鳩死
後，達朗貝爾寫過一篇頌詞，充分表達了他對死者的敬意。杜克
洛則是孟德斯鳩的老朋友，他們至少在參加勃朗卡沙龍活動時就
已認識，其後他們一直過從甚密。

　　除了學士院的上述院士之外，屬於啟蒙運動圈子的人物，最
著名的當推愛爾維修和狄德羅。前者是孟德斯鳩的密友和創作活
動中的知己，後者亦是他的朋友。狄德羅對自己的友人滿懷敬
意，他是後來參加孟德斯鳩葬禮的唯一的啟蒙思想家。

　　與老年孟德斯鳩有深交的還有一些具有啟蒙思想的自然科學

家和外國人，其中就有博物學家和數學家拉孔達明、瑞士生物學家阿伯拉罕·特朗布雷。此外，他與英國著名哲學家休謨也有書信來往，他們發現彼此志趣相投。孟德斯鳩甚至還結識了一位富有哲學頭腦的西班牙陸軍上校。

可見，暮年時的孟德斯鳩仍然是巴黎社交界的活躍人物，是啟蒙思想家圈子裏極受敬重的成員之一。

孟德斯鳩這位傑出的啟蒙思想家，心地善良，品格高尚，極富人情味。關心人、愛護人是他的本性。在他業已成爲舉世聞名的學者之後，他依然對故土有著深厚的眷戀之情。他非常喜歡回到拉柏烈德莊園居住。在那裏，他經常走訪農民家庭，用當地土話同他們話話家常，談論孩子，爲他們排憂解難。他還經常頭戴白色布帽，肩扛葡萄支架，在田野裏悠轉。因而有時竟被來訪者誤以爲是個農民，稱他爲「你」，向他打聽去城堡的路。

樂善好施是孟德斯鳩的一大美德，他有一顆仁愛之心。誠然，作爲一個封建莊園主，他竭力維護自己的封建權益和特權。他認爲，嚴格履行法律所賦予他的職責，無疑是他應當肩負的責任，但他同時也認爲，救助陷入困境的佃戶和勞工，那也是他無可推卸的責任。他在自己的故鄉有過兩次值得一提的義舉。其一是 1748 年波爾多大鬧饑荒期間，他慷慨解囊相助，委託災區周圍各教區的牧師，向災民們分發免費的糧食。其二是他與其伯父一起收養過一個棄嬰，在這個孩子長大成人之後，他還幫助他立業成家。此外，他對待僕人寬厚慈善，也常常爲人們所稱道。

孟德斯鳩還具有愛惜人才、助人爲樂的高尚品德，對於有才華的進步青年，他總是關懷愛護，鼎力相助。曾受到過他的關懷、幫助和教誨的青年人實在難以計數。這些人中有幾位出身貧

苦的青年人，後來都獲得了相當高的社會地位。例如，波爾多人
奧古斯丁・魯是個窮學生，經孟德斯鳩介紹在巴黎當了家庭教
師，後來學識大增，成了《百科全書》的撰稿人。另一個青年名叫
讓・達賽，也是個窮苦人，孟德斯鳩爲了照顧他，讓他當了自己
的秘書，並給他留出充分的時間從事自己的研究工作。此人後來
成了一位著名的化學家，並且成了科學院院士。還有一位青年人
亞歷山德魯・德萊爾，也曾得到過孟德斯鳩的贊助，此人後來爲
《百科全書》作出過貢獻，他同狄德羅和盧梭都是朋友，他還發
表過〈孟德斯鳩的天才〉一文。另外，還有一位青年人，名叫安
吉維埃爾・德・拉博梅爾，他非常贊賞《論法的精神》一書，因
此，在那場圍繞著此書所進行的爭論中，他發表了一篇文章，題
爲〈寫在「爲論法的精神辯護」之後〉。孟德斯鳩對這個年輕人
異常賞識。1753 年，這位青年在和伏爾泰發生了一場筆爭之後
被投進了巴士底獄，後來主要是由於孟德斯鳩的出面干預才得以
獲釋。此後他還在經濟方面得到過孟德斯鳩的幫助。

　　把畢生精力奉獻給了啟蒙事業的孟德斯鳩，在他步入風燭殘
年之時，把自己對未來的希望完全寄託在年輕一代啟蒙思想家身
上，他熱切地希望這些年輕人能够接過啟蒙運動的火炬，繼續勇
往直前，最終完成老一輩啟蒙思想家的未竟事業，實現啟蒙運動
所要達到的目標和理想。青年時代受到過孟德斯鳩的教誨，並對
他十分崇敬的蘇阿爾，異常忠實地記述了老年孟德斯鳩所說的下
面一段情真意切、意味深長的話。有一天，孟德斯鳩對雷納爾教
士、愛爾維修、魯博士和蘇阿爾先生說：

　　　　先生們，你們處在需要付出艱苦努力並能獲得巨大成功的

時代，我希望你們有益於大眾，有益於個人的幸福。我雖然有過愁緒，但半個小時的沉思便能將愁緒驅散。我的精力已經耗盡，殘年即將結束。你們起步了，你們要對準目標；我沒有達到目標，但卻望見了它。人處在本性狀態時，雖然與動物區別不大，卻很安全，但是人不願意也沒能停留在本性狀態。當人向理性昇華時，犯了許許多多重大的錯誤，人的品德和歡愉不可能比人的思想更真實。各民族都擁有豐富的物質和思想，可是，許許多多的人都缺少麵包和常識。使人人都有不可或缺的麵包、良知和品德的辦法只有一個：好好地啟迪人民和政府。這就是哲學家的事業。❺

從 1754 年 7 月至 12 月這段時間，孟德斯鳩一直住在拉柏烈德莊園。就在這一年的 8 月，他那位忠誠獻身宗教事業、擔任過幾個修道院院長的弟弟約瑟夫去世，這也許促使作為兄長的孟德斯鳩更多地考慮到如何面對病痛和死亡。這年年底之前，他來到巴黎，退掉了租來的房子，決定在辦完一些事務之後，回到他出生的拉柏烈德莊園安度晚年。

然而，他已無法返回故土了。極其不幸的是，在 1755 年的頭幾個月裏，有一種流行性熱病在巴黎蔓延，而孟德斯鳩也在 1 月 29 日染上了這種熱病。起初他並不在意，但過不多久病情惡化了。由於醫生給他放血過了量，他陷入昏迷狀態。當他神志清

---

❺　加蘭托：《蘇阿爾生平和 18 世紀的歷史回顧》，頁 103-104。轉引自羅伯特·夏克爾頓：《孟德斯鳩評傳》（劉明臣、沈永興、許明龍譯），中國社會科學出版社 1991 年版，頁 474。

醒時，他已意識到死神卽將降臨，但並不感到恐懼。在他的病榻
旁，除有兩名醫生負責護理和兩位秘書侍奉之外，還有一些親朋
守候著他。前來探望的人羣絡繹不絕，甚至國王也派遣德‧尼凡
爾內公爵前來探視。當孟德斯鳩得悉自己的病情確實嚴重之後，
他便主動要求請他的老朋友卡斯泰爾作懺悔神甫。他的秘書去給
卡斯泰爾送了信。可是，這位耶穌會士卻希望由他的會友伯納
爾‧魯思作孟德斯鳩的懺悔神甫。2月5日這一天，這兩位耶穌
會士一起來到了孟德斯鳩在聖多米克大街的寓所。魯思神甫聽取
了業已奄奄一息的孟德斯鳩的懺悔。從這一時刻開始，教會與這
位啟蒙思想家之間展開了一場頗爲令人矚目的激烈搏鬥。

懺悔神甫魯思問孟德斯鳩：對天主教會的教義持何態度，對
教會的決定是否願意服從？據魯思說：生命垂危的孟德斯鳩對這
些問題作了令人滿意的回答。而當問到是否對自己的信仰曾有過
不堅定的表現時，病人的回答卻未能使神甫感到滿意。他雖說
從未有過，但又認爲自己對信條從未有過任何固定的或明確的異
議。接著，魯思根據孟德斯鳩過去的表現，詢問病人，他以前曾
親自表述過一些觀點，公然對宗教表示懷疑，這樣做究竟有何原
則作爲根據？孟德斯鳩對這個問題的回答異常巧妙，他說：這是
由於他喜歡標新立異，追求超越成見和已被公認的至理名言，以
贏得那些左右公眾輿論並對擺脫束縛而爭得自由和獨立極表贊同
的人的承認。最後，魯思還向孟德斯鳩提出一些要求，希望他若
能病癒，必須言行一致，改正錯誤，信服上帝，並希望他能允
許將他剛才表達的最後的意願公諸於世。對於魯思提出的這些要
求，孟德斯鳩一概欣然接受。然後，魯思請來了聖蘇普里斯教區
的本堂神甫。這位教區本堂神甫走近病榻，要求病人確認他在懺

悔時所表述的意願。孟德斯鳩請他去問魯思。魯思說：孟德斯鳩
確已贖罪。於是，這位教區本堂神甫向孟德斯鳩說：「先生，你
比別人更懂得，上帝多麼偉大。」孟德斯鳩答道：「是的，先
生，人是多麼渺小啊！」神甫繼而指著聖體餅問孟德斯鳩是否相
信這就是上帝。孟德斯鳩答道：「是的，是的，我相信，我相
信。」於是，孟德斯鳩做了一個表示崇拜上帝的動作，並接受了
臨終塗油禮和臨終聖餐。此後，孟德斯鳩的生命還延續了 5 天，
但主要處於昏迷狀態。他在一次神志清醒時說了這樣一些話：
「我始終尊重宗教；《福音書》中的倫理道德是無與倫比的，這
是上帝賜給人們的最美好的禮物。」這些話著實值得玩味，它們
有力地證明，這位啟蒙思想家在彌留之際對於宗教的信仰依然有
一定的保留和限度。

　　魯思神甫對於孟德斯鳩的宗教信仰顯然極不放心。在思想家
謝世之前的那些時日裏，他幾乎一直守護在旁，寸步不離其左
右。他所操心的主要事情，就是要利用孟德斯鳩神志清醒的機
會，使他在效忠於宗教方面再前進一步。據達埃吉翁公爵夫人
說，魯思曾要求孟德斯鳩把他對《波斯人信札》的修正意見和手
稿交給他們，但孟德斯鳩執意不肯，而把這份手稿交給了一直守
候在病榻之旁的她和杜普里·德·聖莫爾夫人。當時，孟德斯鳩
對她們說：「我將一切奉獻給理性和宗教，但是，我不願把任何
東西送給宗教團體。請你們徵詢我的朋友的意見，然後決定是否
出版⑯。」孟德斯鳩之所以不肯把手稿交給魯思，顯然是由於他
對教會不信任。據孟德斯鳩的密友柯雷記述，孟德斯鳩在把手稿

⑯　達埃吉翁夫人致莫佩爾蒂的信，1755 年 2 月。

交給杜普里夫人時還說：「神甫們想從我手裏把手稿拿走，以便恣意篡改，但是我沒有讓步。」據說，此後有一次，魯思竟然趁公爵夫人外出用餐之機，命令在場的秘書走開，脅迫孟德斯鳩交出書櫃的鑰匙。公爵夫人用膳回來得悉此情，狠狠地責備了這位耶穌會士一頓。他不得已而吐露了實情，原來他也是出於無奈，爲了服從上司的指令。

上述情況清楚地表明：在教會和這位啟蒙思想家之間展開的這場異常激烈的搏鬥中，面臨死神威脅的孟德斯鳩仍然顯露出驚人的機智和頑強的戰鬥精神，始終不肯從原有的立場上後退一步。作爲一個基督徒，他在臨終之前表示相信上帝，並且嚴守教規，這當然無可非議。但是與此同時，在教會的威迫面前，他仍敢於抗爭，不肯背棄在自己著作中闡述過的觀點和信念，這一點無疑是極其難能可貴的。

1755 年 2 月 10 日（星期一），孟德斯鳩與世長辭。次日下午 5 時，遺體在聖蘇普里斯教堂中的聖日諾維也伏小教堂中入殮。

這位偉人的逝世，在世界各地引起了強烈的反響。

羅馬教皇本尼狄克十四世對這位思想家臨終前對宗教的態度異常關注。在思想家辭世後一個月，羅馬教廷國務秘書瓦倫蒂奉教皇的旨意致函其駐巴黎大使，要求詳細敍述孟德斯鳩逝世的全部過程。於是，教廷大使向孟德斯鳩的懺悔神甫魯思索取孟德斯鳩臨終前最後幾天的情況。魯思寫了一份有關孟德斯鳩臨終前幾天的紀事交給大使，而大使又把它轉給了教皇。教皇以崇敬的心情認眞閱讀了魯思寫的紀事，並下令把它發送給所有教廷使節和羅馬天主教屬下的各國主要城市的總管閱讀。

在孟德斯鳩的故鄉，波爾多科學院打破不對其院士的逝世作任何表示的慣例，向死者家屬發了一封唁函。波爾多高等法院的法官們，爲其前庭長的逝世而在聖安德烈大教堂舉行了悼念儀式，之後又前往死者家裏，向孟德斯鳩夫人表示哀悼之情。

百科全書派也對孟德斯鳩之死哀痛不已。狄德羅親自參加了葬禮。在 1755 年 11 月出版的《百科全書》第 5 卷的卷首，還刊有編者達朗貝爾撰寫的對孟德斯鳩的頌詞。

第二章　對封建專制主義的揭露和批判

　　孟德斯鳩是一個封建統治階級的反叛者。他雖然出身貴族，但卻站在法國新興資產階級的立場上揭露和批判了封建專制主義。在他的著作中，尤其是在《論法的精神》和《波斯人信札》中，我們隨處都可以看到他對封建專制主義的無情揭露和深刻批判。而且他一生都對專制政體懷有極大的惡感，對它進行了無情的抨擊。他是一個堅決反對封建專制主義的英勇戰士。

　　在《論法的精神》一書中，孟德斯鳩從《耶穌會士書簡集》中援引了一個例子，來說明專制主義的實質：「路易斯安納的野蠻人要果子的時候，便把樹從根柢砍倒，採摘果實。這就是專制政體。」「專制政體的原則是恐怖。但是膽怯、愚昧、沮喪的人民是不需要許多法律的❶。」

　　孟德斯鳩認為，專制主義與法律是格格不入的。他說，在專制國家裏，

　　　　我不知道立法者有甚麼法可以訂立，法官有甚麼案件可以
　　　　裁判。因為所有土地都屬於君主，所以幾乎沒有任何關於

❶　孟德斯鳩：《論法的精神》（張雁深譯）上冊，商務印書館 1978 年版（下同），頁 58。

土地所有權的民事法規。 因爲君主有繼承一切財產的權
利，所以也沒有關於遺產的民事法規。還有些專制國家的
君主獨攬貿易，這就使一切商務法規歸於無用。❷

一些東方的專制主義統治者的國家，幾乎沒有成文的法律，沒有
民法，而只有宗教的訓條，和受一些習慣的約束。所以，孟德斯
鳩說，「在專制國家裏是完全沒有發生糾紛和訴訟的機會的❸。」

孟德斯鳩指出， 專制制度是一種完全由君主一個人獨斷專
行、藐視任何法律的國家制度。在專制國家裏，君主是完全按照
自己一個人一時的與反覆無常的意志行事的，所以專制國家也就
不需要法律， 而卽使有法律， 那也形同虛設。因此，孟德斯鳩
說， 在專制國家，「法律等於零」「專制的國家沒有任何基本法
律， 也沒有法律的保衛機構❹。」另一方面，專制君主是金口玉
言的，他的話就具有法律的效力，正所謂「朕卽法律」，「君主
的意志一旦發出，便應確實發生效力」，必須「絕對服從」。尤
其荒唐的是，「如果國王是在酒醉或者精神失常時做出這個決定
的話，他的敕令仍然是要執行的」，因爲不這樣的話，他便將自
相矛盾了，而法律是不能自相矛盾的❺。

孟德斯鳩稱君主專制爲「橫暴的政制」❻。東方的君主「將
全部權力集合在腦袋上」❼。孟德斯鳩把專制君主稱爲暴君。他
說：「暴君之所以有權力正在於他能剝奪別人的生命。」暴君的

❷　孟德斯鳩：《論法的精神》頁 74。
❸　同上書，頁 74-75。
❹　同上書，頁 17。
❺　同上書， 頁 27-28。
❻　孟德斯鳩：《波斯人信札》，頁 174。
❼　同上書，頁 177。

「反覆無常的意欲毀滅其他一切人的意欲❽。」暴君可以任意把人處死，甚至權貴們的頭顱也有「隨時被砍掉的危險」。

封建專制君主不僅是暴君，而且是只知道縱慾享樂的寄生蟲。他們往往不親自執掌國政，而把行政委託給宰相。孟德斯鳩說，在專制政體的國家裏，「設置一個宰相，就是一條基本法律。」而宰相乃是君主的「第一個奴才」。東方的君主們更加不管事。「在他們設立了一個宰相的時候，他們便在後宮放縱最獸性的情慾；在一個頹唐的朝廷裏，他們遵循著最愚蠢的反覆無常的癖好，他們從來就沒有想到當君主是那樣容易的❾。」「帝國越大，後宮也越大，因而君主越沉醉於歡樂。所以，在這些國家裏，君主應治理的人民越多，便越不想治理；事情越重大，便越少去思索❿。」

孟德斯鳩指出：「專制國家的君主們時常敗壞婚姻制度。他們通常娶了許多妻子，尤其是在世界上專制主義可說已經生了根的那塊地方——亞洲。他們子女太多，所以幾乎不可能愛護他們，兒子們之間也沒有兄弟之愛⓫。」於是，在東方專制國家中，常常發生兒子們陰謀反對父王和父王把謀反的兒子或所有的兒子都殺光的事情。太子們爭奪王位的殘酷鬥爭更是屢見不鮮。「王室的每一個太子都有被選擇為王的同樣資格，所以一個太子登極為君，就首先把兄弟們絞死，土耳其就是如此。或者是把兄弟們的眼睛都挖掉，波斯就是如此。或者是使他們變成瘋子，莫

---

❽　孟德斯鳩：《論法的精神》上冊，頁 26。
❾　同上書，頁 18。
❿　同❾。
⓫　同上書，頁 63。

臥兒就是如此 [12]。」

孟德斯鳩一再強調說：亞洲是世界上專制主義已經生了根的地方。他指出：亞洲和非洲「一直在專制暴政的重壓之下喘息 [13]。」可是，在他的筆下，法國的君主專制暴政卻甚至要比東方伊斯蘭教國家的封建暴政厲害得多。他在《波斯人信札》中無情地揭露和批判了法國的專制制度。他把批判的矛頭指向曾擁有無限權力的已故的法國國王「太陽王」路易十四，指責他喜歡阿諛奉承，盲目輕信和剛愎自用，「從事或支持大規模的戰爭」，「賣官鬻爵」，濫發紙幣，生活上極端奢侈浪費。孟德斯鳩還指責路易十四為了籠絡臣民而「揮金如土，賞賜廷臣」。而且賞賜不當到了極其荒唐的地步：他對飽食終日、無所事事的侍臣和對艱苦作戰的將領們，給以同樣大方的賞賜；「他常常喜歡一個替他解衣脫靴或進餐時捧奉食巾的人，甚於一個替他攻城奪地或替他打勝仗的人。」那些由於吹牛拍馬而被他看中的人，「卽使沒有長處，也就變成有長處了。」這些人哪怕是打了敗仗，他也給以重賞 [14]。孟德斯鳩還借批評波斯而影射攻擊了法王路易十四，他說：「職務與祿位，僅僅是國君喜怒無常的特徵。名譽與品德，如果沒有君主的恩寵作為陪襯，並且和王恩同生同滅，在那裏是被視為空想的。一個受公眾重視的人，絕無把握說他明天不受羞辱；今天他是三軍統帥，不久也許國王要他當庖師，而不再讓他有獲得別的贊詞的希望，除非烤了一盤美味的羊腿而受誇獎 [15]。」孟德斯鳩還揭露了法國國王外出狩獵時要趕走數以千計

---

[12]　同[11]，頁 62。
[13]　孟德斯鳩：《波斯人信札》，頁 227。
[14]　同上書，頁 61。
[15]　同上書，頁 155。

的農民，以便讓國王及其侍從們的車隊通過，要數以百計的人替國王及其近臣們縫製獵服等飛揚跋扈行為。

在孟德斯鳩看來，專制制度不僅是產生暴君的土壤，而且還是孕育官僚階層的溫床。為了維護專制統治，專制君主總是把自己的權力授予善於阿諛奉承的大大小小的貪官污吏。於是宰相就變成了專制君主的化身；每一個個別的官吏又變成了宰相的化身。但是由於在專制國家裏是無法可循的，由於法律僅僅是君主的意志而已，「卽使君主是英明的，官吏們也沒法遵從一個他們所不知道的意志」因此，這些大小官吏們當然就只好遵從自己的意志了，他們就只好「替君主表示意志，並且同君主一樣地表示意志」「突然地表示意志」⑯，這樣一來，大大小小的官吏便變成了大大小小的暴君，而有多少官吏便又有了多少法律。官吏本身就是法律。在這種情況下，廣大人民羣眾便只能落得個悲慘的命運：成爲「什麼都不是」的奴隷。所以孟德斯鳩說：在專制的國家裏，「人的命運和牲畜一樣，就是本能、服從與懲罰⑰。」

孟德斯鳩極其深刻地指出：

> 在專制的國家，每一個人都是旣居人上又居人下，旣以專制權力壓迫人又受著專制權力的壓迫。⑱

孟德斯鳩無情地揭露封建官僚們的卑鄙性格和惡劣品質，說這些官僚都是一些「好逸而有野心，驕傲而卑鄙，希望不勞而致

---

⑯　孟德斯鳩：《論法的精神》上冊，頁 66-67。
⑰　同上書，頁 27。
⑱　同上書，頁 309。

富，憎惡眞理，諂媚、背信、棄義」的人，都是一些自己沒有品
德，而又懼怕別人有品德，並且「永遠向品德嘲笑」的傢伙⑲。
孟德斯鳩尖銳地指出，在封建專制國家裏，「首腦人物多半是不誠
實的人，而要求在下的人全都是善人；首腦人物是騙子，而要求
在下的人同意只做受騙的呆子；這是極難能的事⑳。」專制國家
的廷臣都是一些善於搞陰謀詭計的行家，而後宮則是「詐欺、叛
逆和奸計在不聲不響中支配著的地方；是黑暗籠罩著的地方；在
那裏，一個年邁的君主，一天比一天昏庸起來，便是宮中的第一
個囚犯㉑。」那些慣於弄權的廷臣們便趁機在後宮中幹「挾天子
以令諸侯」的勾當。孟德斯鳩認爲，專制國家的廷臣中最善於阿
諛奉承的莫過於首相了。他說：「向來惡劣的君王，他的首相總
比他更爲惡劣。」「一個君主有他的各種情慾，首相卻反而設法
激動這些情慾。首相處理政務，就從這方面入手；他毫無其他目
的，並且不願意知道其他目的。宮廷侍臣進諛詞以悅君主，首相
諂媚君主，情形更爲危險，他用勸告、用他啟示給君主的計謀、
提供給君主的格言來諂媚。」㉒

　　孟德斯鳩強調指出，封建專制國家雖然形式上也有法律，但
由於這些法律往往很不完備，其條文又往往含混不清，所以就會
有許多流弊。比如所謂的「大逆罪」就是如此。有「把大逆罪名
加於非大逆的行爲」的，有宣布「謀害君主的大臣和官吏就像謀
害君主本身，是大逆罪」的，甚至還有把一個人做的夢或他的
「思想」或他的「不謹愼的言詞」當作大逆罪的「罪體」而據之

⑲　孟德斯鳩：《論法的精神》上册，頁 24。
⑳　同⑲。
㉑　同上書，頁 63。
㉒　孟德斯鳩：《波斯人信札》，頁 217-218。

處以極刑的。孟德斯鳩是原則上主張「言者無罪」的，他說：
「言語並不構成罪體❷。」他尤其反對以言語定死罪。如果「以
言語定死罪的話，那就什麼都混亂了❷。」孟德斯鳩舉了中國封
建時代的例子。他說，按照那時的中國法律規定，任何人對皇帝
不敬就要被處死刑，但由於法律沒有明確規定什麼叫不敬，「所
以任何事情都可拿來作借口去剝奪任何人的生命，去滅絕任何家
族❷。」使許多人受到株連，「受到史無前例的可怖的迫害。」
孟德斯鳩並由此得出結論說：「如果大逆罪含義不明，便足以使
一個政府墮落到專制主義中去❷。」

　　從上述情況可以看到，在封建專制主義下生活是多麼的恐
怖！無怪乎孟德斯鳩一再強調指出：「專制政體的原則是恐
怖。」

　　孟德斯鳩強調指出，貪污是專制國家裏的當然現象。這是因
為「一個政府如果沒有做不正義的事情的爪牙，便不致成為一個
不正義的政府。但要這些爪牙不給自己撈一把是不可能的❷。」
孟德斯鳩指出，專制的國家還有送禮行賄的惡劣習慣。「無論對
哪一位上級都不能不送禮物，就是對君主也不能例外。」「這些
君主，甚至連他們自己所給人的賞賜，也要受賄賂。」❷

　　孟德斯鳩無情地揭露並譴責了在專制國家裏存在的貧富懸殊
等不合理的社會現象。他指出，在專制國家裏，君主、廷臣以及

---

❷　孟德斯鳩：《波斯人信札》，頁 217-218。
❷　孟德斯鳩：《論法的精神》上冊，頁 198。
❷　同上書，頁 194。
❷　同上❷。
❷　同上書，頁 65。
❷　同上書，頁 67。

若干個別人士占有全部社會財富，而其他大多數人卻呻吟在極度貧困之中。他非常痛恨封建統治階級的寄生生活，同情人民羣眾的疾苦。他滿懷激憤地寫道：「巴黎也許是世上最重嗜慾的城，那裏人們最考究享樂；然而這也許同時是生活最艱苦的城。為了一個人生活得十分舒服，必須有一百人為他不停地勞動。一個婦女，心裏惦念著要穿戴某種服飾，參加某一集會，從那時起，五十名工匠必須忙得連睡眠和飲食的時間都沒有❷。」孟德斯鳩指責法國國王路易十四極端奢侈浪費，在經營宮室方面十分豪華，「御苑中的雕像，多於大城市的居民。」

孟德斯鳩還批判了封建專制制度下的奴化教育。他一針見血地指出，由於專制政體的性質要求絕對服從，專制政體的教育也就必然是奴化教育。他說，專制國家的教育所努力的是「把恐怖置於人們的心裏」是，「降低人們的心志」，其目的在於「培養好奴隸」，卽是說，培養能絕對忠於君主、上司的奴才。孟德斯鳩還說：「甚至對於處在指揮地位的人們，奴隸性的教育也是有好處的。」這是因為在封建專制制度下，「沒有當暴君而同時不當奴隸的❸。」我們知道，封建專制國家的教育就是培養一些既當奴才又當奴隸總管的反動官僚的。這些官僚都是一些不講道理的傢伙，他們的看家本領就是：對上級唯唯諾諾，阿諛奉承，對下級發號施令，獨斷專行。所以孟德斯鳩極其深刻地指出：

絕對的服從，就意味著服從者是愚蠢的，甚至連發命令的人也是愚蠢的；因為他無須思想、懷疑或推理，他只要表

---

❷ 孟德斯鳩：《波斯人信札》，頁 182。
❸ 孟德斯鳩：《論法的精神》上冊，頁 33。

示一下自己的意願就夠了。❸

　　孟德斯鳩以生動有力的筆觸描述了封建專制制度下知識分子的可悲遭遇。他尖銳地指出，宮廷學者是「暴君的奴隸」，他們只能寫些爲國王及其奴僕歌功頌德的東西，而如果他們在思想中有高尚的成分，在感情上有正直的成分，敢於直書，描寫眞實，敢於替人民說話，那就要遭到迫害，被送進巴士底獄。孟德斯鳩憤怒地指出：「在極端專制的君主國裏，歷史學家們出賣了眞理，因爲他們沒有說眞理的自由❸。」

　　在《波斯人信札》中，孟德斯鳩也談到了學者與作家的種種困難處境。他寫道：「所有的學者，在往昔均以魔術而被控訴。」「現在這類控訴旣已無人置信，人們又採用了別的手段，於是一個學者很難避免反對宗教或提倡異端邪說的譴責。」❸「如果他寫了一部歷史，而他的思想中有高尚的成分，他的感情上有正直的成分，人們就千方百計來迫害他。根據一件發生於千年以前的事實，人們煽動法官來和他作對；如果他的筆不肯出賣，人們就想俘虜它。」

　　當然，在封建專制制度下，也必不可免地要出現一些出賣靈魂的無恥文人。孟德斯鳩痛斥了這些人，稱他們是「卑怯的人」。這些人「爲了一筆菲薄的年俸，放棄自己的信念；他們將所有的欺詐手段零碎出賣，獲得的代價不僅是些微的金錢；他們推翻帝國的憲章，減弱這一國的權利，增益那一國的權利，對君

---

❸　孟德斯鳩：《論法的精神》上册，頁 33。

❸　同上書，頁 329。

❸　孟德斯鳩：《波斯人信札》，頁 279。

主有所貢獻，對人民肆行剝奪，使古老的權利復活，恭維當時受一般信賴的欲望，向坐在龍床上的惡癖陋習獻媚；他們強加於後代的影響尤其卑劣，因為後代沒有很多辦法來摧毀他們的見證❸。」

孟德斯鳩看到，知識分子中還有一些妬賢忌能的人。他寫道：「一個人缺乏某種才能，以藐視這種才能作為補償，因為這樣，他在達到功勳的道路上所遇到的障礙，可以消除了；並且這樣一來，他發現和那個在研究工作上使他望而生畏的人水平相齊了❸。」

由於上述種種原因，真正的學者在專制制度下的命運當然是極其悲慘的：「一個學者不但聲名優劣沒有把握，而且必須加上一切樂趣被剝奪和健康的喪失等不幸❸。」

在孟德斯鳩看來，反動的專制制度是外強中乾的，它完全靠實行恐怖政策來苟延殘喘。他在《波斯人信札》中假借一個在歐洲漫遊的波斯人之口說：「如果我們的君主，不在他們的無限權威之中，如此小心謹愼，顧及生命安全，則他們連一天也難活；如果他們不雇用數不清的軍隊，借以虐待其餘的老百姓，他們的江山連一個月也難保❸。」

孟德斯鳩認為，儘管專制政體的原則是恐怖，儘管它所奉行的唯一政策就是對公民進行威嚇、懲罰和鎮壓，但這些都無濟於事。實行恐怖政策絕不能使天下太平，而只能使人民羣眾暫時「緘默而已」。他斷言，專制制度由於失去人民羣眾的支持，它

❸ 孟德斯鳩：《波斯人信札》，頁 279。
❸ 同上書，頁 280。
❸ 同上書，頁 280。
❸ 同上書，頁 175。

是不會鞏固的，是必然要垮臺的。

從上述情況我們可以清楚地看到，孟德斯鳩從各個方面對封建專制主義進行了猛烈的抨擊和無情的批判，應當說，這些抨擊和批判是相當深刻的，擊中要害的。

第三章　自然神論觀點和對宗教的批判

孟德斯鳩不僅是一個反對封建專制主義的英勇戰士，而且是宗教，尤其是天主教的無情的揭露者和批判者。

我們知道，歐洲中世紀的天主教是封建統治階級的官方宗教，羅馬天主教會是歐洲封建制度的中心，它用神恩的靈光極力維護封建專制制度。天主教推行神權政治，它的僧侶是中世紀的第一等級，控制著封建社會的整個上層建築和精神文化生活。天主教會的法庭——宗教裁判所，是封建統治階級專政的工具，它極其殘酷地迫害勞動羣眾和革命者。因此，反封建專制主義的鬥爭必然同反對天主教會和反對一般宗教的鬥爭緊密地聯繫在一起。

封建時代的法國也是天主教占統治地位的國家。封建勢力的代表人物大都信仰天主教。在新舊教鬥爭（卽宗教戰爭）中，國王路易十四偏袒天主教，排斥新教，迫害新教徒，致使大批新教徒流亡國外。正因爲如此，法國啟蒙思想家，包括孟德斯鳩在內，在同封建專制主義作鬥爭的同時，也都尖銳地批判了宗教傳統和宗教偏見，而其批判矛頭主要是指向天主教。同時，他們在同封建統治階級的官方宗教——天主教作鬥爭時，都是以自然神論者的面目出現的。

一、 自然神論觀點

孟德斯鳩一生沒有撰寫過有關哲學的專著和論文，他的哲學思想主要散見於他的兩部主要著作——《波斯人信札》和《論法的精神》。他與伏爾泰和盧梭一樣，就哲學世界觀來說，既不是唯物主義者，也不是無神論者，而是自然神論者。他是法國自然神論的早期代表之一。

自然神論（來自拉丁文 deus —— 神）是一種在 17 ～ 18 世紀在自由思想發展中起過積極作用的宗教哲學派別。它雖然不否認上帝的存在，但它卻否認上帝可以任意地干預世界和主宰世界。它雖然認爲上帝是一種非人格世界的最初原因，是世界的創造者，但它卻認爲上帝在創造了世界之後，便不再對世界進行干預，而世界也就只是按照自身的規律發展了。而且上帝本身也要按照根本理性卽法或規律行事，而不能任意地自由地行事。可見，自然神論是早期資產階級思想家用來反對傳統基督教神學的一種思想體系。它在啓蒙時代最爲流行。它雖然有明顯的妥協性質，但它卻是這些思想家們在當時歷史條件下同封建統治階級的官方宗教作鬥爭時所採用的最適當的宗教形式。信奉自然神論的有各派思想家：既有唯物主義者，也有唯心主義者，而且還有持折衷主義世界觀的思想家。

孟德斯鳩的自然神論思想首先是在《波斯人信札》中表述出來的。他在這本早期著作中以異常生動的筆法，把上帝塑造成爲一個不管事的立憲君主的形象。他寫道：

上帝隨興所至，支配造物，所以他想認識甚麼，就認識甚麼，不過，雖然他洞燭一切，卻不經常運用這一機能，平常他總把行動與不行動的機能，讓造物自己掌握，為了將功過之機能，亦給予萬物；在這時候，上帝放棄了他支配造物、決定造物的權利。但是，他想知道甚麼，總能知道，因為他只要願意這事物按照他的看法而發生，只要依照他的意志決定萬物就行。❶

「如果對這超乎一切譬喻的事物，能用一個譬喻來說明，那麼可以這樣說：有一君主，不知道他的大使在某一重要事務上將作些甚麼；如果他願意知道，他只要命令大使，按照某一方式行事，那麼他準知道，事情將按照他的計畫進行。」❷這是一個創造了世界萬物，而又主動放棄了支配造物、決定造物的權利的上帝的多麼生動的形象啊！

孟德斯鳩的自然神論思想，直接來源於英國的一些自然神論者，即資產階級「自由思想家」，尤其是唯物主義的自然神論者約翰‧托蘭德（1670～1722），是英國自然神論思想的繼續和進一步發展。

孟德斯鳩如同自己的思想先驅一樣，他既相信宗教，又相信人類理性，他力圖用理性的尺度來衡量宗教，並通過批判宗教迷信的神秘色彩來使宗教理性化。其目的在於使信仰從屬於理性，把信仰建立在理性的基礎上。但是，他又比自己的前輩前進了一步：他提出並強調規律（即法）的重要性。

---

❶ 孟德斯鳩：《波斯人信札》，頁 124-125。
❷ 同上書，頁 125。

　　孟德斯鳩在其名著《論法的精神》的開頭就強調:「一切存
在物都有它們的法（卽規律——引者注）」;「有一個根本理性存
在著」。他認爲:「法就是這個根本理性和各種存在物之間的關
係，同時也是存在物彼此之間的關係。」在談到上帝和宇宙的關
係時，孟德斯鳩一方面公開承認上帝是宇宙的始因，認爲「上帝
是宇宙的創造者和保養者」;而另一方面他又認爲上帝並不干涉
自然界的事務，世界是受自然規律支配的，上帝也不能改變自然
規律，甚至上帝的活動也要受自然規律的制約。孟德斯鳩寫道:

> 上帝創造宇宙時所依據的規律，就是他保養時所依據的規
> 律。他依照這些規律行動，因爲他了解這些規律。他了解
> 這些規律，因爲他曾製定了這些規律。他制定這些規律，
> 因爲這些規律和他的智慧與權力之間存在著關係。❸

　　值得注意的是:在孟德斯鳩的自然神論中還包含有某些唯物
主義因素和極其可貴的辯證法思想。例如，孟德斯鳩在《論法的
精神》中談到了世界的物質性，世界運動、變化的規律性和永恒
性等問題。他寫道:

> 我們的世界是由物質的運動形成的，並且是沒有智能的東
> 西，但是它卻永恒地生存著。所以它的運動必定有不變的
> 規律。如果人們能夠在這個世界之外再想像出另一個世界
> 的話，那麼這個另外的世界也必有固定不易的規律，否則
> 就不免於毀滅。❹

---

❸　孟德斯鳩:《論法的精神》上冊，頁1。
❹　同❸。

他還說：

> 如果說，造物主沒有這些規律而能夠管理世界的話，那是荒謬的，因為世界沒有這些規律將不能生存。❺
>
> 這些規律是確定不移的關係，在兩個運動體之間，一切運動的承受、增加、減少和喪失，是取決於重量和速度間的關係；每一不同，都有其同一性；每一變化，都有其永恒性。

在《波斯人信札》中，孟德斯鳩也表達了這樣一些極其重要的思想，卽：世界是運動、變化的，物質的運動是有規律的，而且每時每刻都有新東西在產生。他寫道：

> 世界絕不是萬古長存的，就連天體本身，亦非永遠不壞。天體變化，天文學家是目睹的證人；而這些變化，是宇宙中物質運動之極自然的結果。❻
>
> 地球和其他行星一樣，受運動規律支配；它在自身內部，忍受著各種元素的經常不息的搏鬥：海洋與大陸彷彿處於永恒的戰鬥中；每時每刻都有新的組合產生。❼

可見，地球乃是人類托身於其上的「如此變化多端的寓所」。

孟德斯鳩的自然神論具有非常重要的意義：

第一，孟德斯鳩是利用自然神論來限制神權的。在他那裏，

---

❺　孟德斯鳩：《論法的精神》上册，頁2。
❻　孟德斯鳩：《波斯人信札》，頁193。
❼　同❻。

神權受到了自然規律的限制和約束。正如普列漢諾夫（1856～1918）所說的：「自然神論是天上的議會制度❽。」同時，孟德斯鳩還利用自然神論來同天主教和宗教世界觀進行鬥爭，並進而宣傳科學知識，即力圖把信仰還原爲知識，把宗教還原爲理性。他雖然沒有直接否定上帝的存在，但他卻用自然神論思想推動對宗教，特別是對天主教的批判。他雖然沒有反對一切宗教及其信條，但他卻在自然神論外衣的掩蓋下，揭露和批判天主教會和僧侶的無恥罪行和宗教世界觀對人類社會的危害。

第二，孟德斯鳩的自然神論思想是與他的君主立憲思想直接聯繫著的，是從哲學上爲他的君主立憲的政治主張提供理論根據的，是法國新興資產階級要求限制和削弱君權的願望的反映。孟德斯鳩著作中的上帝，的確很像是一位沒有實權的立憲君主。

第三，孟德斯鳩的自然神論，在與傳統基督教的鬥爭中雖然不如後來的公開的無神論那樣英勇，那樣堅決，那樣徹底，但在當時的歷史條件下畢竟是啟迪了人們的思想，對即將來臨的法國資產階級革命起了積極作用。恩格斯（1820～1895）曾充分肯定法國啟蒙思想家的自然神論思想在歷史上的進步作用。他在談到包括自然神論在內的整個法國唯物主義對法國資產階級革命所起的積極作用時寫道：「在法國，唯物主義起初也完全是貴族的學說。但不久，它的革命性就顯示出來了。法國的唯物主義者並不把自己的批評局限於宗教的領域；他們把批評擴大到他們所遇到的每一科學傳統或政治體制。……它以這種或那種形式——公開的唯物主義或自然神論——而成爲法國一切有教養的青年的宇宙觀。它的影響是如此巨大，以後在大革命爆發時，這個由英國保

---

❽　《普列漢諾夫論宗教和教會》，1957 年俄文版，頁 290。

皇黨孕育出來的學說，竟然成了法國共和黨人和恐怖黨人的理論旗幟，並且提供了人權宣言的底本❾。」

最後，應當看到，孟德斯鳩的一系列社會政治思想和政治態度，都是與他的自然神論思想有著密切聯繫的，是以它爲基礎的。其實，自然神論者孟德斯鳩的目光所注視的根本不是天上，而是人間，是人類社會。他眞誠地同情廣大人民羣眾，站在法國當時比較先進的第三等級，實際上是新興資產階級的立場上，同反動的封建統治階級和天主教會作鬥爭，並提出了自己的具有進步作用的社會政治理論和美學思想。

二、對宗教的批判

在孟德斯鳩的《波斯人信札》和《論法的精神》這些主要著作中，宗教問題占有很重要的地位。然而值得注意的是：孟德斯鳩在談論宗教問題時，絕不是以神學家，而是以政論家的面目出現的。關於這一點，他自己也並不諱言。例如，在《論法的精神》第 24 章中談到「一般宗教」時，他宣稱：「我不是以神學家，而是以政治著作家的身分來寫這本書的」是「用人類塵俗的思維方式去考察」宗教問題的。在另一處談到「宗教自由」時，他又一次聲稱：「我們在這裏是政論家而不是神學家。」

首先，孟德斯鳩認爲，宗教神學與科學是格格不入的。因此，他要求科學擺脫宗教的束縛，堅決反對中世紀天主教會所提出的「科學是神學的侍婢」的口號。他證明說，科學與神學毫不

---

❾　恩格斯：《社會主義從空想到科學的發展》，人民出版社 1961 年版，頁 22-23。

相干，因爲科學應當研究自然界及其規律，而宗教神學卻只能相信上帝和宗教教條。科學應當爲人民服務，而神學卻是爲上帝服務。在《波斯人信札》中，孟德斯鳩譴責了宗教迷信對科學研究的危害和對專心從事科學研究的學者的迫害。他指出：「一個學者很難避免反對宗教或提倡異端邪說的譴責❿。」

其次，孟德斯鳩認爲，宗教也不是完全沒有存在的理由的，因爲它對人類社會畢竟還有一些用處。因此，他說了下面一段意味深長的話：

> 在各種虛僞的宗教之中，我們也能夠看出哪一些宗教最符合於社會的利益；哪一些宗教最能夠使人得到今生的幸福，雖然它們不能夠給人來世的快樂。⓫

從這段話中我們可以看出，在他看來：(1) 各種宗教都是虛僞的；(2) 在這些虛僞的宗教中，有些是「最符合於社會的利益」的，有些是「能够使人得到今生的幸福」的；(3) 但這些宗教都「不能够給人來世的快樂」。

孟德斯鳩以下面的話表明了他探討宗教問題的明確目的：

> 我只要從一種宗教在塵世生活上所可能給人們的好處著眼，去研討世界上的各種宗教，不管它們的根源是在天上或是在人間。⓬

---

❿　孟德斯鳩：《波斯人信札》，頁 279。
⓫　孟德斯鳩：《論法的精神》下册，頁 138。
⓬　同⓫。

　　那麼，宗教在塵世生活上究竟可能給人們甚麼好處？

　　孟德斯鳩認為，宗教的存在是很重要的。相信神的存在是很有用處的。

> 　　從沒有神明存在的思想，就將產生人類恣肆無羈的思想；換句話說，如果我們沒有神明存在的思想，我們就將有背謬的思想。❸

他把宗教看作是「一種約束力量」。因此，「卽使說，老百姓信仰宗教是沒有用處的話，君主信仰宗教卻是有些用處的；宗教是唯一約束那些不畏懼人類法律的人們的繮繩，君主就像狂奔無羈、汗沫飛濺的怒馬，而這條繮繩就把這匹怒馬勒住了❹。」「一個又熱愛又畏懼宗教的君主，就好比是一隻獅子對撫摩牠的手掌或安慰牠的聲音馴服一樣。一個又畏懼又憎恨宗教的君主，就好比是一隻野獸，怒吼著、嚙咬著那防備牠向走近的人們撲去的鏈子。一個完全不信宗教的君主，就好比是一隻可怕的動物，牠只有在把人撕碎、吞食時才感到牠的自由❺。」由此可見，孟德斯鳩是想要把宗教信仰變作一條強有力的繮繩，用它來勒住封建暴君這匹「恣肆無羈」的怒馬；他是想要把宗教信仰變作一個牢固的鐵籠，用牠來關禁封建暴君這隻「可怕的動物」，使其不能再有「把人撕碎、吞食」的自由。誠然，孟德斯鳩的這種善良願望只能是一種不能實現的幻想而已。但是他的上述言論中所包

----

❸　孟德斯鳩：《論法的精神》下冊，頁 139。
❹　同上書，頁 139-140。
❺　同上書，頁 140。

含的反對封建專制君主的意圖卻是非常淸楚的。他的上述言論是
刺向封建暴君的投槍和匕首。從這些言論中，我們不僅看到了孟
德斯鳩的無比勇猛，而且看到了他那驚人的機智。

孟德斯鳩主張把 宗教的利益和政 治的利益結合起來。 他認
爲，宗教教義的眞僞是無關緊要的，而最主要的是要把宗教的教
義同社會的原則連結在一起。他說：「一個國家的宗教對人類有
利或有害， 主要不在教義的眞僞， 而在適用的當否。」「最眞
實、最聖潔的教義，如果不同社會的原則連結在一起的話，可能
產生極惡劣的後果；反之，最虛僞的教義，如果同社會的原則發
生關係的話，卻可能產生美妙的後果⑯。」

在孟德斯鳩看來，基督教是一種值得尊重的眞正的宗教，它
的利益是與政治的利益相一致的。

> 基督教要人相親相愛，毫無疑義它願意各民族都有最好的
> 政治法規和最好的民事法規，因爲除了基督教是人類最高
> 的福澤之外，最好的政治法規和最好的民事法規就是人類
> 所可能「施」與「愛」的福澤中最大的福澤。⑰

孟德斯鳩認爲，基督教是比較適宜於寬和政體的。基督教對
於信教的君主們是一種約束的力量。「基督教和純粹的專制主義
是背道而馳的。《福音書》極力提倡仁愛，所以基督教反對君主
以專制淫威去裁決曲直、去肆意橫虐⑱。」「基督教禁止多妻，

---

⑯　孟德斯鳩：《論法的精神》下冊，頁 151-152。
⑰　同上書，頁 139。
⑱　同上書，頁 140。

所以基督教的君主們比較不幽居深宮，比較不和國民隔絕。因此，就比較有人性；他們比較願意依從法律，而且能够感覺到自己並不是甚麼都可以爲所欲爲的。」基督教的君主們也不像伊斯蘭教的君主們那樣殘忍❿。

孟德斯鳩認爲，眞正的基督教對於信教的臣民也能起到良好的作用。他說：

> 眞正的基督徒，如果作爲公民的話，一定非常了解自己的職責，並將用最大的熱誠去盡他們的職責；他們將最能感覺到天賦的自衛權利。他們越相信受到宗教的恩澤，就越想念受到祖國的恩澤。基督教的原則，深深銘刻在人們心坎上的時候，將比君主國那種虛僞的「榮譽」，共和國那種屬人的「品德」和專制國家那種奴隸性的「恐怖」，遠爲堅强而有力。⓴

因此，眞正的基督教是可能組成良好的國家的。

孟德斯鳩從維護資產階級的利益出發，他特別痛恨爲封建統治階級服務的天主教，無限同情爲新興資產階級服務的基督教新教。在他看來，基督教新教要比天主教優越得多。他在《波斯人信札》中寫道：「新教徒將日趨富有、强大，而天主教徒將日益貧弱。」「新教各國，應當是，而且實際上也是比天主教各國人口更多。由此可見：第一，在新教各國，賦稅收入更爲可觀，因稅收是按納稅人數的比例而增加的；其次，田地耕種得更好；最

---

❿　同❾。
⓴　孟德斯鳩：《論法的精神》下册，頁 143。

後，商業更爲繁榮，因爲想發財致富的人更多，需要增加，滿足需要的辦法也增加了。…… 至於天主教各國，不但田地荒蕪，而且實業也是有害的。這實業僅在於學習某種死語言中的五六個字 ㉑。」可見，在孟德斯鳩看來，天主教不利於社會經濟的發展，它使人民生活貧困，給人民帶來災難；新教則有利於社會經濟的發展，它使人民生活富裕，給人民帶來幸福。所以，他接著指出：「事情尚不僅這樣：修道士手中，幾乎掌握了全國的財富；這是一幫吝嗇的人，他們永遠往裏拿，絕不向外掏；爲了購買資產（按：主要指不動產），他們不斷累積收入。這許多財富落在他們手中，可謂陷於癱瘓，再沒有交流，也沒有貿易；更沒有百藝，也沒有製造㉒。」「沒有一個新教國君所徵的稅收，不比教皇（按：指天主教羅馬教皇）取之於民的賦款多；然而教皇之民貧窮，新教徒卻生活在繁榮之中。在新教徒之間，商業使一切生氣勃勃；在天主教徒之間，修道制度到處散播死亡 ㉓。」

孟德斯鳩認爲，宗教應該崇尚純潔的道德，才能使人們熱誠信奉。這是因爲人類中固然有幾個騙子，但絕大多數是極誠實的，是熱愛道德的。對於那些道德高尚、幹好事的人，就應當給予獎勵，而對那些缺德的人，盡幹壞事的人，則應當加以懲罰。因此，宗教裏關於天堂和地獄的觀念是必不可少的。孟德斯鳩說：「人類是非常富於希望與恐懼的感情的，所以一種沒有地獄也沒有天堂的宗教幾乎是不能使他們高興的㉔。」正因爲如此，

㉑ 孟德斯鳩：《波斯人信札》，頁 202。這裏所謂的「實業」是廣義的，是指修道生活與修道院產業之經營。「五六個字」是指修道士日常說的拉丁文咒語。

㉒ 同上書，頁 202。

㉓ 同上書，頁 203。

㉔ 孟德斯鳩：《論法的精神》下冊，頁 159。

在日本，外國的宗教，如相信有天堂和地獄的基督教和印度的宗教，便很容易建立起來．並受到人們虔誠的崇奉和熱愛㉕。

因此，對於宗教寬恕人們罪惡的做法，孟德斯鳩是持否定態度的。他說：

> 如果宗教寬恕人們的罪惡是依據偶然的事物而定的話，那麼對於人類，宗教就將白白地失掉它那種最偉大的推動力量。㉖

他認爲，印度教就是如此。在那些相信恒河水有使人聖化的效用的印度教徒看來，「一個人生前是否過著道德的生活，是無關緊要的問題。只要死後被扔進恒河就行了。」孟德斯鳩指出，印度教徒認爲在恒河沐浴或將死者骨灰投入恒河中便可滌除罪惡的做法，是荒謬的，它不能使人向善，而對社會的發展也只能起消極作用。因此，孟德斯鳩認爲，作爲對人進行賞善罰惡的天堂和地獄的觀念，對於法律來說也是必要的，有積極意義的。

> 有了作爲報償的天堂的觀念，一定就要有進行懲罰的地獄的觀念。如果只有天堂可以希望而沒有地獄可以畏懼的話，法律就將失掉它的效力。對那些相信在來世肯定可以得到報償的人們，立法者是無能爲力的。他們過於輕視死亡了。假使一個人確信，官吏所可能給他的最重刑罰結果恰恰就是他的幸福的開始，法律還有什麼方法去約束他

㉕　孟德斯鳩：《論法的精神》下册，頁 148-149。
㉖　同上書，頁 149。

呢？❷

　　從上述情況可以看出，根據孟德斯鳩的觀點，宗教的存在是完全必要的，它對社會、對人類的塵世生活是能帶來好處的，它雖然「不能給人來世的快樂」，卻「能够使人得到今生的幸福」。天堂和地獄的觀念也具有積極的意義。然而，我們絕不能由此得出結論說：孟德斯鳩是個地地道道的神學家，是個虔誠的基督徒。不是的。我們在前面曾經說過，他是一個自然神論者。他雖然既不直接否定上帝的存在，又不反對一切宗教及其教條，但他卻在自然神論外衣的掩蓋下，對宗教，尤其是天主教會和僧侶的無恥罪行以及宗教世界觀對人類社會的危害等等，進行了無情的揭露和深刻的批判。

　　孟德斯鳩作爲一個有神論者──自然神論者，他是承認上帝存在和上帝創造世界的。然而上帝究竟是什麼樣的，是怎樣創造世界的？他卻從未具體談到過。相反地，他卻對神學家們關於上帝的種種說法進行反駁和譏笑，對《舊約‧創世紀》中關於上帝創造世界的神話表示懷疑。

　　孟德斯鳩認爲，上帝不可能是完美無缺的。他說：「最明達的哲人，關於上帝的性質加以思考之後，說上帝是至高無上地完善；但是他們極度濫用了這一意念，因爲他們列舉人間一切可能的和意想得到的完善之點，加在「神」這個觀念上，卻沒有想到這些特點，常常互相抵觸；並且它們不能存在於同一對象上而不互相破壞❷。」孟德斯鳩舉了一個古希臘畫家畫美神像的例子，

---

❷　孟德斯鳩：《論法的精神》下册，頁 149。
❷　孟德斯鳩：《波斯人信札》，頁 123。

嘲笑了那些企圖塑造完美無缺的上帝形象的人們。他寫道：「西方的詩人們說，有一位畫家，因爲要畫美神的肖像，集合了最美麗的希臘女子，採取各人身上最悅目的部分，畫成一個整體，他相信這就和最美麗的女神相像了。假如有人從而得一結論，說那女神，頭髮既黃且黑，眼眸既黑且藍，性格又溫柔又驕傲，那人勢必爲大家所嗤笑㉙。」

孟德斯鳩認爲，上帝也不可能是萬能的。他說：

> 上帝常常缺乏某種完善，而這種完善，可能給他造成很大的缺陷；然而上帝除了由於他自己的限制，絕不受其他限制，他就是他自己的必要性。因此，儘管上帝萬能，也不能毀棄諾言，不能欺騙世人。甚至上帝常常無能爲力的原因，也許不在他本身，而在有關的事物；他之所以不能改變事物的本質，原因在此。㉚

既然上帝不是完美無缺的，不是萬能的，那麼上帝也就不可能有無窮的預見性。所以孟德斯鳩接著寫道：「也就因此，在我們的博士（指神學博士。——引者注）之中，有幾個敢於否認上帝的無窮預見，他們的基本理由是：上帝的預見，和他的正義是兩不相容的㉛。」接著，孟德斯鳩假托這幾個神學博士的名義，充分地論證了上帝對某些事物是不可能預見的。他寫道：

㉙　孟德斯鳩：《波斯人信札》，頁 123。
㉚　同㉙。
㉛　同上書，頁 124。

按照他們的說法，某些事物，依靠於自由原因的決定，這是上帝不可能預見的。因為，還沒有發生的事物根本就沒有，因此之故，無法認識。因為「無」之為物，毫無特點，故不能窺見。他們認為，上帝不能在某一毫不存在的意志上，有所辨認；也不能在一個靈魂中，看出某一並不存在於彼處的事物；因此，在事物被決定前，決定它的那一行動，並不存在於它本身。㉜

孟德斯鳩還利用《聖經》上關於亞當吃禁果的故事，駁斥了上帝全知的說法。「上帝將亞當安置在地上樂園中，條件是亞當不吃某一種果子。可是，一個人假如知道各人靈魂將作何種決定，還能在他的恩惠上附加條件嗎？這也就是像某人先知道巴格達陷落，卻對另一人說：『如果巴格達沒有陷落，我給你一百刀曼。』這豈不是開惡玩笑嗎㉝？」

在《波斯人信札》第113封信中，孟德斯鳩借一位哲學家之口，徑直對於《舊約‧創世紀》中關於上帝創造世界的神話表示懷疑。他寫道：「有些哲學家，將創造分別為兩種：物的創造與人的創造。他們不能理解，物質與物體之創造，只有六千年的歷史；他們也不明白，何以上帝等待了這麼悠久的中間，沒有動手工作，直等到明日，方始利用了他的創造力。也許上帝在以前沒有能這樣做，或不願意這樣做？然而，如果他在這一時期不能，在另一時期也一定不能，那麼也就是他不願意這樣做。可是，由於在上帝本身是毫無接替性的，假設他某一次願意某些事物，那

㉜　同㉛。
㉝　孟德斯鳩：《波斯人信札》，頁 125。

麼他一定一直願意，而且一開始就願意㉞。」在孟德斯鳩看來，
人類始祖亞當，並不是上帝創造的，而是古代某一次大天災的孑
遺。所以他又寫道：「這些哲學家認爲，亞當是從一場普遍的災
禍中被拯救出來的，正如挪亞是從洪水裏被救出來的一樣；並且
認爲自從創造世界以來，地球上這種巨大事件是很多的㉟。」

　　在《波斯人信札》中，孟德斯鳩借波斯人之口，發表了一通
非常精彩的關於人按照自己的形象塑造神祇的議論：

> 我覺得我們評判事物，永遠是用暗中回想自我，作爲衡
> 量。我並不驚奇，黑人將魔鬼畫成眩目的白色，而將他們
> 的神祇畫成漆黑如炭；某些民族的美神，雙乳累累，下垂
> 及股；總之所有的偶像崇拜者，以人的面目，表現了他們
> 的神祇，而且將他們自己的全部好尚傾向，給予眾神。有
> 人說得妙：如果三角形也要創造一個神，它們一定給它們
> 的神三條邊。㊱

　　孟德斯鳩嘲諷了那些自稱是代表神的意志的人們。他說：人
類「居然直截了當，自以爲是天神意志的典範，我不知道如此大
而無當的誇張，和人類那樣的渺小，如何能協調㊲。」

　　孟德斯鳩指出，宗教僧侶們完全是抱著自私的目的進行寫作
的：「僧侶們如果沒有拘束人的力量，就不能保護宗教，也不能
受宗教的保護，所以他們便設法說服人。我們看到從他們的筆下

㉞　孟德斯鳩：《波斯人信札》，頁 194。
㉟　同㉞。
㊱　同上書，頁 100。
㊲　同㊱。

產生了卓越的作品，來證明上帝的啟示和意旨❸。」孟德斯鳩在
《波斯人信札》第134封信中，借一個波斯人之口，辛辣地諷刺
了神學著作。他指出：「聖書十分晦澀」、「問題之多，幾乎和
書中行數相等。」因此，聖書詮釋家們寫了大量著作，「他們歪
曲了書中一切意義，折磨盡了所有的篇段章節。這是一塊土地，
不同宗派的人都可以闖進去，如同打劫一樣的；這是一片戰場，
敵對的國家在那裏相遇，在那裏打仗，有人衝擊，有人作前哨
戰，方式很多❸。」可見，在這裏，孟德斯鳩給我們描繪了一幅
神學家們圍繞著《聖經》展開激戰的生動畫卷：神學家們為了自
私的目的而撰寫了大量詮釋《聖經》的著作，他們在這些著作中
任意編造出一些荒謬絕倫、矛盾百出的論斷：而且他們之間還圍
繞著《聖經》進行了長期的激烈的論戰。

　　孟德斯鳩還把批判的矛頭直接指向靈魂不滅的學說。他用譏
諷的口吻和輕蔑的態度，駁斥了關於靈魂不滅的宗教信念。他指
出，有不少基督教徒對於宗教信條，無論是信還是不信，都不堅
決。他借一個教徒之口說道：「我相信靈魂不滅，但得看季節。
我的意見絕對取決於我的身體情況；按照我精神上有多少禽獸成
分，按照我的胃納增減，按照我呼吸的空氣是純是雜，按照我食
用的肉類（也廣義地指一般食物）是否易於消化，我就成為斯賓
諾莎派、索西尼派❹，天主教徒，虔誠或反教。醫生站在我床邊
時，接受懺悔的教士覺得我易於擺佈。我身體健康時，很知道如
何阻擋宗教，不讓它來使我痛苦；但是我生病時，就允許它來安

❸　孟德斯鳩：《論法的精神》上冊，頁 326。
❸　孟德斯鳩：《波斯人信札》，頁 231-232。
❹　Sozzini, 卽 Socin，（1525~1562），義大利的新教（基督教）提倡
　　者。

慰我；當我對於一方面毫無希望時，宗教就出來，用它的諾言爭取我；我很願意把自己交給宗教，而死在希望那方面❹。」

在孟德斯鳩看來，對於那些虔誠的基督教徒來說，靈魂不滅的學說是禍害無窮的。他指出，相信永生必然會給社會帶來極大的害處，因爲相信永生的人就會不履行公民義務，嚮往「來世」的人就會很少關心自己的現世生活，不想爲改善社會制度而鬥爭。「對那些相信在來世肯定可以得到報償的人們，立法者是無能爲力的。他們過於輕視死亡了。假使一個人確信，官吏所可能給他的最重刑罰結果恰恰就是他的幸福的開始，法律還有什麼方法去約束他呢❷？」他還揭露了靈魂不死說給人類帶來的嚴重的惡劣後果，他指出：「靈魂不死說……差不多在世界各方和在一切時代，都曾使婦女、奴隸、國民、朋友等自殺，希望這樣可以到另一個世界去爲他們所敬愛的人們服役❸。」這眞可以說是對「靈魂不死說」這個宗教信條的血淚控訴！

在《波斯人信札》中，孟德斯鳩對天主教關於獨身生活的教規進行了批判。他說，天主教的教士和修道士都獻身於永遠的禁慾生活，這在基督徒之間，被認爲是最高意義的德行。孟德斯鳩不同意這種看法。他認爲，這是一種「毫無效果的事業」，根本不是什麼「德行」。他指出，天主教的神學博士顯然是自相矛盾的，因爲他們一方面說婚姻是神聖的，另一方面又說獨身更爲神聖。他猛烈地抨擊了天主教的禁慾主義。他指出：「這禁慾的職

---

❹　孟德斯鳩：《波斯人信札》，頁 131-132。引文中的「毫無希望」，是指人世的生活；「死在希望那方面」，是指死後進「天堂」的希望。

❷　孟德斯鳩：《論法的精神》下册，頁 149。

❸　同上書，頁 152。

業，摧殘了許多人，卽使瘟疫與最慘烈的戰爭，也從來不至於如
此。在修道院中，人們可以看見一個永恒的家庭，這家庭不生育
一個人，而它自身的存在，則依靠天下眾庶。這些庵院，永遠張
大著嘴，和無底洞一般，吞沒未來的種族⑭。」孟德斯鳩認為，
在這個問題上天主教是不如新教的：「在新教中，任何人都有權
利生男育女；這宗教不容許有任何出家的神甫與修道士⑮。」

孟德斯鳩是堅決主張政教分離，反對神職人員干預政治的。
他在《羅馬盛衰原因論》中指出：「這些由於一種特殊的誓願
而必須逃避和害怕世俗事務的人們，卻利用一切機會來干預這些
事務」，「他們到處不停地激起喧騰並且擾亂他們已經離開的俗
世。」「任何國家大事，任何和約，任何戰爭，任何休戰協定，
任何談判，任何婚姻，如果沒有僧侶參加，就都不能進行。君主
會議為他們所充斥，而人民大會也幾乎都是由他們組成的⑯。」
孟德斯鳩認為，這一切必然會導致難以想像的惡果。因此，他強
調說，教會權力和世俗權力的本質和界限，是絕不能加以混淆，
而必須加以嚴格區分的。這是「人民的安定的基礎⑰。」

孟德斯鳩把教皇作為攻擊的對象。他說，教皇「是個古老的
偶像，人們給他焚香，無非是習慣使然。」孟德斯鳩把教皇稱為
魔法師。他非常幽默地說，教皇這個魔法師比法國國王更強有
力。「有時他令國王相信，三等於一，人們所吃的麵包並非麵
包，所飲的酒並不是酒，諸如此類，不勝枚舉⑱。」顯然，孟德

---

⑭　孟德斯鳩：《波斯人信札》，頁 201。
⑮　同⑭。
⑯　孟德斯鳩：《羅馬盛衰原因論》，頁 126。
⑰　同上書，頁 130。
⑱　孟德斯鳩：《波斯人信札》，頁 39-40。

斯鳩在這裏不僅攻擊了天主教教皇，而且也批判了《聖經》中關於所謂三位一體，所謂麵包就是耶穌的肉，酒就是耶穌的血這樣一些極端荒謬的宗教信條。

孟德斯鳩還把天主教僧侶作爲攻擊的對象。在他看來，天主教的僧侶們都是寄生蟲，而寺院則是一大羣寄生蟲的安樂窩。他說：「僧侶本身是一羣懶惰的人，他們又培養別人的懶惰，由於他們的好客，無數遊手好閒的人、仕紳、中流社會的人士，就以奔走寺院過日子了❹。」

在《波斯人信札》第 48 封信中，孟德斯鳩以譏諷的口吻極其生動地描繪了巴黎社交場中一位天主教神甫──「宣教的法師」、「良心的導師」的一副可惡形象，說他神氣歡欣，面色紅潤，衣著整齊，喜歡向女人獻慇懃。「關於婦女們的事，他比丈夫們知道得更詳細。他認識婦女們的弱點，婦女們也知道他有他的弱點❺。」他雖然嘴上老離不了「天恩」這件事，但是「在漂亮女子的耳邊，他更願意說他如何動了凡心。當眾說法，他咆哮如雷；個別接觸，他溫順如羔羊❺。」如此等等。在同書第 28 封信中，孟德斯鳩還談到一個年輕的神甫用欺騙手段奸污了一個女演員。在這裏，孟德斯鳩筆下的天主教神甫簡直就是一個地道的、慣於玩弄女性的花花公子了。

在孟德斯鳩看來，天主教的罪業審辨師乃是地地道道的江湖騙子。在《波斯人信札》中，孟德斯鳩通過一位天主教的罪業審辨師的自白，極其生動而又深刻地揭露了罪業審辨師所玩弄的一

---

❹　孟德斯鳩：《論法的精神》下冊，頁 137。
❺　孟德斯鳩：《波斯人信札》，頁 77。
❺　同上書，頁 78。

套欺騙善良的教徒的手法和那些旣要放手幹壞事、又想進天堂的
所謂「教徒」的醜惡嘴臉。這位罪業審辨師得意洋洋地解釋了何
謂罪業以及他是如何進行審辨的：「大凡業障，分爲兩類：一爲
致命業，犯者絕對不能進天堂；二爲可恕業，犯者觸犯上帝，倒
是眞的，不過並不觸怒上帝，以至於褫奪犯者上天的洪福。哦，
我們全副本領，就在於仔細辨別這兩類罪業。因爲，除了幾個放
浪之士（在這裏，主要是指思想自由，沒有宗教信仰的人。──
引者注）以外，所有的基督徒都願進天堂，但是幾乎什麼人都願
意用盡可能低廉的代價，賺開天堂之門。人們認淸了哪一些是致
命業，　竭力避免犯這類罪業，　此外不妨放手幹去㉒。」有的人
「儘量辦到剛剛够進天堂，一分都不寬裕；只要能進去，他們就
滿足了，因爲他們目的在於不多不少，恰好及格。這類人，與
其說他們獲得天國，不如說他們竊取天國。……行動本身不成罪
業；罪業決定於犯罪者的認識程度。這人做了惡事，只要他們能
够相信這並不是件惡事，良心是泰然的；又因模稜兩可的行動，
多到無窮無盡，罪業審辨師可以宣布這些都是善行，給它們添上
本來沒有的善的成分；而且，只要他能說服別人，認爲那些行動
並無毒素，他就將毒素從那些行動中完全消除㊿。」

　　天主敎的敎士在羣衆中 是極不受歡迎的 。 孟德斯鳩在《波
斯人信札》第 61 封信中，描繪了一個敎士在社交場合的窘態。
這個敎士對那些思想自由、沒有宗敎信仰的「放浪之士」，尤其
感到難以對付，他訴苦說：「我們一出現於社交場合，人們就挑
逗我們，引起爭辯：比如要我們設法證明，對於一個不信上帝的

㉒　孟德斯鳩：《波斯人信札》，頁 96。
㊿　同㉒。

人，祈禱是有用的；或證明對於另一個終身否認靈魂不死的人，齋戒是必要的。這種工作是十分艱苦的，而且那種哈哈大笑的人，顯然並不是在擁護我們❺❹。」於是，這位教士也終於意識到，不應當勉強人民接受某些宗教上的觀點。所以他說：「我們攪亂國家，我們自尋煩惱，爲了使人接受某些毫無基本意義的宗教觀點，於是我們就和某一個征服中國的霸主一樣，爲了強迫人民剃髮或削指甲，引起了大規模的反抗❺❺。」

　　孟德斯鳩是反對天主教傳教士的殖民主義的。他在《波斯人信札》第 49 封信中談到：有一個托鉢僧——天主教聖芳濟派修道士，懇求波斯旅遊者幫助，想要解決派兩三個修道士到波斯古都加斯班去，卻遭到這位波斯旅遊者堅決拒絕的事。孟德斯鳩借這位波斯人之口痛斥了這個打著傳教旗幟的海外殖民者：「教兩個托鉢僧去呼吸加斯班的空氣，計畫倒是極妙；對於歐亞二洲，定必十分有用；十分有必要引起君主們的興趣。這就是所謂地道的殖民地！算了吧！你和你的同類，是不適宜於移植的，你們不如在你們出生的地方，繼續爬行吧❺❻。」

　　孟德斯鳩從新興的資產階級立場出發，提出了限制天主教會財產等等一系列進步主張。他認爲，僧侶無止境地獲取財產是極不合理的。因此，應該讓僧侶「放棄手中新取得的財產。」他認爲，教會擁有大量土地會使廣大農民羣眾破產，徵收苛捐雜稅會危害新興的工商業。他指出，宗教節慶過多是一個大弊病，這會妨害國民經濟的發展，尤其不利於農業的發展。他寫道：

---

❺❹　孟德斯鳩：《波斯人信札》，頁 103。
❺❺　同❺❹。
❺❻　同上書，頁 82。

當一個宗教規定人們要在某日停止勞動的時候，它首先要
關心的應該是人們的需要，然後才是它所敬奉的神明的尊
榮顯赫。❺⑦

孟德斯鳩反對宗教迷信上的奢侈。他認為，「小心翼翼地尊
敬神明」與「崇拜儀式的堂皇華麗」，這是極其不同的兩樁事。
他贊成柏拉圖的意見：「純潔、虔誠的人應該供獻和他們相似的
祭品，即純潔、虔誠的祭品。」人們「是不應該把金銀寶貝獻給
神明的。」他很贊賞柏拉圖的話：「一個好人如果接受一個奸人
的禮物將感到羞慚；那麼神明對不敬神的人們的祭品應當如何想
法呢？」他強調指出：

宗教不應當以獻祭為借口而把國家由於必要的考慮留給老
百姓的東西勒索了去。❺⑧

他主張喪葬應以節儉為原則。

宗教它不應當鼓勵喪葬的浪費。在死亡的事情上，在死亡
的時候，不論財富多寡，全都是一樣的；在這種場合，把
貧富的差別取消掉，還有比這更合乎自然的麼？❺⑨

孟德斯鳩堅決主張宗教信仰自由，反對採取強制手段要人們

---

❺⑦　孟德斯鳩：《論法的精神》下册，頁 154。
❺⑧　同上書，頁 165。
❺⑨　同❺⑧。

信教，猛烈抨擊宗教裁判所的殘暴行為。他指出，對異教徒或不
信教的人提出公訴，進行鎮壓，那只不過是對無罪過者的迫害而
已。他認為，採用威嚇的辦法絕不能使人相信什麼東西。因此宗
教應避免使用刑法。他說，歷史表明，「刑法除了破壞而外是沒
有其他效果的。」他認為，「要變更宗教的話，誘導比刑法更為
有力。」他強調說，天主教不應當用火和劍來鞏固自己的地位。
在《波斯人信札》中，他指責西班牙和葡萄牙的某些教士非常殘
酷，說「他們燒死一個活人，和燒稻草一般輕易。」他們極端野
蠻，完全不講道理，他們可以把一個窮苦小百姓「作為異端，活
活燒死；他即使能分辯，也沒有用處。毫無分辯的餘地！等人們
想起聽他分辯，他早已成了灰燼❻❶。」孟德斯鳩揭露了這些教士
們所採用的卑鄙手段：他們為了證明被燒死者有罪，竟不惜「接
受十惡不赦的人，下流娼婦，或操無恥賤業的人作證明」。接
著，孟德斯鳩還進一步揭露了這些教士們的偽善面目：他們在把
這個無辜者燒死之前，還要對他「作小小的贊揚，並且說看見罪
人穿得那麼破爛，不勝氣憤，說他們心腸很軟，怕看流血，說他
們作此判決，萬分無奈」等等一套假慈悲的廢話。而在把這個無
辜者燒死之後，他們卻將其「財產充公，從中自肥」。孟德斯鳩
指出，天主教教會就是採取「上述各種殘暴手段，借以維持自
身」的❻❶。在《論法的精神》第 25 章第 13 節中，孟德斯鳩極其
憤怒地譴責了葡萄牙里斯本宗教法庭燒死一個不信基督的 18 歲
的猶太女子的罪行。孟德斯鳩借一本小冊子的猶太著者之口，嚴

---

❻⓿　孟德斯鳩：《波斯人信札》，頁 50。
❻❶　同上書，頁 50-51。

蕭告訴西班牙、葡萄牙宗教法庭的法官們說：「當伊斯蘭教徒自誇信徒眾多的時候，你們就告訴他們說，他們是依靠暴力獲取信徒，依靠刀劍擴展宗教的；那麼你們爲甚麼用火刑來建立你們的宗教呢❷？」「眞理的性格在於它能够制服人們的心和精神，而不是像你們所了解的那樣軟弱無能，需要用酷刑來強迫我們接受它❸。」「我們必須警告你們一件事，就是：倘使將來有人敢說，在我們所處的時代，歐洲的人民是文明的話，人們將要引你們爲例，來證明他們是半野蠻的。人們對於你們的看法將使你們的時代受到羞辱，並將使人們憎恨和你們同時代的一切人❹。」

　　對於東方的宗教——伊斯蘭教、佛教、道教等，孟德斯鳩也進行了尖銳的批判。他的批判矛頭首先指向伊斯蘭教。在他看來，伊斯蘭教是東方這個封建專制主義最盛行的地方的最有代表性的典型的宗教。他說：「專制政體比較宜於伊斯蘭教」。「伊斯蘭教的君主們不斷殺人或是被殺」。伊斯蘭教是違反人性的，是與「破壞」聯繫在一起的。他寫道：「如果宗教是由征服者授與的話，這對人性是一種災難。伊斯蘭教只靠利劍講話；它是通過破壞建立起來的；它仍然用這種破壞的精神去影響人類❺。」

　　孟德斯鳩批判了伊斯蘭教的定命論。他指出：「精神的懶惰產生了伊斯蘭教的定命論；這種定命論又滋生了精神的懶惰。他們說，這是上帝的命令裏規定的，所以應該休息休息❻。」「伊斯蘭教徒養成了沉默思辨的習慣；他們一天祈禱五次，每次都要

---

❷　孟德斯鳩：《論法的精神》下册，頁 169。
❸　同上書，頁 170。
❹　同上書，頁 171。
❺　同上書，頁 142。
❻　同上書，頁 148。

做一件事，就是，把屬於塵世的一切，全都置諸腦後。這就使他
們習慣於沉默思辨。除此之外，他們對一切事物，又都淡然視
之，漫不經心⑥。」孟德斯鳩認為，他們的「這種對事物的漠視
態度是由命數不易的教義產生出來的⑥。」在他看來，伊斯蘭教
的這種「超脫塵世的思想」在政治上只能起消極的作用，是不能
起消弭「專制主義的惡果」的作用的。

　　孟德斯鳩對佛教和道教也是採取批判態度的。在他看來，
「佛和老君的教義的弊害」就在於：不自謀衣食，不做社會的一
切工作，只過一種「沉思默想的生活」⑥。應該說，孟德斯鳩的
批判是中肯的，而且從中可以看出，孟德斯鳩作為新興資產階級
的代表，是主張積極干預社會生活，反對消極的出世、遁世思想
的。

　　我們從上述情況可以看到，孟德斯鳩在對基督教新教作了許
多肯定評價的同時，對於世界上的其他幾大宗教都作了不同程度
的批判，而他對於當時在法國占統治地位的天主教的抨擊則尤為
猛烈。然而，他並不認為，只有新教才有存在的必要，而天主教
等則完全沒有存在的理由。在他看來，宗教同政體是有密切關係
的。天主教比較適宜於君主政體，基督教比較適宜於共和政體，
伊斯蘭教比較適宜於東方國家的專制政體。而孟德斯鳩是主張在
法國用基督教新教來代替天主教的。這顯然是由於基督教新教在
當時已披上資產階級革命的外衣，進行反對天主教和反對封建專
制主義的緣故。新教在當時正是最適應資產階級發展的宗教意

---

⑥　孟德斯鳩：《論法的精神》下册，頁146。
⑥　同⑥。
⑥　同上書，頁145-146。

識。

在這裏有必要指出：孟德斯鳩之所以主張在法國要用基督教新教代替天主教，是有其歷史原因的。在當時的法國，信仰新教的大部分人都是資產階級分子，而信仰天主教的則主要是封建勢力的代表。尤其是有這樣一種歷史情況：在新舊教鬥爭（宗教戰爭）中，法國國王路易十四偏袒天主教，排斥新教，迫害新教徒，企圖撲滅異教——冉森教和加爾文教。他拆毀了冉森教的中心——波爾羅雅爾修道院。他派遣天主教傳教士強迫加爾文教徒改信天主教，由於遭到拒絕，他便派龍騎兵到加爾文教徒家肆意騷擾，這就是歷史上有名的「龍騎兵迫害新教徒事件」。他還於1685 年下令廢止了亨利四世於 1598 年頒布的承認加爾文教徒有信教和禮拜自由的南特敕令，嚴禁加爾文教的存在，致使大批教徒流亡國外。據統計，到 18 世紀中葉，已有大約 40 萬人流亡國外，他們大都是一些能工巧匠、富商、手工工場主。這些人中有一大部分後來定居在信奉新教的德國、瑞士等國家，大大地促進了當地的工商業的發展。路易十四所執行的這種宗教歧視政策，再加上在經濟領域中所實施的那一套封建專制的規章制度，使得工商業趨於蕭條，使資本主義經濟的發展受到很大的阻礙，因而引起了法國新興資產階級的強烈不滿。

針對路易十四王朝實行的偏袒天主教，排斥新教的宗教歧視政策，孟德斯鳩提出了各種宗教互相寬容的主張。他說，歷史上之所以充滿宗教戰爭，並非由於宗教派別繁多，而是由於不寬容精神。他認爲，「任何宗教都會有對社會有利的教訓」，因此，各種宗教都有權利被人們熱心地遵奉，而它們之間也應該互相寬容，和睦相處，互不干擾，互相尊敬。而且在一個國家裏有多種

宗教存在，可以互相競爭，這對於統治者來說也是有好處的。

　　孟德斯鳩認為，在一國中有數種不同的宗教比只有一種宗教更要好一些。而且在他看來，

> 生活在被寬容的宗教中的人，在平常情況下，比活在統治宗教中的人，對於祖國更有用些；因為，前者在社會上沒有尊貴的地位，他們不能以豪富闊綽來露頭角，他們傾向於用勞動來取得財富，傾向於從事社會上最艱苦的職業。❼⓪
>
> 況且，由於任何宗教都含有對社會有利的教訓，最好任何宗教都熱心地被遵奉。

而由於各種各樣宗教的信徒都存在競爭者所具有的嫉妒之心，所以，信徒們「各人戰戰兢兢，唯恐一舉一動有辱本宗，而令異宗得以鄙視本宗，並對本宗作毫不寬恕的檢舉❼①。」因此，在只存在一種宗教的情況下，孟德斯鳩主張引進新的宗教，他認為，「將一個新的宗派引入國內，糾正舊有宗派的種種過分之處，這是最有把握的方法❼②。」

　　有人認為，在一國內容忍幾種宗教，對於君主是不利的。孟德斯鳩駁斥了這種說法，他說：「若全世界的教派齊集一國，對於君主將毫無損害，因為沒有一個教派不主張服從，不倡導馴順❼③。」

---

❼⓪　孟德斯鳩：《波斯人信札》，頁 148。
❼①　同❼⓪。
❼②　同❼①。
❼③　同❼②。

　　孟德斯鳩譴責宗教戰爭，把「勸教熱」斥之爲「傳染病」。他認爲，歷史上經常發生的宗教戰爭都是由「不寬容精神」所引起的。這種不寬容精神「鼓勵著自以爲居統治地位的那一種宗教；猶太人從埃及人那裏學來的就是這種勸教熱；這狂熱像流行於民間的傳染病一樣，從猶太人身上傳染給伊斯蘭教徒與基督教徒；這令人暈眩的精神之發展，只能看作人類理智的完全抹煞❼❹。」

　　在《波斯人信札》中，孟德斯鳩借波斯人之口譴責了波斯的伊斯蘭教徒對於拜火教徒的迫害。他指出：這種迫害使拜火教徒「不得不成羣結隊，逃往印度，致令波斯喪失了這一如此勤於耕種的民族，這民族曾用自己的勞動，獨立戰勝我們土地的貧瘠❼❺。」

　　孟德斯鳩認爲，各種宗教應互相尊重，而不應互相輕視，更不應互相憎恨、厭惡。他說：

　　　　宗教的法律，除了激起人們對邪惡的輕視而外，是不應該
　　　　製造他種輕視的，尤其是不應該使人們離棄對人類的愛和
　　　　憐憫。❼❻

他不贊成伊斯蘭教徒和印度教徒互相憎恨、厭惡的做法：「印度人憎恨伊斯蘭教徒，因爲他們吃牛；伊斯蘭教徒厭惡印度人，因爲他們吃豬❼❼。」

　　孟德斯鳩主張容忍異教。當然，容忍異教不等於贊同異教。

❼❹　孟德斯鳩：《波斯人信札》，頁 148-149。
❼❺　同上書，頁 148。
❼❻　孟德斯鳩：《論法的精神》下冊，頁 154。
❼❼　同上書，頁 154。

但一個國家應該容忍好幾種宗教，而法律也必須要求這些宗教彼此互相容忍。他說：

> 一切受壓制的宗教，自己必將成為壓制異教的宗教。這是一條原則。因為當一種宗教僥倖而脫離了壓迫的時候，它就要立卽攻擊曾經壓迫它的宗教——不是作為宗教，而是作為暴政來攻擊。⑦⑧
>
> 因此，法律如果要求這些不同的宗教不僅不要攪擾國家，而且也不要互相攪擾的話，這總是有好處的。⑦⑨

一般說來，孟德斯鳩是不主張引進新的宗教的。其理由是：一個國家舊的卽原有的宗教和氣候是相適應的，和國家的政制是連繫在一起的；而從外國引進的新的宗教則不同，它不僅和國家的政制沒有連繫，而且常常是和本國的氣候格格不入的。「不僅如此，新教將使國民厭惡本國的法律，並輕視已建立的政府；國民對新舊兩種宗教的猜疑將代替他們原來那樣對一種宗教的堅定信仰。一言以蔽之，這種情況，至少有一個時期，將給國家製造壞國民和壞信徒⑧⑩。」所以，孟德斯鳩認為，「如果，一個國家對本國已經建立的宗教感到滿意的話，它就不要容許其他宗教進來設教。」當然，如果一種新的宗教已經在國內設教的話，那也「應該容忍它。」⑧①

在孟德斯鳩看來，宗教如同風俗習慣一樣，是長期逐漸形成

---

⑦⑧ 孟德斯鳩：《論法的精神》下册，頁 166。
⑦⑨ 同⑦⑧。
⑧⑩ 同上書，頁 167。
⑧① 同上書，頁 166-167。

的。因此，一個國家是不可能在瞬息之間就把它改變的。如果企圖用頒發法令的辦法去摧毀或改變國內占支配地位的宗教，那是很危險的，甚至有「激起革命」的危險。而企圖用強暴的方法使人們脫離宗教，那也是難於達到目的的。因此，「對於宗教，應避免使用刑法。」孟德斯鳩認爲：「要變更宗教的話，誘導比刑罰更爲有力。」「刑罰除了破壞而外，是沒有其他效果的⑫。」

孟德斯鳩認爲，對於教徒來說，應當重視宗教的人道主義精神，完全不應當在宗教儀式方面爭吵不休。他說：「無論你生活在何種宗教中，遵守法律、熱愛人類、孝順父母，永遠是首先第一的宗教行動。」由於各種宗教都認定上帝是「熱愛人類」的，那麼信教者也就應當「遵守社會的規矩，盡人類的義務。」孟德斯鳩寫道：「如果上帝愛人類，我們也愛人類，必能使上帝高興；就是說，對於人類，要盡人道與仁善的義務，不要破壞保障他們生活的法律⑬。」他認爲，

> 這樣做，比奉行這種那種儀式，可以有更大把握使上帝高興；因爲各種儀式，它們本身並不包含絲毫仁善；儀式之所以好，無非假設上帝命令如此，並且不能不重視這命令。然而這一點就引起了大大的爭論；在這方面，我們極容易搞錯；因爲必須在兩千種宗教儀式之中，選擇某種宗教儀式。⑭

孟德斯鳩把猶太教和伊斯蘭教、基督教之間的關係，比作樹

---

⑫　孟德斯鳩：《論法的精神》下冊，頁 168。
⑬　孟德斯鳩：《波斯人信札》，頁 72-73。
⑭　同上書，頁 73。

幹和樹枝，母親和女兒之間的關係。它們本是一家，理當互相尊重，和睦相處。孟德斯鳩對於它們之間的長期紛爭是很不滿意的。他寫道：「猶太的宗教，是古老的樹幹，它產生兩股枝柯，蔭蔽全世界，我意思說伊斯蘭教與基督教。或者不如說，這是一個母親生了兩個女兒，而女兒把母親欺侮得遍體鱗傷：因為，在宗教方面，最接近的派別，彼此是最大的仇敵。然而，母親雖然受了女兒虐待，她仍然始終以生了這樣的女兒為榮；利用這個和那個女兒，她擁抱全世界，同時在另一方面，她的令人尊敬的高齡，擁抱各時代⑧。」「猶太人因而自視為一切聖道的淵源，一切宗教的根源。相反地，他們把我們看作改變了聖則的異端，或不如說，把我們看作離經叛道的猶太人⑧。」

　　孟德斯鳩以欣慰的心情看到，在歐洲基督教徒之間已經開始擺脫以前曾經有過的不寬容精神，從而使人們「享受著向所未有的安寧」。他非常痛恨宗教的紛爭給人民帶來的嚴重禍害和災難，他指出：「人們把事情辦糟了，因為他們把西班牙的基督徒驅逐了出來，又因為在法國，那些信仰與國王稍有不同的基督徒被攪得疲憊不堪。人們發覺，對於宗教事業發展的熱心，並不等於對於宗教本身的愛戴；而且，熱愛宗教、遵奉宗教，絕沒有必要因此而憎恨與迫害不遵奉的人⑧。」

　　孟德斯鳩希望伊斯蘭教內部各派之間也應停息紛爭，他借波斯人之口說道：「很希望我們伊斯蘭教徒，在這方面也和基督徒一樣，有合乎情理的想法；希望我們在哈里與阿普貝克之間永建

---

⑧　孟德斯鳩：《波斯人信札》，頁 100-101。
⑧　同上書，頁 101。
⑧　同上書，頁 101。

和平，而讓上帝來操心，決定這兩位聖先知的優點何在。我願人們以崇拜和恭敬的舉動，來尊重這兩位先知，而不是用無濟於事的偏愛；並願大家設法，不辜負兩位先知的恩惠，不論上帝給他們指定的位置，是在他右邊，或是在他寶座的踏腳板下邊⑱。」

最後，這裏順便談談孟德斯鳩對於迷信的批判。

在孟德斯鳩看來，迷信乃是一種偏見，它是一種沒有任何科學根據的理論，然而，在那愚昧黑暗的封建社會裏，迷信的力量卻是很大的。「迷信的偏見強於其他一切偏見；迷信的理論強於其他一切理論。」例如，在路易斯安納有一個叫做「納哲」的民族，他們崇拜太陽，而他們的首領便把自己想像爲太陽的兄弟。孟德斯鳩說：可是，「他們的首領如果沒有想像自己就是太陽的兄弟的話，人民便要認爲他也和他們一樣是一隻可憐蟲而已⑲。」孟德斯鳩對那些迷信符籙、魔法的人們進行了有力的反駁。他指出，人們不應當迷信符籙，「將全部信心寄託在幾個神秘的字母上。」他寫道：

> 人們眞不幸！他們在落空的希望與可笑的恐懼之間不停地飄蕩著；不但不依靠理智，他們自己反而製造出妖魔鬼怪來，使自己膽怯；或者製造幽靈幻想，迷惑自己。⑳

孟德斯鳩嘲笑了那些迷信符籙的人：「某些字母這樣排列，你願意它們發生甚麼效果呢？這些字母散亂之後，你願意它們擾亂甚

---

⑱ 孟德斯鳩：《波斯人信札》，頁 101-102。
⑲ 孟德斯鳩：《論法的精神》上册，頁 288-289。
⑳ 孟德斯鳩：《波斯人信札》，頁 256。

麼已發生的效果呢？　爲了平定風暴，　這些字母和風有甚麼關係呢？爲了戰勝大炮的力量，這些字母和火藥有甚麼關係呢？爲了治病，這些字母和醫生所謂疾病的『惡性療癘』以及『致病原因』有甚麼關係呢[91]？」孟德斯鳩認爲魔力是根本不存在的。他反駁那些相信魔力的人說：「你可以對我說，由於某些魔力，使人打了一次勝仗；　而我卻對你說，你想必瞎了眼睛，因而在地形、兵士人數與勇氣、軍官的經驗等情況上，你看不見足夠的原因，可以產生你所不願意知道原因的那種結果[92]。」

　　　　※　　　　　　　　※　　　　　　　　※

　　綜上所述，在宗教問題上，孟德斯鳩不是一個反對一切宗教的無神論者，而是一個自然神論者。與完全拋棄了宗教外衣，公開地批判宗教僧侶主義的 18 世紀法國唯物主義者的戰鬥無神論不同，　他是在宗教外衣掩蓋下來同天主教會和宗教神學作鬥爭的。

　　儘管他知道宗教神學與科學是格格不入的，但他認爲宗教的存在、相信神的存在，還是有用處的：可以對暴君、對惡人起約束作用，他主張把宗教的利益和政治的利益結合起來。他同情新教，反對天主教，把天主教作爲主要的批判對象。他反駁和譏笑神學家們關於上帝的種種特性的說法，諸如所謂上帝完美無缺、全知全能以及具有無窮的預見等等說法。他甚至對於上帝創造世界的神話表示懷疑。他認爲，神祇是人按照自己的形象塑造出來的。他指出，僧侶們完全是爲了自私的目的而撰寫神學著作，詮

[91]　孟德斯鳩：《波斯人信札》，頁 256。
[92]　同上書，頁 256-257。

釋《聖經》，因而提出形形色色荒謬絕倫、矛盾百出的論斷，進行長期的激烈的論戰。他批判靈魂不滅的學說，抨擊天主教的禁慾主義，反對神職人員干預政治，主張政教分離。他攻擊教皇是「魔法師」，批判僧侶們所過的寄生生活。他攻擊的對象中還有天主教的神甫，天主教的罪業審辦師，以及天主教傳教士的殖民主義。他提出了限制天主教會的財產、儘量減少宗教節慶、反對宗教迷信上的奢侈等主張。他主張宗教信仰自由，猛烈抨擊了宗教裁判所的暴行。 他對於東方的宗教——伊斯蘭教、佛教、道教等，也進行了尖銳的、中肯的批判。但他認爲，任何宗教都有對社會有利的教訓，所以，各種宗教都有存在的權利。因此，他堅決反對宗教歧視政策，主張各種宗教互相寬容、和睦相處、互不干擾、互相尊敬。他認爲，在一國中有多種宗教存在是有好處的，它們之間可以互相競爭。他強烈譴責宗教戰爭，反對迫害異教。他認爲，各種宗教應互相尊重，而不應互相輕視、憎恨和厭惡；各派宗教都應重視宗教的「愛人類」的人道主義精神，而不應當在宗教儀式方面爭吵不休。最後，他還對迷信進行了批判。

可見，自然神論者孟德斯鳩對宗教傳統和宗教偏見，對各種宗教，尤其是天主教進行了猛烈的抨擊和批判。 他對宗教的批判，尤其是對天主教及其思想體系的批判，有許多地方甚至同無神論者霍爾巴赫（1723～1789）對宗教的批判相比也是毫不遜色的。當然，他在同傳統基督教的鬥爭中，就整個而言，是不如後來的公開的無神論者那樣英勇，那樣堅決，那樣徹底，但在當時歷史條件下，他對宗教的批判畢竟還是起了重大的進步作用的。僅就這個方面而言，他也不愧是一個對人們的思想起過啟迪作用的偉大的資產階級啟蒙思想家。

第四章　關於社會發展規律的觀點和地理學說

一、關於社會及其發展規律的思想

　　孟德斯鳩不僅是一個反對封建專制主義和反對天主教僧侶主義的英勇戰士，而且是一位傑出的社會學家。他把自己畢生的主要精力和心血都花在社會歷史問題的研究上。他非常重視現實的關係，他對社會歷史問題的分析都是以大量現實的和歷史的事實材料爲依據的。他把自己的研究工作同反封建專制主義和反宗教僧侶主義的鬥爭緊密聯繫起來，並使之爲這種現實鬥爭服務。

　　孟德斯鳩是資產階級社會學和資產階級歷史科學的奠基人之一。在《羅馬盛衰原因論》一書中，他第一次比較系統地闡述了自己的社會學理論和歷史觀點。他的巨大歷史功績在於：他力圖擺脫中世紀的思想家、歷史學家用宗教神學來解釋社會歷史的傳統觀點的影響，而力圖根據業已記載下來的歷史事實來解釋人類社會歷史，對它進行分析，並從中找出社會歷史發展的規律。他力圖用古羅馬的政治制度和風俗習慣等社會本身的因素來解釋古羅馬盛衰的原因。在他看來，世界並不是由上帝來統治的，人類並不是由命運來支配的。

　　孟德斯鳩的社會學思想，受義大利早期思想家尼科洛・馬基

雅維里（1469～1527）政治學的影響較深。馬基雅維里在國家觀上已經擺脫神學的束縛，已經用人的眼光來觀察國家了。孟德斯鳩也是這樣。在他看來，對社會政治的研究，不能根據宗教的教義，不能根據中世紀的神學觀點，而應當根據對歷史事實本身的觀察。

我們在前面已經說過，孟德斯鳩非常重視對古羅馬歷史的研究，非常讚賞古羅馬共和國的道德。他非常強調公民道德（這包括：自願履行公民義務，酷愛自由，勇敢善戰，謙虛和美德，大公無私的品德和堅定的信心，等等）在羅馬歷史上的巨大作用。在他看來，公民道德乃是羅馬共和國的光榮和強大的基礎。而一旦羅馬人的道德敗壞，羅馬也就必不可免地要走向滅亡。當然，這種觀點是不科學的，而且是違反歷史事實的。歷史告訴我們：古羅馬是奴隸制國家，當時的階級矛盾和鬥爭是極其尖銳的。而孟德斯鳩卻無視這一重要歷史事實。他把古羅馬共和國理想化了，把它說成是具有高尚的公民道德的社會。不過，我們也要看到：孟德斯鳩的觀點是為其反對封建君主專制這個政治目的服務的。他是企圖到古羅馬的歷史中去尋找自己的政治觀點的理論根據。他後來在《論法的精神》中寫道：「當我發現了羅馬人的事蹟證明了我的看法時，我對我的意見更加堅定了❶。」孟德斯鳩大談羅馬歷史的另一個政治目的，無非是想用借古諷今的手法，即用隱喻的方法，影射攻擊法國當時的封建專制主義。

孟德斯鳩在研究古羅馬歷史之後得出的最後結論是：羅馬強盛的原因就在於：羅馬的共和制度，君主賢明，羅馬人驍勇善

---

❶　孟德斯鳩：《論法的精神》上冊，頁 89。

戰，熱愛自由，風俗質樸。而羅馬衰亡的原因則在於：它出現了野心家，它的掠奪擴張政策，是使人民的風俗敗壞，發生內訌、互相殘殺，財產集中於少數人手中，形成貧富不均現象，民族精神不振，國內外貿易也遭到了嚴重破壞，等等。應該說，孟德斯鳩所列舉的上述種種現象無疑都是存在的，而且它們也的確曾對羅馬的興衰產生過一定程度的影響。然而，他卻沒有看到羅馬盛衰的主要原因和動力是國內的階級鬥爭。我們認為，人類社會各個階段上的物質資料的生產，是整個社會歷史發展的基礎。生產力和生產關係、經濟基礎和上層建築的矛盾，是社會的基本矛盾，是社會發展的根本動力。社會基本矛盾推動社會前進，推動新舊社會的更替，推動社會由低級向高級的發展。而孟德斯鳩並不懂得這一點。所以，他只能看到羅馬歷史上的一些表面現象，而不能揭示出產生這些歷史現象的根本原因，因此也就不能真正科學地解答羅馬盛衰的原因問題。其次，他也同許多剝削階級的思想家一樣，對人民群眾是輕視的，他不承認人民群眾在歷史上的重要作用。他只強調立法者——君主在歷史上的決定性作用。在他看來，君主的賢明與否，是羅馬盛衰的一個極其重要的原因。

可見，由於階級和時代的局限性，孟德斯鳩也同其他的資產階級啟蒙思想家一樣，在社會歷史觀方面仍然是一個唯心主義者。對於社會發展的動因，他不是到物質資料的生產方式中去尋找，而是到人們的意志和思想中去尋找。他既看不到人民群眾的偉大力量及其在社會歷史發展中所起的決定性作用，也不懂得在階級社會裏階級鬥爭是歷史發展的動力這個道理。他認為，人類歷史的命運歸根到底要以個別政治活動家（主要是立法者）的意

志爲轉移。立法者賢明，就會頒佈好的法律，而有了好的法律，也就會產生出好的社會制度。反之，如果立法者昏庸殘暴，他就會頒佈壞的法律，並從而產生出壞的社會制度。因此，賢明的立法者卽「開明君主」的出現與否，就成了能否「從上面」實行改革、建立起理想的社會秩序的關鍵。所以在孟德斯鳩那裏，人們的思想、理性就成了社會歷史發展過程的決定性的動力。可見，孟德斯鳩的社會歷史觀，正是這樣一種從社會意識決定社會存在出發，把人們的思想動機（卽理性）看作是社會發展的根本原因，把全部歷史歸結爲少數英雄人物的歷史的唯心史觀。

然而，孟德斯鳩的社會歷史觀卻包含有合理因素，其中最有價值的就是關於人類社會歷史發展的規律性的思想。這種思想是《論法的精神》一書中極其重要的思想。

這裏有必要指出，孟德斯鳩想要尋找社會發展的一般原因卽社會發展規律的意圖，在《羅馬盛衰原因論》一書中就已經表現出來了。在這本書裏，他反對命運支配著世界的說法。他認爲，歷史事件的成敗、王國的興亡絕不是偶然的，而必有其「一般原因」卽「總的基礎」。他這樣寫道：「支配著全世界的並不是命運。這一點從羅馬人身上可以看出來：當羅馬人根據一種辦法來治理的時候，他們一連串的事情都是成功的，可是當羅馬人根據另一種辦法來行動的時候，他們就遭到了一連串的失敗。有一些一般的原因，它們或者是道德方面的，或者是生理方面的。這些原因在每一個王國裏都發生作用，它們使這個王國興起，保持住它，或者是使它滅亡。一切偶然事件都是受制於這些原因的；如果偶然一次戰敗，這就是說一次特殊的原因摧毀了一個國家，那就必然還有個一般的原因，使得這個國家會在一次戰鬥中滅亡。

總之，一個總的基礎是會把所有特殊的事件帶動起來的❷。」在
《論法的精神》中，孟德斯鳩已從尋找社會發展的某些「一般原
因」進一步發展成爲力圖建立某些「原則」，力圖「從事物的性
質推演出」某些「原則」了。他這樣寫道：「我建立了一些原
則。我看見了：個別的情況是服從這些原則的，彷彿是由原則引
伸而出的；所有各國的歷史都不過是由這些原則而來的結果；每
一個個別法律都和另一個法律聯繫著，或是依賴於一個更具有一
般性的法律❸。」「當我回顧古代，我便追尋它的精神之所在，
以免把實際不同的情況當做相同，或是看不出外貌相似的情況間
的差別。」「我的原則不是從我的成見，而是從事物的性質推演
出來的❹。」

　　孟德斯鳩想要尋找的「一般原因」和力圖建立的某些「原
則」究竟是甚麼？顯然就是：能够主宰一切、支配一切的理性的
法則，亦卽理想的法律原則。而孟德斯鳩也正是希望用一種理想
的法律來改變人類社會歷史的發展進程的。在他看來，凡是根據
理想的法律原則建立起來的社會制度和國家都是正義的，反之則
是不正義的。資本主義的社會制度和國家乃是建立在這些原則之
上的，因而是正義的。而封建的社會制度和國家則是建立在違反
理性的原則之上的，因而是非正義的。可見，孟德斯鳩提出的這
些原則和論斷，雖然具有主觀臆測的性質，但它們在當時是爲了
反對封建專制國家制度和中世紀的君權神授理論而提出來的，因
而是具有積極的進步意義的。

---

❷　孟德斯鳩：《羅馬盛衰原因論》，頁 102。
❸　孟德斯鳩：《論法的精神》上冊，頁 37（著者原序）。
❹　同❸。

孟德斯鳩說，世界上一切存在物都有它們的規律。上帝有他的規律，物質世界有它的規律，高於人類的「智靈們」有他們的規律，獸類有它們的規律，人類也有他們的規律。孟德斯鳩駁斥了那種否認規律的存在、認爲世界上的一切東西都是由一種盲目的命運產生出來的說法。他指出，這種說法是極端荒謬的。孟德斯鳩給規律下了一個定義：「從最廣泛的意義來說，規律是由事物的性質產生出來的必然關係❺。」從這個定義中我們可以看到，他不僅是把人類社會的發展看作一個有規律的過程，而且把這個社會發展規律看作不是從外部強加給社會的，而是社會本身所固有的，也就是說，是客觀存在的。這一點可以說是孟德斯鳩的一大功績。

這裏有必要指出：孟德斯鳩雖然提出了社會規律的問題，但他並沒有正確地理解「規律」一詞的眞正涵義。他時而把社會規律看作是客觀的，時而又把社會規律看作是主觀的。例如他說：

> 人，作爲一個「物理的存在物」來說，是和一切物體一樣，受不變的規律的支配。作爲一個「智能的存在物」來說，人是不斷的違背上帝所制定的規律的，並且更改自己所制定的規律。❻

從這裏可以看出，孟德斯鳩是錯誤地把作爲法學範疇的、由國家政權所制定的法規同客觀存在著的社會規律混爲一談了，並進而得出了人可以「更改自己所制定的規律」這個錯誤結論。實際

---

❺　孟德斯鳩：《論法的精神》上冊，頁 1。
❻　同上書，頁 3。

上，社會規律也像自然規律一樣，是客觀的，是不以人們的意志爲轉移而在社會歷史中起作用的。人們能夠發現和認識這些規律，並利用它們來爲社會謀福利，但卻不能改變規律、廢除規律，並隨心所欲地創造新的規律。而法規卻不同，它們是由人們所制定並且可以廢除的，當然，立法者在制定或廢除它們時也是不能毫不考慮各種具體的社會歷史條件而完全任意地行事的。

二、地理學說

孟德斯鳩是資產階級社會學中地理學派的創始人之一。他特別強調地理因素（尤其是氣候因素）在人類社會發展中的作用。他之所以如此絕不是偶然的。我們在前面談到過，孟德斯鳩認爲人類社會歷史的發展是有規律的。但是由於他沒有把法規同社會規律嚴格區分開來，這就必然會誇大立法者在社會發展中的作用，並從而把全部人類歷史的發展歸結爲立法者等少數英雄人物的活動。而這樣一來，也就必然會把人類社會歷史的發展變成爲無數偶然事件的雜亂無章的堆積，並從而導致對他自己關於人類社會發展有規律性這個主張的否定。顯然正是出自這種考慮，而且也是基於反封建專制主義的需要，孟德斯鳩才到自然界中去尋找那些對立法者（君主）的思想行動和整個社會生活進程以決定性影響的客觀原因。因此，他在《論法的精神》中用了整整五章的巨大篇幅，來論述法律和氣候、土壤的關係。他認爲，地理環境，特別是氣候、土壤和居住地域的大小，對於一個民族的性格、風俗、道德和精神面貌以及其法律性質和政治制度，具有決定性的影響作用。

孟德斯鳩特別強調氣候的影響作用。他認爲，「氣候的影響是一切影響中最強有力的影響。」所以，在《論法的精神》中，他專闢了一些章節詳細論述了氣候對各民族的性格、感情、想像力和智慧，並進而對道德、風俗、宗教和法律等的巨大影響。在「人怎樣因氣候的差異而不同」這一節裏，他特別詳細地闡述了氣候對人的性格、感情等的影響。他認爲，由於南方民族和北方民族生活的氣候條件完全不同，他們的性格、感情等也就完全不同。

孟德斯鳩在考察氣候對人的決定性影響時，運用了他所掌握的生理學知識來加以論證。例如他說，寒冷的空氣會增加纖維末端的彈力，並有利於血液從這些末端回歸心臟。寒冷的空氣還會減少這些纖維的長度，因而更增加它們的力量。反之，炎熱的空氣使纖維的末端鬆弛，使它們伸長，因此減少了它們的力量和彈力。「所以人們在寒冷氣候下，便有較充沛的精力。心臟的動作和纖維末端的反應都較強，分泌比較均衡，血液更有力地走向心房；在交互的影響下，心臟有了更大的力量。心臟力量的加強自然會產生許多效果❼。」例如，有較強的自信，有較大的勇氣，有較強的優越感，有較少的復仇的願望，較爲直爽，較少猜疑、策略與詭計。而居住在悶熱地方的人則不同，他們心神非常萎靡，什麼都要害怕，因爲他們覺得自己什麼都不成。「炎熱國家的人民，就像老頭子一樣怯懦；寒冷國家的人民，則像青年一樣勇敢❽。」再如，他說：

在炎熱的國家，皮膚的組織鬆弛，神經的末端展開，最軟

---

❼ 孟德斯鳩：《論法的精神》上册，頁 227。
❽ 同上書，頁 228。

弱的東西的最微小的動作也都會感受到。在寒冷的國家，皮膚的組織收斂，乳頭狀的細粒壓縮，小粟粒腺多少有些麻痺。❾

他認為，由於北方人皮糙肉厚，感覺遲鈍，南方人細皮嫩肉，感覺敏銳，這又會產生許多不同的效果。北方人體格健壯魁偉，但不大活潑，較為遲笨，對快樂的感受性很低；南方人體格纖細、脆弱，但對快樂的感受性極端敏銳。北方人「邪惡少、品德多、極誠懇而坦白」；南方人「犯罪的多，喜歡占便宜、縱慾」。孟德斯鳩還說，極度炎熱的氣候會使身體完全喪失力量，使人沒有任何好奇心，沒有任何高尚的進取心，也沒有寬容豁達的感情，懶惰，不肯動腦筋，可以忍受奴役。因為，在極度炎熱的氣候條件下，懶惰就是幸福，心思的運用比刑罰還要難受。

孟德斯鳩還在氣候方面去尋找東方各國（主要指印度等氣候炎熱的國家）的宗教、風俗、習慣和法律持久不變的原因。他認為，身體的懶惰自然地產生精神上的懶惰。而懶惰的心靈一旦接受了某種印象，就不再能加以改變了。因此，「東方今天的法律、風俗、習慣，甚至那些看來無關緊要的習慣，如衣服的樣式，和一千年前的相同❿。」

孟德斯鳩用印度炎熱的氣候來解釋佛教教義的產生。他說，印度「過度的炎熱使人萎靡疲憊；靜止是那樣地愉快，運動是那樣地痛苦」，所以便很自然地產生了佛教教義，諸如相信「靜止和虛無是萬物的基礎，是萬物的終結」，「認為完全的無為就是

---

❾　孟德斯鳩：《論法的精神》上冊，頁 288。
❿　同上書，頁 231。

最完善的境界」和欲望的目的，等等⓫。

　　孟德斯鳩說：僧侶制度起源於東方炎熱的國家，「在這些國家裏，沉思默想的傾向多，而行動的傾向少。」「在亞洲，似乎是氣候越熱，僧侶的數目便越多。印度氣候酷熱，所以充滿了僧侶。在歐洲也可以看到這種差異⓬。」孟德斯鳩認爲，僧侶制度就是由炎熱的氣候造成的懶惰而產生出來的。因此，「如果要戰勝氣候產生的懶惰，法律就應該努力消除一切不勞動而生活的手段⓭。」可是印度的立法者佛卻沒有這樣做。「印度的立法者佛順從自己的感覺，使人類處於極端被動的狀態中。但是佛的教義是由氣候上的懶惰產生的，卻反而助長了懶惰；這就產生了無數的弊害⓮。」因此，印度的立法者佛是壞的立法者。

　　孟德斯鳩用自然條件，尤其是氣候來解釋各種不同宗教的地方性的戒律，例如，禁止宰牛、吃牛肉的戒律，禁吃豬肉的戒律。他說：「輪廻說是適應印度的氣候而創造出來的。那裏，烈日的火焰燃燒著廣漠的田野；人們只能餵養極少的牲口，又在農作上常有缺乏耕畜之虞；牛的繁殖不多，又常常感染到各種各樣的疾病。所以，宗教以戒律加以保護，這對國家的大政方針來說，是最適切不過的了⓯。」既然禁止宰殺作爲重要勞動工具的耕牛當作食品，那就只好讓人們喝牛奶和吃五穀雜食了。「當赤日灼照著草原的時候，由於有水源可以利用，稻米和蔬菜都欣欣向榮地生長。所以宗教的戒律只准許吃這類食物，這對這些氣候

⓫　孟德斯鳩：《論法的精神》上册，頁 232。
⓬　同上書，頁 233。
⓭　同⓬。
⓮　同上書，頁 232。
⓯　孟德斯鳩：《論法的精神》下册，頁 155。

下的居民是最有益不過的了**⑯**。」「在那裏，家畜的肉是沒有味道的。但它們所產的奶和奶油卻成爲人們部分的食料。所以，在印度，法律禁止吃牛、宰牛，不是沒有道理的**⑰**。」雅典也有類似的情況：「雅典居民稠密；土地又貧瘠。所以，有一條宗教的箴規說，用微小的禮物供奉，比殺牛祭祀，更能榮耀神明**⑱**。」

孟德斯鳩認爲，禁吃猪肉這條地方性的法律，是信奉伊斯蘭教的阿拉伯國家的立法者們適應他們所處的自然條件而制定出來的。因爲，「那裏幾乎沒有樹林，而且幾乎沒有適宜於猪的任何飼料。」還有，「吃猪肉不易發汗，而且非常妨礙其他食物發汗。」而「不發汗會引起皮膚病或加深皮膚病的痛苦。所以在氣候容易使人患皮膚病的地方，如巴勒斯坦、阿拉伯、埃及和利比亞等地，是應該禁止吃猪肉的**⑲**。」

因此，在孟德斯鳩看來，把那些根據自然條件建立起來的地方性的宗教戒律輸入到別的國家，往往是不合適的。例如，禁吃猪肉這條地方性的法律對於像中國這樣一些國家就不會是好的。因爲，「在這些國家，猪幾乎是普遍的食品，而且多多少少是不可或缺的食品**⑳**。」

這裏值得注意的是：孟德斯鳩實際上已經看到宗教的地方性戒律與生產的發展、人民的生活之間的密切關係。這些戒律是爲了保護生產和確保人民的健康而制定出來的，它們所禁止的乃是對生產發展起破壞作用的東西，對人民的生活、健康不利的東

---

⑯ 孟德斯鳩：《論法的精神》下册，頁 155。
⑰ 同**⑮**。
⑱ 同上書，頁 155-156。
⑲ 同上書，頁 156。
⑳ 同上書，頁 156。

西。而且，這些戒律完全是因地制宜地制定出來的，是不能到處隨便搬用的。應該說，孟德斯鳩的這些論斷是有合理因素的。

在孟德斯鳩看來，由於宗教及其教規的產生是與氣候密切相關的，因此，要把一種宗教輸入到氣候迥然不同的國家去那是不可能的。

> 如果一種宗教是建立在氣候的基礎上，而且同他國氣候相去懸絕、格格不入的話，那它就不可能在他國立定腳跟；倘使有人把它傳進去的話，也會被趕出來的。從人類的角度看，給基督教和伊斯蘭教劃分界線的似乎就是氣候。㉑

應該說，孟德斯鳩的這個論斷也是有一定道理的。

可是，在孟德斯鳩看來，基督教卻是一個例外，它是可以輸入到別的國家去的。因爲，「基督教是人類最高的福澤㉒。」「基督教是充滿良知的㉓。」在這一點上，孟德斯鳩的偏見是顯而易見的。

孟德斯鳩還用氣候來解釋人們飲酒的風俗習慣和禁酒的法律。他還是從生理上談起，認爲熱帶人宜喝水，寒帶人宜喝酒。「穆罕默德禁止飲酒的法律是出於阿拉伯的氣候的法律。」「禁止迦太基人飲酒的法律也是出於氣候的法律。」孟德斯鳩認爲，「這種法律對寒冷的國家是不適宜的。那裏的氣候似乎要強使全國的人在一定程度上都有愛好飲酒的習慣㉔。」「當你從赤道走

㉑　孟德斯鳩：《論法的精神》下册，頁 157。
㉒　同上書，頁 156 脚註㉒。
㉓　同㉑。
㉔　孟德斯鳩：《論法的精神》上册，頁 235。

向北極，你便會發現，飲酒的嗜好是隨著緯線的度數而增加的。當你再從赤道走向南極，便將要發現，這種嗜好也按著同樣的比例，向南方發展㉕。」孟德斯鳩進而概括地說：「不同氣候的不同需要產生了不同的生活方式；不同的生活方式產生了不同種類的法律㉖。」

　　孟德斯鳩認爲，地理位置、氣候與各民族的娛樂、節日的多寡是有關係的。他說：「由於新教國家和天主教國家的地理位置的關係（按：天主教國家比較靠近南方，新教國家比較靠近北方），新教國家比天主教國家需要更多的勞動。因此，取消節日比較適宜於新教國家，而不宜於天主教國家㉗。」「炎熱的氣候出產豐富的甜美果實，那裏的野蠻人很容易獲得生活上所必需的東西，因此他們用較多時間嬉遊玩樂。寒冷地方（按：指北美洲）的印第安人是不很空閒的；他們非不斷捕魚、狩獵不可。因此，他們的舞蹈、音樂和宴會是比較少的㉘。」

　　孟德斯鳩認爲，家庭奴隸制（「家庭奴役」卽專指婦女所受的奴役）的法律和氣候的性質也有關係。他用氣候的原因來解釋一夫多妻制和一夫一妻制的產生。他說：氣候炎熱地方的女子結婚得早，衰老得早。她們的「理性」和「容色」永遠不能同時存在。當「理性」可以取得霸權的時候，「容色」已不復存在。於是，「如果宗教不加以禁止的話，一個男人便遺棄髮妻而另覓新歡，因而產生了多妻制㉙。」而在氣候溫和的地方，女子的容顏

㉕　孟德斯鳩：《論法的精神》上冊，頁 235。
㉖　同㉔。
㉗　孟德斯鳩：《論法的精神》下冊，頁 154。
㉘　同上書，頁 155。
㉙　孟德斯鳩：《論法的精神》上冊，頁 259。

不那麼易於衰老，結婚較遲，她們有較多的生活經驗，所以她們結婚時已有了較多的理性與知識，因而很自然地給兩性間帶來一種平等，結果法律也只規定了一妻制。孟德斯鳩的結論是：「一妻制的法律，在生理上比較適合於歐洲的氣候，而比較不適合於亞洲的氣候㉚。」與此相聯繫，主張一妻制的基督教便能在歐洲綿延下去，而在亞洲則受到摧毀；准許多妻制的伊斯蘭教在亞洲很容易地建立起來，而在歐洲則一籌莫展。

　　孟德斯鳩還用氣候因素來解釋人民之是否勇敢，民族之能否享有自由，國家之是否強盛。關於這一點他也發表了長篇大論。他說：「炎熱的氣候使人的力量和勇氣萎頓；而在寒冷的氣候下，人的身體和精神有一定的力能能夠從事長久的、艱苦的、宏偉的、勇敢的活動。不僅在國與國之間是如此，卽在同一國中地區與地區之間也是如此。中國北方的人民比南方的人民勇敢，朝鮮南方的人則不如北方的人勇敢㉛。」「因此……熱帶民族的怯懦常常使這些民族成爲奴隸，而寒冷氣候的民族的勇敢使他們能夠維護自己的自由。……這是自然的原因所產生的後果㉜。」在美洲也是如此。「墨西哥和秘魯的專制國家都是接近赤道的；差不多所有自由的小民族在過去和現在都是接近兩極的㉝。」

　　最後，孟德斯鳩還用亞洲和歐洲的氣候的不同來解釋國家之強弱、民族之有自由或受奴役。他說：亞洲是沒有溫帶的，和嚴寒的地區緊接著的就是炎熱的地區；歐洲則相反，溫帶是廣闊的，相毗連的國家的氣候幾乎相類似，沒有顯著的差別。「因此，

<hr>

㉚　孟德斯鳩：《論法的精神》上冊，頁 260。
㉛　同上書，頁 273。
㉜　同㉛。
㉝　同㉛。

在亞洲強國和弱國是面對著面的；好戰、勇敢、活潑的民族和巾
幗氣的、懶惰的、怯懦的民族是緊緊地相毗連著的；所以一個民
族勢必為被征服者，另一個民族勢必為征服者。歐洲的情形正相
反；強國和強國面對著面，毗鄰的民族都差不多一樣地勇敢。這
就是亞洲之所以弱而歐洲之所以強的重要原因；這就是歐洲之所
以有自由而亞洲之所以受奴役的重要原因④。」孟德斯鳩還根據
他這種氣候決定論，預言了波蘭民族的獨立。他說：雖然波蘭已
失去自主，「但是我們可以依賴氣候，由於氣候的緣故，它的主
權雖已喪失，但不是永無恢復的日子㉟。」

現在我們來談談地理條件中的土壤因素。孟德斯鳩認為，土
壤同居民的性格之間，尤其是同民族的政治制度之間也有非常密
切的依賴關係。他在這方面也有許多典型的論斷，我們不妨把它
們摘錄於後。例如，他寫道：「土地貧瘠，使人勤奮、儉樸、耐
勞、勇敢和適宜於戰爭；土地所不給與的東西，他們不得不以
人力去獲得。土地膏腴使人因生活寬裕而柔弱、怠惰、貪生怕
死㊱。」「土地肥沃的國家常常是『單人統治的政體』，土地不
太肥沃的國家常常是『數人統治的政體』，……阿提加的土壤貧
瘠，因而建立了平民政治，拉栖代孟的土壤肥沃，因而建立了貴
族政治㊲。」「居住在山地的人堅決主張要平民政治，平原上的人
則要求由一些上層人物領導的政體；近海的人則希望一種由二者
混合的政體㊳。」「肥沃的地方常常是平原，無法同強者對抗，只

好向強者屈服；一經屈服，自由的精神便一去不復返了；農村的財富就成為那裏的人們忠順於強者的擔保品。但是在多山地區，人們能夠保存他們所有的東西，同時，他們所要保存的東西也並不多。他們所享有的自由，就是說他們的政體，成為值得他們保衛的唯一的幸福。因此，自由在崎嶇難行的多山國家，比在那些得天獨厚的國家，更占有重要的地位❸。」「多山國家的人民，保存著比較寬和的政體，因為他們不那麼容易被征服。他們容易防禦，而很難受到襲擊❹。」孟德斯鳩認為，島嶼和山地都是促進自由的自然條件，所以，這些國家的人民比大陸國家的人民愛好自由。而島嶼有著更大的優越性，島上的居民更加熱愛自由。他寫道：「島嶼的人民比大陸的人民愛好自由，島嶼通常是很小的，一部分的人民不那麼容易被用來壓迫其他部分的人民，海洋使他們和大的帝國隔絕，暴政不能夠向那裏伸展，征服者被大海止住了，島民很少受到侵略戰爭的影響，他們可以比較容易保持自己的法律❹。」

孟德斯鳩還認為，民族居住的地域的大小也同國家的政治制度有極其密切的依賴關係。他說，小國宜於共和政體，中等國宜於由君主治理，大帝國宜於由專制君主治理。

他在談到「亞洲的奴役」和「歐洲的自由」時，就曾用國家幅員的大小這個自然因素來加以解釋。他說：亞洲有一些大帝國，它們出現在幅員遼闊的大平原上，在這種地理條件下，為了防止形成割據的局面，就只能實行專制制度，而且只能實行一種

---

❸ 孟德斯鳩：《論法的精神》上冊，頁 280。
❹ 同❸。
❹ 同上書，頁 282。

極端嚴酷的奴役的統治。因此，「一種奴隸的思想統治著亞洲；而且從來沒有離開過亞洲。在那個地方的一切歷史裏，是連一段表現自由精神的記錄都不可能找到的⁴²。」在亞洲，只能看見「極端的奴役」。在歐洲的情況則不同。「在歐洲，天然的區域劃分形成了許多不大不小的國家。在這些國家裏……法治是很有利於保國的；所以沒有法治，國家便將腐化墮落，而和一切鄰邦都不能相比⁴³。」於是形成了「愛好自由的特性」，「因為有這種特性，所以除了通過商業的規律與利益而外，每一個地方都極不易征服，極不易向外力屈服。」⁴⁴

最後，孟德斯鳩還根據他的地理學說斷言，一般地說來，大帝國的首都必需設在北方。他強調說：「對一個大國的君主來說，正確地為他的帝國選擇首都是一件重要的事。如果他把首都設在南方，就有失去北方的危險；如果他定都於北方，他就會容易地保有南方⁴⁵。」

我們在上面用了較大的篇幅闡述了孟德斯鳩的地理學說，引證了他的大量言論。我們從他的上述論斷可以清楚地看到，他的地理學說絕不是憑空臆造出來的，而是在大量事實材料基礎之上建立起來的，是他長期不輟地搜集積累材料和苦心孤詣地對自然、社會進行研究探索的重要理論成果。他這種在資產階級社會學中占有重要地位的地理學說，不僅包含有合理因素，而且在歷史上也具有一定的進步意義。

這裏有必要指出，孟德斯鳩之所以如此強調氣候等地理因素

---

⁴² 孟德斯鳩：《論法的精神》上册，頁 278-279。
⁴³ 同上書，頁 278。
⁴⁴ 同上書，頁 278。
⁴⁵ 同上書，頁 279。

的重要作用，把它們看作是人類社會發展過程中的決定性因素，這顯然是由於他企圖證明：社會歷史發展進程並不是由上帝的意志決定的，而是由自然界本身的原因決定的。我們知道，在中世紀以及在後來的相當一段時期內，占統治地位的是唯神史觀，這種觀點認為，人類歷史的發展是從神開始的，是神計畫的，神決定的，向神發展的。宗教神學把法律和政制看作是上帝的恩賜。因此，孟德斯鳩提出的地理環境決定論便具有明顯的反宗教神學的性質，它在當時的歷史條件下無疑是具有一定的進步意義的。此外，孟德斯鳩的這個理論也是人類在探討社會問題方面為擺脫宗教神學的羈絆而向科學邁進的重要一步。

還有必要指出：孟德斯鳩重視地理環境對人類社會發展的影響作用無疑是正確的，但他把這種影響作用過分誇大，把它說成是決定性的，這就不對了。正因為如此，有不少傑出的思想家在受到孟德斯鳩地理學說影響的同時，又對他的地理環境決定論進行了批判。

例如，德國思想家赫爾德（1744～1803）在探討社會發展的原因時，就曾向「偉大的孟德斯鳩」求教。他承認地理條件對人類社會的重要影響作用。他認為，人類的多樣性在相當大的程度上是由地理條件決定的。北方各國居民和南方各國居民在外貌、風俗習慣等方面的不同，都是由大自然所造成的。他指出，良好的自然環境有利於文化的發展。然而，他並不同意地理環境決定論，他不相信地理環境對人類社會的影響是萬能的。他在批判地理決定論時指出，有些國家經歷過繁榮或衰落，可是其地理條件卻未發生變化或變化很小。赫爾德認為，人類社會發展是由其內部因素（即有機力量）和外部因素（即地理條件）的相互作用引

起的。而且在他看來，內部因素即有機力量的作用乃是社會發展的主要的、起決定性作用的動因。他寫道：「把摩爾人（摩爾人是古代非洲西北部摩爾國的民族，是一種黑人。——引者注）運到歐洲，他將依然是原來那個樣子的人；但要是使他與白種人結婚，那就會在下一代中發生變化，這種變化是陽光充足的氣候在幾個世紀內無法達到的。一切民族的發展也有同樣的情況：環境對這些民族的改變是極其緩慢的❹❻。」

再如，在黑格爾（1770～1831）的《歷史哲學》這一著作中，我們也可以看到孟德斯鳩的地理學說對這位德國著名哲學家的巨大影響。黑格爾從他的客觀唯心主義立場出發，把地理條件看作是精神發展所需要的場地，「是精神所從而表演的場地」，「是一種主要的、而且必要的基礎。」他認為，地理環境對社會發展具有巨大的意義。首先，地理環境的不同必然會影響到居民的社會經濟生活和職業。例如，居住在乾燥的高地及其廣闊的草原和平原的人們從事畜牧業；居住在巨川大河流過的平原流域的人們從事農業；居住在海岸地區的人們從事工商業。其次，在具有不同地理條件的國家裏，社會關係和政治制度也是各不相同的。例如，高山居民的特色是家長制的生活，大家族分為各個家庭，在這些高山居民中，還不存在法律關係；在歷史文明開始的各大河流域地區，出現過四個大帝國即四大文明古國，而在這些地方之所以出現大帝國，是由於在那裏占統治地位的是農業、土地所有制以及與之相聯繫的法權關係。最後，在不同的地理條件下，居民的性格也是不同的。例如，高地居民的性格是好客和掠奪；

---

❹❻　《赫爾德全集》（33 卷本）柏林 1877～1913 年德文版，卷 13，頁 279。

平原上的居民的特性是守舊、呆板和孤癖；海岸居民的特性是勇敢、沉著和機智，如此等等。不過，我們絕不能把黑格爾看作是一位地理環境決定論者。在關於地理環境對人類社會的作用問題上，黑格爾同孟德斯鳩是有根本區別的。黑格爾是一位「絕對精神」決定論者。在他看來，對人類社會起決定作用的，並不是地理條件，而是「絕對精神」。他既反對地理環境決定論的觀點，又反對那種認爲地理環境對於社會的發展並不重要，起不了多大作用的觀點。他說：

> 我們不應該把自然界的意義估計得太高或者太低；伊奧尼亞的溫和的氣候固然大大地有助於荷馬的詩的優美，可是這個溫和的氣候並不單獨產生荷馬，而且它並沒有再產生其他的荷馬；在土耳其人統治下，就沒有出過任何詩人了。❹

顯然，黑格爾的上述議論是針對地理環境決定論而發的。

對於孟德斯鳩的地理環境決定論，普列漢諾夫(1856～1918)作了這樣的評論：「孟德斯鳩 (Montesquieu) 深信『不同種類的法律』適合著不同的氣候。他解釋這個相互關係所引用的理由，是完全不充分的，唯物論的哲學家們毫不費力地就證明了他的理由不充分。霍爾巴赫說：『我們難道能說那煦育過曾經酷愛自由的希臘人和羅馬人的太陽，不再將同樣的光線送給他們墮落的後代子孫嗎？』」普列漢諾夫認爲：「不過孟德斯鳩的思想過

---

❹ 《黑格爾全集》俄文版卷8，頁 76。參看《歷史哲學》（王造時譯），三聯書店 1956 年版，頁 123。

程的根據，並不全然錯誤❸。」應該說，普列漢諾夫的上述評價是中肯的，比較全面的。

我們也並不否認地理環境的重要作用。我們認為，人類社會是不可以離開地理環境而單獨地發展的。人們所遇到的各種自然條件——地質條件、地理條件、氣候條件以及其他條件，是物質資料生產的自然基礎，是人類社會藉以存在和發展的必不可少的物質條件。自然條件的優越與否，對於物質資料的生產和人類社會的發展，當然會有一定的影響，而且有時甚至會起很大的影響作用。但是，我們也不同意地理環境決定論的觀點。因為，地理環境決不能決定社會的性質和面貌，更不能決定一種社會制度轉變為另一種更高級的社會制度。社會變化發展的根本原因，不能到社會的外部而只能到社會內部去尋找。只有物質資料的生產方式才是社會發展的決定性因素。

※ ※ ※

總而言之，在社會歷史領域內，孟德斯鳩是一個唯心主義者，他一方面承認人的意識是由環境（主要是地理環境）決定的；另一方面又認為人們的意見（或思想）即立法者的意見（或思想）支配著世界，也就是說，理性支配著世界。他始終陷在這個迷宮裏而走不出來。但是毫無疑問，他在社會歷史問題的探討方面還是比他的前輩們前進了一步。他雖然沒有正確地解決社會歷史發展的基礎和動力問題，可是他提出社會發展的規律性和動力這個問題本身，對於推動社會歷史的研究，卻是有啟發作用的，

---

❸ 普列漢諾夫：《唯物論史論叢》（王太慶譯），人民出版社 1953 年版，頁 21-22。

極其有益的，是他的一大歷史功績。與中世紀神學家們用純粹思
辨的方法去研究社會歷史的做法完全相反，他根據豐富的歷史事
實，對社會歷史現象的相互聯繫和相互制約進行具體的研究和探
索，並力圖找出社會歷史發展的規律性和動力。在這個方面，孟
德斯鳩不僅繼續和發展了義大利著名社會學家維科(1668～1744)
提出的路線，而且對德國著名哲學家黑格爾的社會歷史觀點也有
極大的影響。應該說，孟德斯鳩的社會歷史理論對於馬克思主義
的科學的社會學說 —— 歷史唯物主義——的出現，也是有影響
的。

第五章　法學理論

　　孟德斯鳩是資產階級法學理論的奠基人之一。他一生都與法學結下了不解之緣。他青少年時代學習過法學，並曾獲得法學學士學位。他當過律師、高等法院的推事、庭長等職。他幾乎花了畢生精力才完成的《論法的精神》這部巨著，不僅是一部社會學說的百科全書，而且是資產階級法學最早的古典名著之一。在這部名著中，他系統地提出了關於國家和法的理論。這部名著對於18世紀歐美各國資產階級革命起了思想準備和理論指導的作用，並成了資產階級建立國家和法律制度的理論基礎。

　　孟德斯鳩與格老秀斯(1583～1645)、霍布斯(1588～1679)、洛克（1632～1704)、盧梭（1712～1778）等人一樣，是近代資產階級自然法學派的代表人物。他們以自然法學說為思想武器，進行了反封建專制主義的鬥爭，摧毀了中世紀的神權政治理論，為資產階級法律思想的發展準備了理論基礎。他們從人性出發，把自然法看作是人類理性的體現。他們假定人類有一種「自然狀態」，有一種以「理性」為基礎的自然法，而國家則是起源於社會契約。他們站在資產階級的立場上宣稱：封建制度是與人類理性相矛盾的，是違反人類自然法即自然規律的，只有資產階級的國家和法律才是符合理性，合乎自然法即自然規律的。這些是他

們的共同之點。但是，由於他們所處的歷史條件不同，他們對於
自然法的理解和結論也有差異，並因而分爲若干派別：(1) 以格
老秀斯、霍布斯爲代表，擁護君主專制，主張主權在君；(2) 以
洛克、盧梭和托馬斯‧傑弗遜 (1743～1826) 爲代表，堅持共
和，主張主權在民；(3) 以孟德斯鳩爲代表，贊成君主立憲，主
張改良，他的觀點是介乎前面兩種觀點之間。

　　孟德斯鳩的法學理論是以理性爲基礎的。他曾這樣地談到理
性的含義：「神聖的女神們啊，……你們要我根據理性談話，理
性是我們知覺中最完全、最高尚、最精緻的知覺❶。」在他看
來，理性就是人類社會建立以前就存在著的規律，這個規律就是
自然法卽自然規律。換句話說，自然法就是人類處於自然狀態時
所適用的法。他寫道：

　　　在所有這些規律之先存在著的，就是自然法。所以稱爲自
　　然法，是因爲它們是單純淵源於我們生命的本質。如果要
　　很好地認識自然法，就應該考察社會建立以前的人類。自
　　然法就是人類在這樣一種狀態之下所接受的規律。❷

自然法也就是人類理性。孟德斯鳩認爲，這種自然法有四條。和
平是人類的第一條自然法 (在這個問題上，孟德斯鳩不同意霍布
斯所謂原始人處於一切人反對一切人的戰爭狀態的觀點。孟德斯
鳩說，只有建立了社會，人類才有互相攻打和自衛的理由)；尋
找食物的意圖是人類的第二條自然法；相互之間經常存在著自然

---

❶　孟德斯鳩：《論法的精神》下册，頁 14。
❷　孟德斯鳩：《論法的精神》上册，頁 4。

的愛慕是人類的第三條自然法；過社會生活的願望是人類的第四條自然法。這四條自然法都是植根於人類理性之中的。當人類根據這四條自然法組成社會之後，就不再依賴自然法，而依賴人爲法即社會規律了。人爲法就是人類在進入社會和建立國家之後所適用的法。「人類一有了社會，便立即失掉自身軟弱的感覺；存在於他們之間的平等消失了，於是戰爭的狀態開始❸。」並且由於產生了國與國之間的戰爭狀態和個人之間的戰爭狀態而使人與人之間的法律建立了起來。於是便有了國際法、政治法和民法。國際法是規定不同人民之間的關係的法律，政治法是規定統治者與被統治者之間的關係的法律，民法是規定一切公民之間的關係的法律。

什麼是法？在孟德斯鳩看來，法就是世界上存在著的「根本理性」同各種存在物之間的關係，同時也是存在物彼此之間的關係。他說：「一般地說，法律，在它支配著地球所有人民的場合，就是人類的理性；每個國家的政治法規和民事法規應該只是把這種人類理性適用於個別的情況❹。」因此，法律便應該和國家的氣候、土壤、面積大小等自然條件有關係，和人民的生活方式有關係，和居民的宗教、人口、風俗習慣等等也有關係。而這些關係綜合起來就是所謂「法的精神」。可見，在孟德斯鳩看來，「法的精神」是包括地理環境、人口、風俗習慣等等許多因素的。孟德斯鳩認爲，每個民族都受「氣候、宗教、法律、施政的準則、先例、風俗、習慣」等這許多種事物的支配。這些因素是彼此緊密聯繫著的。而這些因素相互作用的結果便形成爲一種

---

❸ 孟德斯鳩：《論法的精神》上冊，頁5。
❹ 同上書，頁6。

「一般的精神」，即民族的精神。孟德斯鳩說，立法者的職責就是「在不違反政體的原則的限度內，遵從民族的精神。」而且立法者必須「自由地順從天然秉性之所好處理事務」，才能把事務處理得最好。從孟德斯鳩的這種議論中，我們可以清楚地看到，他是想要限制立法者（即封建君主）的權力，而且實際上是在告誡立法者不要違背人民的意願。

孟德斯鳩認爲，根據他所謂的「法的精神」，不僅能解決自然法與人爲法之間的關係，而且能進行各種法律的分類。

孟德斯鳩在對法律進行分類時寫道：「人類受到種種法律的支配。有自然法；有神爲法，也就是宗教的法律；有教會法，也叫做寺院法，是教會的行政法規；有國際法，也可以看做是世界的民法，——在這意義上每個國家就好比是一個公民；有一般的政治法，表現人類創建了一切社會的智慧；有特殊的政治法，關係每個特殊的社會；有征服法，是建立在一個民族想要、能够或應該以暴力對待另一個民族這種事實上面；有每一個社會的民法，根據這種法律，一個公民可以保衛他的財產和生命，使不受任何其他公民的侵害；末了，有家法，這是因爲社會分爲許多家庭，需要特殊的管理❺。」在列舉了法律的各種不同體系之後，孟德斯鳩指出：

> 人類理性之所以偉大崇高，就在於它能够很好地認識到法律所要規定的事物，應該和哪一個體系發生主要的關係，而不致攪亂了那些應該支配人類的原則。❻

---

❺ 孟德斯鳩：《論法的精神》下冊，頁 173。
❻ 同❺。

　　從上述情況可以看出，孟德斯鳩主要是把法律分爲自然法、人爲法和神爲法三大類。在他看來，由於它們在性質上各不相同，它們對人類起支配作用的範圍也就不一樣。因此，不僅必須把自然法和人爲法的界限劃分清楚，而且必須把神爲法和人爲法的界限嚴格地劃分開來。「應該由人爲法規定的東西就不應該由神爲法規定；應該由神爲法規定的東西也不應該由人爲法規定❼。」孟德斯鳩指出：「宗教的主要力量來自人們對它的信仰；人爲法的力量來自人們對它的畏懼❽。」

　　這裏有必要指出: 孟德斯鳩的這種法律分類是不够科學的，因爲在人類歷史上根本未曾有過所謂的「自然法」。但我們也不能無視這位偉大的啟蒙思想家這樣進行法律分類的良苦用心。顯然，他的眞正用意在於反對宗教神權統治。他一方面強調自然法，把它置於神爲法之上，進而抨擊宗教的某些教規與自然法相抵觸；另一方面又強調人爲法，從而拒絕和指責宗教和教會對世俗生活的干預。

　　例如，孟德斯鳩在談到自然法問題時，對某些宗教的教規進行了猛烈的抨擊。他認爲，本來應屬於自然法的問題，是不應該依宗教的箴規來裁決的。他舉出一些歷史上的事例來說明這個問題。例如，「阿比西尼亞人的齋期是五十天，極爲艱苦，身體大受削弱，以致齋後長期不能做事。土耳其人就選擇他們齋後的機會攻擊他們❾。」孟德斯鳩認爲這種齋戒是違反自然法的。「宗教應該維護大自然所賦予的自衛權利，對這類習慣加以限制。」再如，「猶太人有守安息日的規矩；當敵人選擇這天進攻他們的

---

❼　孟德斯鳩：《論法的精神》下册，頁 174。
❽　同❼。
❾　同上書，頁 180。

時候，他們竟不進行自衞❿。」孟德斯鳩指出，「這對這個國家
來說，眞是愚蠢不可及。」還有一個例子：「坎拜棲茲圍攻柏盧
潛的時候，把埃及人認爲神聖的許多動物放在第一線。駐防軍竟
不敢接近⓫。」孟德斯鳩認爲，這也是違反大自然賦予人類的自
衞權利的，而「大自然所賦予的自衞權利是高於一切箴規訓條」
的。也就是說，自然法是高於神爲法的。

　　爲了反對宗教、教會干預社會生活，孟德斯鳩一再強調要把
民法的原則規定同宗教的原則規定區分開來。他認爲：宗教的法
律富於崇高性；國家的法律富於普遍性。由宗教產生出來的「至
善境域的法律」，主要是以遵守這些法律的個人爲目的，卽以
「某些個人道德的完善」爲目的；而民法則相反，它的目的主要
是「一般人道德的完善」，也就是說，主要是以「社會的完善」
爲目的。「因此，由宗教直接產生出來的思想，不論怎樣值得尊
敬，並不老是可以用作民法的原則的，因爲民法有另外一個原
則，就是：社會一般的利益⓬。」可見，在這裏，孟德斯鳩不僅
已把民法卽人爲法與宗教法卽神爲法嚴格區分開來，而且把前者
置於後者之上了。

　　爲了反對宗教、教會干預社會生活，孟德斯鳩還把宗教法庭
卽異端裁判所作爲主要的抨擊對象，並對它進行了深入的分析和
批判。他認爲，人類的法庭不應以有關來世的宗教法庭的箴規作
準則。這是因爲，宗教法庭是由基督教的僧侶們按照「懺悔法
庭」的思想組織的；它同一切良好的施政是背道而馳的，它對各

---

❿　孟德斯鳩：《論法的精神》下册，頁 180。
⓫　同❿。
⓬　同上書，頁 181-182。

種政府都是有害的。因而它在各處都引起公憤。孟德斯鳩指出：「這種法庭，不論對什麼政府，都是不可容忍的。在君主政體之下，它只能製造告密者和賣國賊。在共和政體之下，它只能培養不誠實的人； 在專制政體之下， 它和這種政體一樣， 具有破壞性❸。」他還指出宗教法庭的荒謬做法和弊害：「這種法庭的弊害之一是： 當兩個人因同一罪名被控，一個人否認犯罪，就處以死刑，另一個人承認犯罪，就能免除刑罰。這種做法，淵源自寺院的思想， 否認就好像是不知悔改，應該受刑罰，承認就好像是知所悔改，應當『得救』。但是這麼一種區別法是不應同人類的法庭有任何關係的。人的審判只看行動； 它對人類只有一項要求，就是『無罪』。神的審判則看思想； 它對人類卻有兩項要求，就是『無罪』和『懺悔』❹。」

在人為法方面，孟德斯鳩又強調要把政治法與民法嚴格區分開來。 他說： 「以民法為根據的事情就不應當用政治法加以規定。」他是從維護私有財產的立場出發來談這個問題的。他說：「政治法使人類獲得自由； 民法使人類獲得財產。…… 自由的法律是國家施政的法律； 應該僅僅依據關於財產的法律裁決的事項，就不應該依據自由的法律裁決。如果說，個人的私益應該向公共的利益讓步，那就是荒謬背理之論。這僅僅在國家施政的問題上， 也就是說，在公民自由的問題上，是如此；在財產所有權的問題上就不是如此，因為公共的利益永遠是：每一個人永恒不變地保有民法所給與的財產❺。」因此， 就應該建立這樣一條準則：「在有關公共利益的問題上，公共利益絕不是用政治性的法

---

❸　孟德斯鳩：《論法的精神》下冊，頁 183-184。
❹　同上書，頁 184。
❺　同上書，頁 189-190。

律或法規去剝奪個人的財產，或是削減哪怕是它最微小的一部分。在這種場合，必須嚴格遵守民法；民法是財產的保障⑯。」「因此，公家需要某一個人的財產的時候，絕對不應當憑藉政治法採取行動；在這種場合，應該以民法為根據；在民法的慈母般的眼裏，每一個個人就是整個的國家⑰。」私有財產如同主權國家一樣是神聖不可侵犯的。因此，「如果一個行政官吏要建造一所公共的樓房，或修築一條新道路的話，他就應該賠償人們所受到的損失；在這種場合，公家就是以私人的資格和私人辦交涉而已⑱。」

可見，孟德斯鳩的上述論斷貫穿著「私有財產神聖不可犯侵」的思想，這是非常典型的資產階級思想。孟德斯鳩認為，由於私有財產是人的自然權利，是神聖不可侵犯的，因此，在涉及私有財產的讓與問題上，起作用的就只能是「自由的精神」和「公道的精神」，即買賣自由和公道。

其次，孟德斯鳩的上述議論，顯然是針對當時法國封建統治者往往以「公共利益」的名義，憑著政治法去侵奪私人財產的惡劣做法而發的。這實際上是新興資產階級對封建統治者所提出的強烈抗議。

孟德斯鳩法學理論中的一個重要組成部分就是建立法治的思想。他的法治思想主要是在亞里士多德，尤其是洛克的影響下形成的。古代西方最偉大的思想家亞里士多德（公元前384～322）是西方最早崇尚法治的人。他非常重視法治的作用。他反對「一人之治」。他說：

⑯　孟德斯鳩：《論法的精神》下冊，頁 190。
⑰　同⑯。
⑱　同⑯。

讓一個個人來統治，這就在政治中混入了獸性的因素。常人既不能完全消除獸慾，雖最好的人們（賢良）也未免有熱忱，這就往往在執政的時候引起偏向。法律恰恰正是免除一切情慾影響的神祇和理智的體現。❶

可見，法治優越於人治。「法律是最優良的統治者。」英國政治思想家洛克是近代西方資產階級法治主義的奠基人。他反對君主獨裁專斷，主張實行法治。他說：使用絕對的專斷權力，或不以確定的、經常有效的法律來「進行統治，兩者都是與社會和政府的目的不相符合的❷」他強調必須制定人人都要遵守的法律。在他看來，人不論貧富貴賤，在法律面前都一律平等，人人都要遵守法律，誰也不能凌駕於法律之上。

孟德斯鳩與其前輩們一樣，也主張建立法治國家。他把法治和政治自由聯繫起來，他認為，一個國家要是不實行法治，那就不會有自由。不過，孟德斯鳩根據其地理環境決定論觀點認為，一個國家是否實行法治，最終還要由「自然原因」即地理環境來決定。在他看來，由於自然條件的迥然不同，在亞洲就出現了一些由暴君憑著個人意志進行統治的極端嚴酷的專制國家，而在歐洲則相反，出現了一些人民享有充分自由的法治國家。他寫道：「在亞洲，人們時常看到一些大帝國；這種帝國在歐洲是絕對不能存在的。這是因為我們所知道的亞洲有較大的平原；海洋所劃

❶ 亞里士多德：《政治學》（吳壽彭譯），商務印書館 1981 年版，頁 169。

❷ 洛克：《政府論》下篇（葉啟芳、瞿菊農譯），商務印書館 1983 年版，頁 85。

分出來的區域廣闊得多； 而且它的位置偏南， 水泉比較容易涸竭；山嶽積雪較少； 河流不那麼寬，給人的障礙較少㉑。」「在亞洲，權力就不能不老是專制的了。因為如果奴役的統治不是極端嚴酷的話， 便要迅速形成一種割據的局面，這和地理的性質是不能相容的㉒。」孟德斯鳩強調歐洲國家實行法治的重要性：「在歐洲，天然的區域劃分形成了許多不大不小的國家。在這些國家裏，法治和保國不是格格不相入的； 不，法治是很有利於保國的；所以沒有法治， 國家便將腐化墮落， 而和一切鄰邦都不能相比㉓。」「這就是愛好自由的特性之所以形成；因為有這種特性，所以除了通過商業的規律與利益而外， 每一個地方都極不易征服，極不易向外力屈服㉔。」

這裏有必要指出的是： 孟德斯鳩的主張法治、反對人治的法治國家理論，是針對封建專制主義國家而提出來的，它是為新興資產階級的民主、自由思想開闢道路，並為這個階級在政治上爭得政治權利服務的。誠然，孟德斯鳩所要建立的法治國家，也無非是按照資產階級的法律原則精神建立起來的國家。然而我們也要看到， 在當時的歷史條件下，即在新興資產階級正在進行反對封建君主專制並為擺脫政治上無權地位而鬥爭的歷史階段上，孟德斯鳩關於建立法治國家的思想無疑是有進步意義的。

我們前面曾經說過： 在孟德斯鳩看來， 立法者賢明，就會頒佈好的法律； 立法者昏庸殘暴， 就會頒佈壞的法律。 他強調指出，賢明的立法者應當具有「適中寬和的精神」。他在《論法的

㉑　孟德斯鳩：《論法的精神》上冊，頁 278。
㉒　同上書，頁 278。
㉓　同㉒。
㉔　同㉒。

精神》一書中談到「立法者的精神」時說：「我寫這本書爲的就
是要證明這句話： 適中寬和的精神應當是立法者的精神； 政治
的『善』就好像道德的『善』一樣， 是經常用於兩個極端之間
的㉕。」

孟德斯鳩在《論法的精神》一書中列舉了立法者在制定法律
時應注意的一些事情，其要點如下：

(1)「法律的體裁要精潔簡約。」孟德斯鳩認爲《十二銅表
法》是精簡謹嚴的典型，小孩子們都能把它背誦出來。而查士丁
尼的《新法》則是繁冗散漫的典型，所以人們不得不把它加以刪
節。

(2)「法律的體裁要質樸平易；直接的說法總是要比深沉迂
遠的辭句容易懂些㉖。」

(3)「重要的一點，就是法律的用語，對每一個人要能够喚
起同樣的概念。」這就是說，用語要準確，不會在理解上發生分
歧。

(4)「法律要有所規定時，應該儘量避免用銀錢作規定。」
因爲，有無數原因可以促使貨幣的價值改變；而改變後的同一金
額就已不再是同一的東西了。

(5)「在法律已經把各種觀念很明確地加以規定之後，就不
應再回頭使用含糊籠統的措辭㉗。」

(6)「法律的推理應當從眞實到眞實，而不應當從眞實到象
徵或從象徵到眞實。」

㉕ 孟德斯鳩：《論法的精神》下册，頁 286。
㉖ 同上書，頁 296。
㉗ 同上書，頁 297。

（7）「法律不要精微玄奧，它是爲具有一般理解力的人們制定的。它不是一種邏輯學的藝術，而是像一個家庭父親的簡單平易的推理❷。」

（8）「當法律不需要例外、限制條件、制約語句的時候，還是不放進這些東西爲妙❷。」

（9）「如果沒有充足的理由，就不要更改法律。」

（10）「當立法者喜歡爲一項法律說明立法的理由的時候，他所提出的理由就應當和法律的尊嚴配得上。」

（11）「每條法律都應當發生效力，也不應當容許它因特別的條款而被違背。」

（12）「要特別注意法律應如何構想，以免法律和事物的性質相違背。」

（13）「法律應該有一定的坦率性。法律的制訂是爲了懲罰人類的兇惡背謬，所以法律本身必須最爲純潔無垢❸。」

應該說，孟德斯鳩的上述論斷是相當精闢的。在孟德斯鳩看來，立法者只要在「適中寬和的精神」指導下，按照上述注意事項制定出來的法律，就必然會是好的法律。

孟德斯鳩在《論法的精神》中，還探討了一系列關於法律的理論，例如，關於審判、量刑、刑罰等等問題的理論。

孟德斯鳩主張法官應按照法律的明文斷案，因而他特別強調制定明確的法律的重要性。因爲，只有在制定了明確的法律的情況下，才能在斷案時做到有法可依。他認爲，沒有任何法律作根

---

❷　孟德斯鳩：《論法的精神》下册，頁 298。

❷　同❷。

❸·　同上書，頁 300。

據的斷案，就只能是武斷，這是一個弊病。他說：「專制國家是
無所謂法律的。法官本身就是法律。君主國是有法律的；法律明
確時，法官遵照法律；法律不明確時，法官則探求法律的精神。
在共和國裏，政制的性質要求法官以法律的文字爲依據；否則在
有關一個公民的財產、榮譽或生命的案件中，就有可能對法律作
有害於該公民的解釋了❸。」良好的法律，對於罪行的處罰是有
明確規定的，「法官只要用眼睛一看就够了❸。」例如，古代羅
馬的法律和英國的法律就是如此。

　　在孟德斯鳩看來，如果法律不完備，法律條文含混不清，那
就會產生許多流弊，帶來無窮的惡果。例如，所謂「邪術」、
「異端」以及「大逆罪」就是如此。

　　孟德斯鳩認爲，對於某些控告（如對「邪術」、「異端」的
追訴）要特別和緩和審愼。這是因爲，在愚昧無知的社會裏，有
許多「世界上最好的行爲，最純潔的道德」往往被別有用心的人
斥責爲「邪術」和「異端」，從而使許多善良的人們受到迫害。
針對這種情況，孟德斯鳩強調指出，在懲罰「邪術」、「異端」
時要非常謹愼，否則就會釀成「無窮的暴政」。他寫道：對「邪
術」和「異端」的追訴，要非常愼重。「這兩種犯罪的控告可以
極端地危害自由，可以成爲無窮盡的暴政泉源，如果立法者不知
對這種控告加以限制的話。因爲這種控告不是直接指控一個公民
的行爲，而多半是以人們對這個公民的性格的看法作根據，提出
控告，所以人民越無知，這種控告便越危險。因此，一個公民便
無時不在危險之中了，因爲世界上最好的行爲，最純潔的道德，

---

❸　孟德斯鳩：《論法的精神》上册，頁 76。
❸　同上書，頁 77。

盡一切的本分， 並不能保證一個人不受到犯這些罪的嫌疑❸。」

　　而實際上， 所謂的「邪術」、「異端」罪， 往往都是一些莫須有的罪名。孟德斯鳩指出， 「邪術罪」可以證明並不存在，異端罪「可以有無數的差別、 解釋和限制」。 可是卻要「處以火刑， 眞是咄咄怪事❸。」

　　孟德斯鳩對於「大逆罪」的揭露和抨擊是極其尖銳而又中肯的。 在《波斯人信札》 中， 孟德斯鳩給「大逆罪」下了一個定義: 「大逆不道並非別的， 不過是最弱的人在不服從最強的人時所犯的罪， 無論他在甚麼方式之下表示不服從❸。」在《論法的精神》一書中， 孟德斯鳩談到了中國封建時代的情況。「中國的法律規定， 任何人對皇帝不敬就要處死刑。因爲法律沒有明確規定甚麼叫不敬， 所以任何事情都可拿來作藉口去剝奪任何人的生命， 去滅絕任何家族❸。」他舉出一個極其典型的例子: 「有一個親王由於疏忽， 在有朱批的上諭上面記上幾個字， 人們便斷定這是對皇帝不敬， 這就使他的 家族受到史 無前例的可怖的迫害❸。」因此， 孟德斯鳩慨嘆說: 「如果大逆罪含義不明， 便足以使一個政府墮落到專制主義中去❸。」

　　孟德斯鳩堅決反對濫用「褻瀆神聖罪」和「大逆罪」這兩種罪名。 他指出， 把大逆罪名加於非大逆的行爲， 這是一種極大的流弊。 在這方面他列舉了古代歐洲的許多例子。「羅馬的皇帝們

---

❸　孟德斯鳩: 《論法的精神》上冊， 頁 192。
❸　同上書， 頁 194。
❸　孟德斯鳩: 《波斯人信札》， 頁 178。
❸　孟德斯鳩: 《論法的精神》上冊， 頁 194。
❸　同❸。
❸　同上書， 頁 194。

有一條法律規定，凡是對君主的判決表示異議或對君主所任用的人的才能有所懷疑，則以褻瀆神聖罪進行追訴。這個罪名無疑是內閣和寵臣們創立的。另一條法律宣佈，謀害君主的大臣和官吏就像謀害君主本身，是大逆罪❸。」在古代，有的法律宣佈「偽造貨幣為大逆罪」，有的法律（茹利安法）「不但曾以熔化皇帝雕像為大逆罪，即連類似行為亦以大逆罪論處❹。」「英格蘭在亨利八世時通過一項法律，宣佈凡預言國王死亡的人犯叛逆罪。這項法律是很含糊不明的。專制主義已經可怕到連施行專制主義的人也受到害處。在這位國王最後一次患病時，醫生們怎樣也不敢說他已病危❶。」

孟德斯鳩是反對以思想定罪的。他說，在古代，甚至有的人因為做夢割斷了皇帝的咽喉而被處死的，其理由竟是：「他如果白天不這樣想夜裏就不會做這樣的夢。」對於這一點，孟德斯鳩評論說：「這是大暴政，因為即使他曾經這樣想，他並沒有實際行動過。法律的責任是懲罰外部的行動❷。」

孟德斯鳩還反對以不謹慎的言詞定罪，尤其是定死罪。他說：「如果不謹慎的言詞可以作為犯大逆罪的理由的話，則人們便可最武斷地任意判處大逆罪了❸。」在他看來，「言語並不構成『罪體』」即「證罪物」。如果可以根據言語給人定罪的話，那麼，就「不但不再有自由可言，即連自由的影子也看不見了。」他認為：「言語要和行為結合起來才能具有該行為的性質。因

---

❸　孟德斯鳩：《論法的精神》上冊，頁 195。
❹　同上書，頁 196。
❶　同上書，頁 197。
❷　同❶。
❸　同❶。

此，一個人到公共場所鼓動人民造反卽犯大逆罪，因爲這時言語已經和行爲連結在一起，並參與了行爲。人們處罰的不是言語，而是所犯的行爲，在這種行爲裏人們使用了這些言語。言語只有在準備犯罪行爲、伴隨犯罪行爲或追從犯罪行爲時，才構成犯罪。如果人們不是把言語當做死罪的徵兆來看待，而是以言語定死罪的話，那就甚麼都混亂了❹。」

孟德斯鳩以贊賞的口吻談到了古代幾個皇帝堅持不輕率地以言語定罪的謹愼豁達態度。這些皇帝致書裁判長說：

> 如果有人說我們個人或我們政府的壞話，我們不願意加以處罰：如果他是因輕浮而說的話，就應該輕視他；如果是因瘋癲而說的話，就應該可憐他；如果是咒罵的話，就應宥恕他。因此，事情發生時完全不要去管它，而是向我們報告，讓我們能夠按照他的爲人去判斷這些言語，並好好衡量到底應交付審判或不加理睬。❺

關於以文字定罪問題，孟德斯鳩說：「文字包含某種比語言較有恒久性的東西。但是如果文字不是爲大逆罪作準備而寫出的話，則不能作爲犯大逆罪的理由❻。」

他憤怒譴責封建專制主義的株連政策。他說：父親獲罪要連坐兒女妻室，這是出自專制狂暴的一項法條。「這些兒女妻室的父親獲罪就已經够不幸了。然而君主還要在他自己與被告人之間

---

❹ 孟德斯鳩：《論法的精神》上册，頁 197-198。
❺ 同上書，頁 199。
❻ 同❺。

放進一些哀求者來平息他的憤怒，來光耀他的裁判❹。」

　　孟德斯鳩考察了各種審理案件的方式即「裁判方式」。在他看來，各種不同的政體採取的裁判方式是不同的。在君主國，法官們所採取的是公斷的方式：「他們共同審議，交換意見，取得協調；改變自己的意見，以便和別人的意見趨於一致；而且少數又不能不服從多數❹。」而古羅馬和古希臘的共和國則不同了：「法官們從來不是共同商議的。每個法官用以下三種方式之一發表意見，就是：『我主張免罪』、『我主張定罪』、『我認爲案情不明』；因爲這是人民在裁判或者人們認爲這是人民在裁判。但是人民並非法學者，關於公斷的一切限制和方法是他們所不懂的❹。」

　　國家元首可不可以當裁判官呢？孟德斯鳩認爲，在專制的國家裏，君主是可以親自審理案件的。這是不言而喻的。而在君主國裏，君主則是不可以親自審判案件的。孟德斯鳩列舉了許多理由。最主要的理由是：如果君主親自審判案件的話，「政制便將被破壞，附庸的中間權力將消滅，裁判上的一切程序將不再存在；恐怖將籠罩著一切人的心，每個人都將顯出驚慌失措的樣子，信任、榮譽、友愛、安全和君主政體，全都不復存在了❺。」此外，還有別的一些理由：「在君主國，君主是原告，控告被告，要被告或被處刑或被免罪。如果他親自審判的話，那麼君主將既是審判官，又是訴訟當事人了❺。」不僅如此，「如果君主當

----

❹　孟德斯鳩：《論法的精神》上冊，頁 211。
❹　同上書，頁 77。
❹　書同上，頁 77。
❺　同上書，頁 79。
❺　同❺。

審判官的話，他便將失掉君權最尊貴的一個標誌，就是特赦。當
他做出判決又取消自己的判決，豈不是荒謬麼？他一定不願意如
此自相矛盾[52]。」此外，「如果他當審判官還會引起一切思想上的
混亂；一個人到底是被免罪，還是被特赦，就弄不清楚了[53]。」
孟德斯鳩還援引古羅馬歷史來說明君主親自審案必然會帶來不公
正和種種弊端。他寫道：「由君主做判決將成為不公正和弊端無
窮無盡的泉源；朝臣們將通過囉嗦的請求向君主強索判決。有些
羅馬皇帝有親身審理案件的狂熱；他們的朝代的無可倫比的不公
正，使全世界為之驚愕[54]。」

總之，在孟德斯鳩看來，封建君主們是不可以親自審判案件
的。他們只應當保留著特赦的權力，而把審理案件和定罪的權
力留給官吏。孟德斯鳩發表這些長篇大論的主要目的顯然在於限
制君主權力。他的這個意圖最集中地體現在他的三權分立思想中
（詳見第六章）。

孟德斯鳩認為，「單一的審判官」這種職官是只有專制政體才
會有的。而在君主國則是不容許的。因為，這種職官必然會「濫
用權力」，必然會「藐視法律，甚至違背自己所制定的法律，」
對法律做「不公正的解釋[55]。」

孟德斯鳩是反對對罪犯進行拷問的。他非常贊賞英國「禁止
拷問罪犯」的做法。他說：英國「禁止拷問罪犯，但並沒有發生
任何不便。因此可知，拷問在性質上並不是必要的[56]。」但他又

---

[52] 孟德斯鳩：《論法的精神》上冊，頁 79。
[53] 同[52]。
[54] 同上書，頁 80。
[55] 同上書，頁 81。
[56] 同上書，頁 93。

說: 拷問可能適合於專制國家, 因為「凡是能够引起恐怖的任何東西都是專制政體最好的動力❺⑦。」可見, 在孟德斯鳩看來, 政治寬和的國家對於罪犯是不進行拷問的, 只有專制國家才使用拷問這種不人道的手段。

孟德斯鳩也反對嚴刑峻法。他認爲, 嚴峻的刑罰比較適宜於以恐怖爲原則的專制政體, 而不適宜於以榮譽和品德爲動力的君主政體和共和政體。這是因爲, 在君主政體和共和政體這樣一些政治寬和的國家裏, 「愛國、知恥、畏懼責難, 都是約束的力量, 能够防止許多犯罪。對惡劣行爲最大的懲罰就是被定爲有罪❺⑧。」因此, 在這些國家裏, 一個良好的立法者, 就應當「關心預防犯罪, 多於懲罰犯罪, 注意激勵良好的風俗, 多於施用刑罰❺⑨。」

孟德斯鳩不僅反對嚴刑, 而且認爲刑罰必須有教育意義。他在《論法的精神》一書中寫道:「治理人類不要用極端的方法; 我們對於自然所給予我們領導人類的手段, 應該謹愼地使用❻⓪。」「讓我們順從自然吧! 它給人類以羞恥之心, 使從羞恥受到鞭責。讓我們把不名譽作爲刑罰最重的部分吧❻①! 」他認爲, 如果一個國家, 刑罰並不能使人產生羞恥之心的話, 那就是由於暴政的結果。只有暴政才會對惡棍和正直的人使用相同的刑罰。他在《波斯人信札》中也表達了同樣的思想。在他看來, 溫和的政府, 乃是最合乎理性的最完善的政府。它能以較少的代價達到統

---

❺⑦　孟德斯鳩: 《論法的精神》上冊, 頁 93。
❺⑧　同上書, 頁 83。
❺⑨　同❺⑧。
❻⓪　同上書, 頁 85。
❻①　同❻⓪。

治的目的; 它能以最合乎眾人的傾向與好尙的方式引導眾人。他說: 「如果在溫和的政府之下, 人民馴順, 不下於在嚴峻的政府之下, 則前者更爲可取, 由於它更符合理性, 而嚴峻是外來的因素⑫。」他指出, 在那些實行嚴刑峻法的東方國家如土耳其、波斯和莫臥兒等國, 並不是犯罪的人較少, 在那些地方的人, 並不是「被嚴刑重罰所懾服, 因而比別處更遵守法律。」「那裏的君主, 雖然本身就是法律, 卻比任何別處, 更不能主宰一切。」⑬

孟德斯鳩關於量刑的理論很值得注意。他強調罪與罰一致的原則, 提出了「依犯罪的性質量刑」的理論。他在《波斯人信札》中就說過: 「無論政府溫和或酷虐, 懲罰總應當有程度之分; 按罪行大小, 定懲罰輕重⑭。」他認爲, 「依犯罪的性質量刑」是有利於自由的。他把自由與刑法結合起來加以考察。在他看來, 良好的刑法乃是公民自由的保證。他寫道: 「如果刑法的每一種刑罰都是依據犯罪的特殊性質去規定的話, 便是自由的勝利⑮。」因爲要是這樣, 一切專斷就停止了, 刑罰也就不是依據立法者一時的意念, 而是依據事物的性質產生出來的了, 而刑罰也就不是人對人的暴行了。孟德斯鳩認爲, 只有暴政才對惡棍和正直的人使用相同的刑罰。而且, 如果不執行「依犯罪的性質量刑」的原則, 如果對罪犯的刑罰沒有區別的話, 那就必然會帶來一些消極的作用。他說: 「在我們國家裏, 如果對一個在大道上行刼的人和一個行刼而又殺人的人, 判處同樣的刑罰的話, 那便是很大的錯誤。爲著公共安全起見, 刑罰一定要有一些區別,

---

⑫　孟德斯鳩: 《波斯人信札》, 頁 140。

⑬　同上書, 頁 141。

⑭　同上書, 頁 140。

⑮　孟德斯鳩: 《論法的精神》上册, 頁 189。

這是顯而易見的❻。」他舉出中國和俄國兩個完全相反的例子來加以說明。「在中國，搶劫又殺人的處凌遲，對其他搶劫就不這樣。因有這個區別，所以中國搶劫的人不常殺人❻。」「在俄羅斯，搶劫和殺人的刑罰是一樣的，所以搶劫者經常殺人❻。」

與上述情況相聯繫，孟德斯鳩提出了他的關於「罪刑的赦免」的理論。他說：「在刑罰沒有區別的場合，就應該在獲得赦免的希望上有些區別。」英國的搶劫者之所以從來不殺人，就是因為搶劫者有被減為流放到殖民地去的希望，而如果殺人的話，那就沒有這種希望了。可見，罪刑的赦免在「政治寬和的國家」是有極大的用處的。孟德斯鳩認為，如果君主謹慎地使用他所掌有的赦免的權力的話，那是能够產生良好的效果的；而專制政體則不同，它的原則「不寬恕人，也不為人們所寬恕，因此就沒有這些好處❻。」

為了具體貫徹「罪與罰一致」的原則，把「依犯罪的性質量刑」的理論付諸實行，就首先要確定犯罪的性質，並對各種犯罪進行分類，然後還要規定對各種不同的類型的犯罪科以不同的刑罰。於是，孟德斯鳩提出了根據犯罪的性質對犯罪進行分類，並應按照犯罪的性質科以刑罰的思想。他認為，犯罪有四個種類：第一類是危害宗教罪，第二類是危害風俗罪，第三類是危害公民安寧罪，第四類是危害公民安全罪。法律就應該按照各類犯罪的性質來規定所應科處的刑罰。接著他具體地談到了自己對犯罪的分類和相應的刑罰的意見。

---

❻　孟德斯鳩：《論法的精神》上冊，頁 92。
❻　同上書，頁 92。
❻　同❻。
❻　同上書，頁 92-93。

第一類是危害宗教的犯罪，也就是「直接侵犯宗教的犯罪，如一切單純的褻瀆神聖罪之類。」對於這種「褻瀆神聖罪」的刑罰應當是：「剝奪宗教所給予的一切利益，如驅逐出廟宇；暫時或永久禁止與信徒來往；避開罪犯，不和他們見面；唾棄、憎厭、詛咒他們⑩。」也就是說，把罪犯革出教門。在孟德斯鳩看來，那些「爲上帝復仇」的做法，比如給瀆神者判處「剝皮刑」、「火刑」的做法是錯誤的。「我們應該榮耀神明，而不應爲他復仇。」

第二類是違反風俗的犯罪，「例如破壞公眾有關男女道德的禁例或個人的貞操，亦卽破壞有關如何享受感官使用的快樂與兩性結合的快樂的體制⑪。」對於這類犯罪的刑罰應該是：「剝奪犯罪人享受社會所給予遵守純潔風俗的人們的好處、科以罰金、給予羞辱、強迫他藏匿、公開剝奪他的公權、驅逐他出城或使他與社會隔絕，以及一切屬於輕罪裁判的刑罰，已足以消除兩性間的鹵莽行爲⑫。」

第三類是那些危害公民的安寧的犯罪，這裏指的只是單純的違警事件。「這類犯罪的刑罰應依事物的性質規定，並應採取有利於公民的安寧的形式，例如監禁、放逐、矯正懲戒及其他刑罰，使那些不安分子回頭，重新回到既定的秩序裏來⑬。」

第四類是那些擾擾安寧同時又危害安全的犯罪。這一類犯罪的刑罰「就是眞正的所謂『刑』，是一種『報復刑』，卽社會對一個剝奪或企圖剝奪他人安全的公民，拒絕給予安全。」孟德斯

---

⑩ 孟德斯鳩：《論法的精神》上册，頁 190。
⑪ 同上書，頁 190-191。
⑫ 同上書，頁 191。
⑬ 同⑫。

鳩認爲，這種刑罰是從事物的性質產生出來的，是從理性和善惡的本源引伸出來的❼❹。」

在孟德斯鳩關於犯罪的分類和刑罰的論述中，特別值得注意的是：他雖然把「危害宗教」看作是一種犯罪，而且把它列爲四種犯罪之首，可是他對這類犯罪所規定的刑罰，實際上卻是最輕的：僅僅是「把罪犯革出教門」而已。同時，他還借機抨擊了宗教法庭──異端裁判所的暴行卽對異教徒或無神論者使用「剝皮刑」和「火刑」。這一點非常充分地反映出孟德斯鳩對宗教的態度。

孟德斯鳩強調不要用法律上的強力手段去改變風俗習慣。他說：法律是立法者創立的特殊的和精密的制度，而風俗習慣則是一個國家一般的制度。「因此，要改變這些風俗和習慣，就不應當用法律去改變。」如果用法律去改變的話，那就顯得過於橫暴了。孟德斯鳩認爲，如果用別人的風俗習慣去改變自己的風俗習慣，那就要好些。如果用法律來改變本來應該用習慣去改變的東西的話，那是「極糟的策略」。他舉例說：「那個強迫俄羅斯人把鬍子和衣服剪短的法律，以及彼得大帝讓進城的人把長袍剪短到膝蓋上那種暴戾的做法，就是苛政❼❺。」總之，在他看來，想要改變習慣，絕不能使用「暴戾手段」，而應該使用「創立典範」的手段。他強調說：「一般來說，各族人民對於自己原有

---

❼❹　孟德斯鳩：《論法的精神》上冊，頁 191。所謂報刑，卽同態復仇，例如「以目還目，以牙還牙」。孟德斯鳩是反對使用這種意義上的報復刑的。他說：「專制的國家，喜愛簡單的法律，所以大量使用報復刑的法律。政治寬和的國家有時候也准許使用這種法律。但是有不同的地方：前者是嚴格地執行，後者則時常加上一些緩和的辦法。」（同上書，頁 94。）

❼❺　孟德斯鳩：《論法的精神》上冊，頁 310。

的習慣總是戀戀不捨的。用暴力取消這些習慣，對他們是悲慘的[76]。」因此，不要強迫他們改變這些習慣，而要引導他們自己去改變。

　　　　　　※　　　　　　　　※　　　　　　　　※

　　通過對孟德斯鳩法學理論的考察，我們可以得出下面幾個簡短的結論。

　　首先，由於時代和階級的局限性，他的法律觀點，如同他的整個社會歷史理論一樣，是唯心主義的。他把法律看作是對經濟基礎起決定性作用的東西，他顛倒了法律和經濟基礎的關係：他不但沒有把法律看成是經濟基礎的產物，反而把經濟基礎看成是法律的產物。他不懂得法的階級性質，他把法看成是「超階級」的東西。我們認為，法屬於社會上層建築，法和法律關係只不過是社會生活的經濟條件的反映。法不是「超階級」的東西，它是有階級性的，它只不過是被奉為國家法律的社會統治階級的意志。

　　其次，孟德斯鳩的以理性為基礎的自然法理論，是不科學的，因為在人類歷史上就根本不存在所謂的「自然法」。然而，我們也要看到，他的自然法理論是有積極意義的。首先，他借助於自然法理論來反對封建專制主義，指責封建統治者的許多所作所為都是違反自然法的（關於這一點，我們在其他章節裏也要談到）。其次，他是借助於自然法理論來反對宗教，尤其是天主教的。我們在前面已經說過，孟德斯鳩是想要借助於嚴格劃分各種

─────────────

[76]　孟德斯鳩：《論法的精神》上冊，頁 311。

法律的辦法，來達到其反對宗教神權統治的目的。他通過把法律劃分爲自然法、人爲法和神爲法，從而一方面強調自然法，把自然法置於宗教箴規卽神爲法之上，抨擊宗教的某些箴規與自然法相抵觸（例如違反大自然所賦予的自衞權利等等），另一方面，強調人類社會只能根據人爲法來治理，而不能根據神爲法來治理，也就是說，宗教、教會（如通過宗教法庭）不應干預社會生活。可見，這也是孟德斯鳩啟蒙思想的一個重要組成部分。

第三，孟德斯鳩所謂的「法的精神」，把自然界和人類社會的許多因素都包含在內，這樣就把法律變成包羅萬象的東西，並且把法律的作用過分地誇大了，把法律變成衡量一切事物的尺度，並從而擴大了法學的研究範圍。因此，「法的精神」的提法是有缺陷的。然而，也要看到，孟德斯鳩之所以提出「法的精神」，其用意無非是強調法的重要，提醒封建統治者（君主和教會僧侶）在進行統治時一定要注意「法的精神」，而不要違反「法的精神」，無法無天。孟德斯鳩所謂的「法的精神」，實際上就是新興資產階級的「法的精神」，其核心無非是強調資產階級的私有財產神聖不可侵犯，保障資產階級的生命財產的安全。這在當時歷史條件下，是反對封建專制主義和反對教會專橫的，是有進步意義的。

第四，孟德斯鳩的法治國家理論，是針對封建專制主義國家而提出來的，因爲，封建專制國家往往是無法可依或有法不依，而只是由「一個單獨的個人依據他的意志和反覆無常的愛好在那裏治國」的。因此，這個理論是爲新興資產階級的民主、自由思想開闢道路，並爲這個階級在政治上爭得政治權利服務的。誠然，孟德斯鳩所希望建立的法治國家，無非是一種按照資產階級

的法律原則精神建立起來的國家。但是，在新興資產階級爲反對封建君主制和擺脫政治上無權的處境而鬥爭的時期裏，建立法治國家的思想是有進步意義的。

第五，孟德斯鳩關於審判、量刑、刑罰等問題的理論——主張法官應按法律的明文斷案，主張只應刑罰行爲，不應刑罰思想、言語，反對株連，反對拷問罪犯，反對嚴刑峻法，主張「依犯罪的性質量刑」等等，所有這些理論觀點都是針對封建專制主義而提出來的，是對當時封建統治者的殘暴的刑法的尖銳批評和猛烈抨擊，是對封建統治者利用法律手段對第三等級卽資產階級和平民所進行的殘酷鎭壓提出的猛烈抗議，並進而爲新興資產階級關於人身、財產的安全和言論出版自由的要求提供了有力的法律論據。可見，這些理論是爲法國新興資產階級奪取政權鳴鑼開道的。

總而言之，孟德斯鳩的法學理論，是 18 世紀上半葉法國社會歷史的產物，它反映了時代和新興資產階級的要求，成了這個階級反對封建暴政和天主教會專橫的思想武器。它在歷史上是起過積極的進步作用的。誠然，它的基本觀點是唯心的，不科學的，但它所包含的許多合理因素，卻是值得我們在制定法律時借鑒的。

第六章　君主立憲思想和三權分立學說

　　孟德斯鳩是君主立憲制的擁護者和系統地提出三權分立學說的主要代表。君主立憲思想和三權分立學說，是孟德斯鳩政治學說中極其重要的組成部分，它們對人類歷史和政治生活的影響是比較重大和深遠的。

　　孟德斯鳩在其名著《論法的精神》中把政體分爲三種類型。而每種類型都有其性質和原則。所謂政體的「性質」，是指由誰或由哪個集團來掌握最高權力；所謂政體的「原則」，是指假如一個政府要想最強有力地和最有效地發揮其作用的話，那就要以其某一種激情來激勵擔任公職的人們。

　　孟德斯鳩在進行政體的分類時，主要是受了亞里士多德的影響。亞里士多德把政體分爲六種：（1）君主政體，（2）貴族政體，（3）共和政體，（4）民主政體，（5）寡頭政體，（6）僭主政體。他又把這六種分爲兩類。前三種爲一類，是正常的、好的、理想的政體；後三種爲另一類，是不正常的、壞的、變態的、現實的政體。君主政體和僭主政體是由一個或兩個人統治的；貴族政體和寡頭政體是由少數人統治的；共和政體和民主政體是由多數人統治的。亞里士多德認爲，在三種理想的政體中以共和政體爲最好，而在現實存在的三種政體中則是民主政體比較好。

孟德斯鳩仿效亞里士多德的做法，根據統治者人數的多寡來確定政體的性質，他把政體分爲三種：共和政體、君主政體、專制政體。他在談到這三種政體的性質時寫道：

> 共和政體是全體人民或僅僅一部分人民握有最高權力的政
> 體；君主政體是由單獨一個人執政，不過遵照固定的和確
> 立了的法律；專制政體是既無法律又無規章，由單獨一個
> 人按照一己的意志與反覆無常的性情領導一切。❶

接著，他談到了這三種政體的原則。他認爲，共和政體的原則是品德，君主政體的原則是榮譽，專制政體的原則是恐怖。

孟德斯鳩在《波斯人信札》（1721 年出版）和《羅馬盛衰原因論》（1734年出版）中曾是擁護共和政體的。例如，在《波斯人信札》中，他以贊賞的口吻談到古希臘的共和國。他說，古希臘人在掙脫了君主的暴政的桎梏之後，「從這許多王國的廢墟上，建立起那些共和國，使希臘十分繁榮，在四方八面的蠻邦之間，成爲唯一的文明國土❷。」「對自由的熱愛，對君主的憎恨，使希臘長期維持獨立，並將共和政府擴展到遠方❸。」在《羅馬盛衰原因論》中，他也曾盛贊古羅馬共和國，並爲它後來的衰亡深感惋惜。可是，孟德斯鳩後來在《論法的精神》（1748 年出版）中卻轉而擁護君主立憲即君主政體了。

這裏需要指出的是，孟德斯鳩雖然擁護君主政體，但他卻是

---

❶ 孟德斯鳩：《論法的精神》上冊，頁 3。
❷ 孟德斯鳩：《波斯人信札》，頁 226。
❸ 同❷。

堅決反對專制政體的。他在《論法的精神》一書中雖然公開號召
讀者要「愛自己的君主」，但他這裏所說的「君主」並不是專制
暴君，而是「開明君主」。而且在他看來，人民也不應對封建君
主絕對服從。如果封建君主不能很好地履行自己的職責，不能為
人民做好事，反而壓迫人民的話，那麼，人民就有權不服從這個
君主。孟德斯鳩寫道：

> ……假如有一個君主，不但毫不使人民生活幸福，反而加
> 以蹂躪和摧殘，於是人民服從國君的基礎立即喪失；君民
> 之間，毫無維繫、毫無牽絆，於是人民恢復本來的自由狀
> 態。❹

那麼，人民究竟如何「恢復本來的自由狀態」？作為當時還比較
幼弱的新興資產階級的代表，孟德斯鳩是不敢公開號召人們用暴
力去推翻反動的封建專制制度，喊出「打倒暴君」的口號的。他
只能主張資產階級同封建貴族妥協，建立以「開明君主」為首的
君主制，即君主立憲制。

　　在孟德斯鳩看來，君主政體和專制政體是有嚴格區別的，因
為君主政體的原則是榮譽，專制政體的原則是恐怖。他認為君主
政體無論如何要比專制政體好，並有許多優越性。他從主張改
良、反對革命的立場出發，認為實行君主制的國家還有一個優
點，這就是：當國內發生紛亂的時候，事情不會推向極端，不會
做得過分，因為這時君主和宰相等「明智而有權威的人們」便會

---

❹　孟德斯鳩：《波斯人信札》，頁 178。

出來「採取溫和手段，商議解決辦法，改正弊端」，使法律重新
發生效力，這樣也就可以防止革命的爆發。孟德斯鳩說：

> 在君主政體下面生活的人民，總比那些沒有規章、沒有領
> 袖、在森林裏遊蕩的人們要快樂些。同樣，在國家的基本
> 法律下生活的君主，總要比暴君快樂；暴君沒有任何東西
> 可以約束他的百姓的心和他自己的心。❺

　　孟德斯鳩的理想的政治制度是君主立憲制。他主張「按照英
國樣式」在法國建立君主制。我們知道，英國所實行的是議會制
君主制，即以世襲君主爲國家元首，而把國家權力集中在內閣。
孟德斯鳩認爲，英國人所實行的這種君主立憲制是一種「優良的
制度」，它的特點是：「小事問首長，大事問羣眾；因此平民作
主，首長實行❻。」可見，這種君主立憲制，雖有君主，卻是
「虛君」，實質上是一個由議會掌握國家最高權力的制度。

　　這裏有必要指出，孟德斯鳩之所以如此美化英國資產階級革
命勝利後實行的君主立憲制，顯然是由於他想要通過對英國制度
的讚揚來達到批評法國封建專制制度的目的；同時也是想要通過
制定憲法來達到限制君主權力的目的。這是他作爲新興資產階級
代表的立場的表現。因此，他的君主立憲主張在當時的歷史條件
下是具有一定的進步意義的。

　　那麼，孟德斯鳩爲甚麼主張實行君主在名義上握有最高權力
的君主立憲制，而不同意實行人民握有最高權力的共和制？這不

---

❺　孟德斯鳩：《論法的精神》上冊，頁 58。
❻　同上書，頁 166。

能不說與他的貴族出身並由此而產生的輕視人民羣眾的思想有一定的關係。

孟德斯鳩認爲，在一個自由的國家裏，人民理當有統治自己的權利，「所以立法權應該由人民集體享有。然而這在大國是不可能的，在小國也有許多不便，因此人民必須通過他們的代表來做一切他們自己所不能做的事情❼。」人民選舉出來的代表是有能力討論事情的；而人民羣眾則「完全不適宜於討論事情」。這正是民主政治的重大困難之一。而且如果人民握有最高權力，人民代表便事事都要請示選民，那就必然會拖延時機，使許多急需辦的事不能及時處理。因此，人民「參與政府應當只是選舉代表而已，這是十分適合他們的能力的。」而人民的代表機關則是爲著制定法律或監督它所制定的法律的執行而選出來的❽。

因此，孟德斯鳩認爲，在實行君主立憲制的君主國裏，立法權應由貴族團體（由那些以出身、財富或榮譽著稱的人民即貴族組成）和平民團體（由平民選舉產生）共同擁有。立法機關中代表平民的部分即眾議院和代表貴族的部分即貴族院，它們二者是「旣無相同的利益，也無相同的欲望」的。而行政權則「應該掌握在國王手中」。爲甚麼要這樣？

> 因爲政府的這一部門幾乎時時需要急速的行爲，所以由一個人管理比幾個人管理好些；反之，屬於立法權力的事項由許多人處理則比由一個人處理要好些。❾

---

❼　孟德斯鳩：《論法的精神》上册，頁 158。
❽　同上書，頁 159。
❾　同上書，頁 160。

在孟德斯鳩看來，掌握行政權的國王之所以不可少，還有一個理由，這就是：

> 如果沒有國王，而把行政權賦予一些由立法機關產生的人的話，自由便不再存在了；因為這兩種權力便將合而為一，這些相同的人有時候同時掌握這兩種權力，而且無論何時都能夠同時掌握它們。⑩

可見，孟德斯鳩的君主立憲思想是很自然地同他的三權分立學說緊密地聯繫在一起的。他對於與洛克的分權學說有密切聯繫的英國政制倍加讚賞。他寫道：

> 這就是英格蘭的基本政制：立法機關由兩部分組成，它們通過相互的反對權彼此鉗制，二者全都受行政權的約束，行政權又受立法權的約束。⑪
> 這三種權力原來應該形成靜止或無為狀態。不過，事物必然的運動逼使它們前進，因此它們就不能不協調地前進了。⑫

孟德斯鳩的三權分立學說是與亞里士多德，尤其是洛克的分權學說一脈相承的，是後者的繼承和發展。

亞里士多德認為，一切政體都要有三個要素為其構成的基礎。一是議事機能，二是行政機能，三是審判機能。在這三種機

---

⑩　孟德斯鳩：《論法的精神》上冊，頁 160。
⑪　同上書，頁 163-164。
⑫　同上書，頁 164。

能中，「議事機能」是最高的最基本的機能。只有這三種機能完全具備的政體，才是健全的政體。後面我們將會看到，亞里士多德在這裏所說的三種機能，同近代資產階級思想家，尤其是孟德斯鳩所鼓吹的「立法、行政、司法」三權分立是有相似之處的。不過，它們的內涵是不一樣的，因此，絕不能把它們簡單地等同起來。

洛克是資產階級分權學說的倡導者。他的分權學說是爲了維護資產階級的政治權力，防止封建貴族實行專制統治而提出來的。他主張把國家的權力分爲立法權、行政權和對外權。立法權是制定和公佈法律的權力；行政權是執行法律的權力，所以又叫司法權；對外權是與外交有關的宣戰、媾和和訂約等權力。在這三種權力中，立法權是「每一個國家中的最高權力」。洛克認爲，這三種權力必須分別由不同的機關行使，不能集中在君主或政府手裏。他主張立法權應由民選的議會來行使；行政權應由君主根據議會的決定來行使；對外權與行政權是聯合在一起的，因而它也交由君主來行使。可見，洛克的分權原則實際上反映了當時英國新興資產階級的願望和要求。我們知道，1688 年的所謂「光榮革命」，其結果就是：在英國確立了君主立憲制，由資產階級、新貴族和封建君主、舊貴族分掌政權。洛克是 1688 年的階級妥協的產兒。洛克把立法和執法的權力分開，主張由封建君主和舊貴族掌握執政權，而由資產階級和新貴族控制立法權，這正反映了英國資產階級對封建勢力妥協的願望，尤其表明了資產階級力圖控制最高權力並防止君主專制的要求。

孟德斯鳩的分權學說，正是由於他親自考察了英國的政治制度和直接受到了洛克分權理論的影響而形成的。

　　孟德斯鳩的分權學說，是與他對自由的看法緊密地聯繫在一起的。因此，我們得從他的自由觀談起。

　　和其他資產階級啟蒙思想家一樣，孟德斯鳩也非常重視自由問題。他把自由看作是一個人的「無價之寶」，認為它是「不能出賣的⑬。」他把自由區分為「政治的自由」和「哲學上的自由」，認為這兩種自由的含義是不同的。

> 哲學上的自由，是要能夠行使自己的意志，或者，至少（如果應從所有的體系來說的話）自己相信是在行使自己的意志。政治的自由是要有安全，或是至少自己相信有安全。⑭

他從反對封建專制主義的資產階級立場出發，提出了政治自由的主張。他說，「人們通常認為共和國有自由，而君主國無自由。」因而人們往往認為，在民主政治的國家裏，人民彷彿是願意做甚麼幾乎就可以做甚麼，他不同意這種看法。他認為，這些人是把人民的權力同人民的自由混淆起來了。他說：

> 在民主國家裏，人民彷彿願意做甚麼就做甚麼，這是眞的；然而，政治自由並不是願意做甚麼就做甚麼。在一個國家裏，也就是說，在一個有法律的社會裏，自由僅僅是：一個人能夠做他應該做的事情，而不被強迫去做他不應該做的事情。⑮

---

⑬　孟德斯鳩：《論法的精神》上冊，頁 243。
⑭　同上書，頁 188。
⑮　同上書，頁 154。

自由就是：

> 可以說或寫一切法律所沒有明文禁止說或禁止寫的東西。
> 自由是做法律所許可的一切事情的權利；如果一個公民能
> 夠做法律所禁止的事情，他就不再有自由了，因為其他的
> 人也同樣會有這個權利。 ⑯

在孟德斯鳩看來，讓人們敢想敢說，敢於議論政治，這是政
治自由極其重要的標誌。他強調說：「要享受自由的話，就應該
使每一個人能夠想甚麼就說甚麼；要保全自由的話，也應該使每
一個人能夠想甚麼就說甚麼⑰。」他非常讚賞英國的憲法，因為
在他看來，英國憲法的直接目的就是政治自由。他認為，英國的
君主立憲制乃是實現公民政治自由的最理想的政體。他稱英國人
是「自由的民族」。他認為，英國是最自由的國家，英國的政治
制度是最完善的政治制度。總之，在他眼裏，英國乃是一個人人
享有政治自由、人人都可以自由地談論政治的國度。他說：英國
的政制「讓每一個人都參與政事的管理，使每一個人都有政治的
興趣，所以他們許多的言談都是圍繞著政治⑱。」由於「公民誰
也不怕誰」，所以大家都可以自由地談論政治，「推測事物的演
變」。孟德斯鳩認為：

> 在一個自由的國家，一個人推理推得好或不好，常常是無

---

⑯　孟德斯鳩：《論法的精神》上冊，頁 154。
⑰　同上書，頁 322。
⑱　同上書，頁 328。

關緊要的事; 只要他推理就夠了。自由就表現在這裏。自由就是使人不受這些推理的影響的保證。⓳

在孟德斯鳩看來, 不許議論政治則是專制國家的重要標誌。爲甚麼? 這是因爲,

在專制政體之下, 不管人們推理推得或好或不好, 全都是有害的。只要他們推理就足以打擊那個政體的原則。⓴

因此, 那些不滿現實而又喜歡議論政治的人大都要受到迫害。孟德斯鳩深有感慨地說:「許多人不願討人喜歡, 又任性。有些有才智的人, 大半就受到自己的才智的苦楚㉑。」

在孟德斯鳩看來, 那些把自由理解爲「極端自由」的「民主政治」的國家和那些存在著奴役的自由的「貴族政治」的國家, 從性質上來說, 都不是自由的國家。政治自由只存在於政治寬和的國家 (按: 孟德斯鳩把共和國和君主國都稱爲「寬和的政體」或「政治寬和的國家」) 裏, 而且「它只在那樣的國家的權力不被濫用的時候才存在。」孟德斯鳩強調指出:「一切有權力的人都容易濫用權力, 這是萬古不易的一條經驗。」而且, 有權的人們使用權力一直到遇有界限的地方才休止。因此, 爲要防止掌權者濫用權力, 就必須「以權力約束權力」㉒。如果沒有一種能夠

⓳　孟德斯鳩:《論法的精神》上册, 頁 328。
⓴　同⓳。
㉑　同⓳。
㉒　同上書, 頁 154。

有效地防止掌權者濫用權力的政制的話，公民的政治自由和生命安全就根本無法保證了。孟德斯鳩極其深刻地指出：

> 一個公民的政治自由是一種心境的平安狀態。這種心境的平安是從人人都認為他本身是安全的這個看法產生的。要享有這種自由，就必須建立一種政府，在它的統治下一個公民不懼怕另一個公民。㉓

他強調說：

> 政治自由的關鍵在於人們有安全，或是人們認為自己享有安全。㉔

那麼，要怎樣才能確保每一個公民都能有一種安全感，都能享有真正的政治自由呢？孟德斯鳩認為，要做到這一點，就必須像英國那樣，建立一種實行三權分立制的政府。「政治自由是通過三權的某種分野而建立的㉕。」這就是說，必須使立法權、行政權和司法權分掌在不同的人、不同的國家機關手中。而這樣做，就既可以使三種權力互相制約，又可以使這三種權力保持平衡，從而使這三種權力有條不紊地、互相協調地行動，並最終建立起真正法治的國家。因此，孟德斯鳩認為，把立法權、行政權和司法權嚴格區分開來的制度，乃是確保公民的政治自由的必要

㉓　孟德斯鳩：《論法的精神》上冊，頁 155-156。
㉔　同上書，頁 187。
㉕　同㉔。

條件。 要不實行三權分立制的話， 「君主政體便蛻化爲專制政體。」

　　孟德斯鳩在解釋「三權」的含義時說： 每一個國家有三種權力：(一)立法權力；(二)有關國際法事項的行政權力；(三)有關民政法規事項的行政權力❷。

　　　依據第一種權力， 國王或執政官制定臨時的或永久的法律，並修正或廢止已制定的法律。依據第二種權力，他們媾和或宣戰， 派遣或接受使節， 維護公共安全， 防禦侵略。依據第三種權力，他們懲罰犯罪或裁決私人訟爭。我們將稱後者爲司法權力，而第二種權力則簡稱爲國家的行政權力。❷

　　孟德斯鳩強調指出： 如果不實行三權分立的制度，公民的政治自由就得不到任何保障。爲甚麼? 孟德斯鳩解釋說：「當立法權和行政權集中在同一個人或同一個機關之手，自由便不復存在了❷。」因爲這個人或這個機關可以用暴力方法來執行他們自己制定的法律。「如果司法權不同立法權和行政權分立，自由也就不存在了。如果司法權同立法權合而爲一，則將對公民的生命和自由施行專斷的權力，因爲法官就是立法者❷。」「如果同一個人或……同一機關行使這三種權力，卽制定法律權、執行公共決議權和裁判私人犯罪或爭訟權，則一切便都完了❸。」在孟德斯鳩

---

❷　孟德斯鳩：《論法的精神》上册，頁 155。
❷　同❷。
❷　同上書，頁 156。
❷　同❷。
❸　同❷。

看來，有些君主國的人民享有自由，有些君主國的人民則沒有自由，其關鍵就在這些國家是否實行三權分立制。他舉例說：「歐洲大多數王國之所以是政體寬和的國家，這是由於國王只享有前兩種權力，而把第三種權力留給他的臣民去行使㉛。」而東方的土耳其則不同了，在那裏，「這三種權力集中於蘇丹一人身上，所以可怖的暴政統治著一切㉜。」他認為，人民之是否享有政治自由，這與政體沒有關係。卽使是共和國，若不實行三權分立的制度，那也會形成暴政。他舉例說：

> 在義大利各共和國，三種權力合併在一起，所以自由反比我們的君主國還少。因此，為自保起見，這些國家的政府也需要採用像土耳其政府所採用的那種殘暴的手段，國家檢察官以及密告者隨時可以投進密告書的獅子口，這二者的設置就是證明。㉝

根據這些情況，孟德斯鳩提醒人們注意：在一切權力合而為一的國家裏，人民羣眾將處於生命財產安全毫無保障的境地，因為，獨攬一切權力的個人或機關，既可以用其「一般的意志」去蹂躪全國，又可以用其「個別的意志」去毀滅每一個公民。因此，在這樣的國家裏，卽使「沒有專制君主的外觀，但人們卻時時感到君主專制的存在㉞。」而企圖實行專制的君主又「總是首先獨攬各種職權」的。因此，孟德斯鳩認為，必須用分權的辦法來限制

㉛ 孟德斯鳩：《論法的精神》上册，頁 156。
㉜ 同㉛。
㉝ 同㉛。
㉞ 同上書，頁 157。

君主的權力，剝奪君主及其政府干預司法事務的權利，以保障人民的政治自由和生命財產安全。

應該指出，孟德斯鳩的三權分立學說，乃是法國早期資產階級的政治理論和政治綱領，它表達了法國新興資產階級希望參與政治的要求——要求同封建統治階級「分權」，即由資產階級取得立法權和財政控制權，而把行政權留給貴族階級。因此，孟德斯鳩的三權分立學說雖然具有與封建統治階級妥協的局限性，雖然不如後來小資產階級激進派的思想代表盧梭提出的「人民主權不可分」的學說那麼徹底、那麼革命，但就其當時的歷史條件來說，它仍然具有反封建的革命性和進步性。

還應該指出，孟德斯鳩的三權分立學說，也是為保護資產階級的私有財產服務的。孟德斯鳩認為，私有財產是人們的「自然權利」，任何人都無權剝奪私有財產。因此他提出，立法機關的主要任務就是頒佈一些保護公民的私有財產的法律；行政權應當促使人們遵守保護私有財產的法律；而司法權則應當處罰一切侵犯私有財產的人。顯而易見，孟德斯鳩的分權說，是從資產階級立場出發，針對封建統治階級和天主教會對私有財產的侵奪而提出來的。因此，它儘管具有資產階級的偏見和局限性，但就其當時的歷史時代來看，它仍然具有反封建專制主義的作用。

總之，孟德斯鳩的君主立憲思想和三權分立學說，是在英國1688年「光榮革命」影響下形成的，是時代的產物，具有非常明顯的時代特徵，同時又是當時法國新興資產階級的軟弱性和妥協性的表現，因而具有非常明顯的階級烙印。然而在當時的歷史條件下，君主立憲總要比君主專制好，三權分立總要比君主獨攬大權好。所以，君主立憲思想和三權分立學說，在歷史上不僅曾

經成爲資產階級奪取政權的思想武器，而且曾經對消滅舊的封建
專制國家和建立新的資產階級國家起過積極的作用。當然，在這
裏還有必要指出：當資產階級奪取了政權之後，立法、行政和司
法這三種權力便集中在資產階級手中了。這時，一些資本主義國
家雖然也承認分權論是國家的憲法原則，但它已不再具有它早先
曾經起過的反封建的積極、進步作用，而往往是相反地在起著欺
騙人民羣眾的消極、反動作用了。資產階級法學家所標榜和吹噓
的所謂通過三種權力機構互相平衡和制約，可以確保不會使少數
人獨攬大權，並從而可以確保人民的「民主」和「政治自由」云
云，這往往成了一些騙人的鬼話。因爲實際上，在資本主義國家
裏，無論是議員、行政官吏還是法官，都只不過是資產階級的代
表或代理人，而「三權分立」也往往成了一塊用來掩蓋資產階級
專政的遮羞布。

第七章　論戰爭與和平

　　孟德斯鳩生活在戰亂紛起的年代。從 17 世紀下半葉到 18 世紀上半葉，歐洲各大小封建主之間戰爭頻繁。法王路易十四好大喜功，為了炫耀武力，稱霸歐洲，他對外推行侵略擴張政策。他擁有一支歐洲人數最多、最強大的常備軍，據史料記載，法國的陸軍人數 1690 年超過 30 萬，幾乎相當於當時歐洲其他國家軍隊人數的總和。他進行了一系列大規模的征服戰爭。例如，1667～1668 年與西班牙發生的「遺產繼承戰爭」❶，1672～1678 年對荷蘭的戰爭，1688～1697 年對反法「奧格斯堡聯盟」❷的戰爭，1701～1714 年與奧地利爭奪西班牙王位的戰爭❸。總之，路易十四親政 55 年中，打了 32 年仗。這種連綿不斷的對外戰爭，加上揮霍無度的宮廷開支，使法國的人力和財力日趨枯竭。戰爭不僅給法國人民帶來了無窮的苦難，而且也使對於國際貿易有著濃厚興趣的新興資產階級遭受巨大的損失。因此，孟

---

❶　路易十四的王后是西班牙國王腓力四世的長女，1665年腓力死後，路易以其王后的名義要求繼承西屬尼德蘭的遺產，因此，這場戰爭史稱「遺產繼承戰爭」。

❷　參加這個反法聯盟的有英、荷、奧地利、西、瑞典、義和德意志一些小邦的諸侯。

❸　西班牙國王查理二世死後無嗣，而路易十四的王后和奧地利皇后乃是查理二世的姐妹，所以雙方都要求西班牙王位繼承權。

德斯鳩作爲法國人民的優秀兒子，作爲法國新興資產階級的思想
代表，他對於戰爭與和平問題表示極大的關注，是理所當然的。
他關於戰爭與和平問題的觀點，是在他的三本主要著作──《波
斯人信札》、《羅馬盛衰原因論》和《論法的精神》中表述出來
的。

孟德斯鳩探討了戰爭的起源問題。他不同意霍布斯關於人類
「自然就處於戰爭狀態」的說法。他認爲，過著原始生活的人類
彼此之間並不普遍敵對和互相殘殺，而是處於和平友好狀態之
中。和平是人類的第一條自然法。只有在建立了社會和國家之
後，人類才有互相攻打和自衛的理由，才開始了戰爭的狀態。戰
爭是一種社會現象。

孟德斯鳩說：

> 國家的生命和人的生命一樣。人在進行正當的自衛時有殺
> 人的權利；國家爲著自己的生存有進行戰爭的權利。❹
> 戰爭的權利是出於必要，出於嚴格的正義的。❺

這樣，孟德斯鳩就把戰爭與正義聯繫起來了。

孟德斯鳩把「正義之感」看作是「與生俱來的人的特有的品
質」，是一個人道德高尚的最重要標誌❻。假如一個人不正直，
那麼他「就可能成爲一切人中最壞、最不完善的一個❼。」因此，
孟德斯鳩說：

---

❹ 孟德斯鳩：《論法的精神》上册，頁 137。
❺ 同❹。
❻ 孟德斯鳩：《波斯人信札》，頁 16。
❼ 同上書，頁 144。

我們……必須永遠熱愛正義；也就是說，努力和我們理想
中最完美的人相像；而這最完美的人倘使眞的存在，勢必
合乎正義。❽

孟德斯鳩認爲，正義是永恒的。正義的原則能給人以勇氣，激勵
人們去進行戰鬥。由於人們心中有了「正義」這個內在的原則，
他們在比他們更強的人面前，便能提高勇氣。所以，正義原則
「起戰鬥作用，對我們有益，使我們免受那些人的侵害行爲；我
們知道這點，心中何等泰然❾！」「不然的話，我們難免經常提
心吊膽，我們從別人面前走過，將如同在猛獅跟前經過一樣，而
我們的財產、榮譽和生命，亦卽得不到片刻保障❿。」孟德斯鳩
認爲，有正義之心的人，乃是能夠永遠遵循公平無私的大道前進
的「天下第一人」，他「要比沒有正義的人高超得多」⓫。

孟德斯鳩把戰爭區分爲正義戰爭和非正義戰爭。他說：

只有兩類戰爭是正義的戰爭：一類爲了抗拒敵人的侵襲而
進行的戰爭；另一類，爲了援救被侵襲的同盟者。⓬

在他看來，侵略戰爭和殖民戰爭則是非正義戰爭。

孟德斯鳩對於兩種性質不同的戰爭的態度是旗幟鮮明的。在
《波斯人信札》的「穴居人」故事中，他憤怒地譴責了那種以擴

---

❽　孟德斯鳩：《波斯人信札》，頁 145。
❾　同❽。
❿　同❾。
⓫　同上書，頁 146。
⓬　同上書，頁 162。

張領土、奴役他人和掠奪財物為目的的侵略戰爭，並且以滿腔熱情歌頌了愛好和平勞動、賦有高尚情操的「穴居人」為了保衛家園而進行的可歌可泣的英勇的反侵略戰爭。全副武裝的野蠻的外族人原以為天真純樸的「穴居人」軟弱可欺，可是他們的算盤打錯了。他們遭到了英勇頑強的抵抗。「穴居人」用對付野獸的手段對付他們。「穴居人」「決心保衛自己，他們將婦女和兒童圍在當中。使他們驚奇的是敵人的兇狠寡義，而不是敵人人數眾多。一股新的熱血充滿了他們的心：這一個願意為父親而戰死；另一個願意為老婆子女去犧牲；也有的為兄弟；也有的為了朋友；總之，大家都為了穴居族的人民。一個人犧牲了，先由他親近的人上去接替，接替者除了為公共事業之外，同時也有私仇要報⑬。」「非正義與德行之間的戰鬥，就如上述。那些卑怯的族類，所求的無非贓物，並不以逃亡為可恥，面對穴居人的勇敢，尚未接觸，就大敗而去⑭。」

可見，孟德斯鳩企圖通過這個虛構的「穴居人」的故事向我們證明，對侵略者的仇恨和對祖國、對人民的熱愛，乃是弱小民族戰勝強大的外來侵略者的偉大力量的源泉。

《羅馬盛衰原因論》不僅是一部歷史哲學著作，而且也可以說是一部重要的軍事著作。在這一著作裏，孟德斯鳩系統地考察了古代羅馬人所進行的戰爭。他希望通過對羅馬戰爭的探討，總結出一些富有教益的歷史經驗教訓。我們知道，古羅馬長期處於戰爭狀態。一部羅馬史也就是一部連綿不斷地進行侵略、擴張、掠奪戰爭的歷史。羅馬人所進行的戰爭，在孟德斯鳩看來，絕不

---

⑬　孟德斯鳩：《波斯人信札》，頁 23-24。
⑭　同上書，頁 24。

是正義的戰爭，而是一種極其殘酷的以掠奪財物、擴張領土爲目的的侵略戰爭。

孟德斯鳩揭露了羅馬統治階級喜歡發動戰爭的原因和實質。他指出，由於羅馬的將領必須帶回大量的金銀才能得到凱旋的榮譽，所以，「被征服的敵人便會被搞得一乾二淨。」他還指出：一部羅馬史之所以會充滿戰爭，這是由於羅馬的執政官想要得到凱旋的榮譽，想要在他們任職期間能成就顯赫功勛以便重新當選，於是，他們「勸說元老院建議人民發動戰爭，他們每天都向人民指出新的戰爭。」而元老院本身也是很願意進行戰爭的。「因爲它經常不斷地被人民的聲訴和請求所苦，因此爲了使自己擺脫人民的困擾，它就設法把人民的精力放到對外事務上去⑮。」可見，孟德斯鳩在這裏實際上已經看到這樣一個帶規律性的歷史事實：反動統治階級總是爲擺脫國內的困境而把人民的注意力轉移到外部去。孟德斯鳩還企圖用人們的物質生活的需求來解釋羅馬人喜歡戰爭的原因。他寫道：

> 對人民來說，戰爭永遠是一件快意的事，因爲戰利品的合理分配是使人們獲得利益的一種手段。⑯
>
> 羅馬這個城市沒有商業，又幾乎沒有工業。每個人要是想發財致富，除了打刧之外，沒有其他的辦法。⑰

羅馬人爲什麼能在這種以掠奪財物爲主要目的的侵略戰爭中

---

⑮　孟德斯鳩：《羅馬盛衰原因論》，商務印書館 1962 年版，婉玲譯（下同），頁 4。

⑯　同⑮。

⑰　同⑮。

取得勝利呢？孟德斯鳩認爲，早期的羅馬之所以能取得一系列的
軍事勝利，並使羅馬繁盛起來，其重要原因之一就是，它的國
王都是偉大的人物，都是一些傑出的政治家和軍事統帥。他們能
執行合理的政策。他們首先把土地平均分配給社會的各個成員，
「使人民強大起來，造成一個井井有條的社會」，造成一個「每個
人都能同樣充分地關心保衞自己的祖國」的.「精良的軍隊」。羅
馬的元老院是由一些非常精明能幹的貴族組成的，它甚至在取得
軍事上的勝利的時候也從不粗心大意，而「永遠是踏踏實實地處
理事務」，從而使那些已被擊潰的敵人俯首聽命。它賞罰分明，
恩威並濟，「從被征服民族的領土上拿走一部分土地用以分配給
它的同盟者」，從而使那些得到獎賞的國王依附於它，使那些受
到懲罰的、對自己有威脅的國王的力量削弱下去。

　　孟德斯鳩還對羅馬人的戰術、武器、軍紀、作戰方法等等方
面進行了探討。

　　他說：與戰爭結下了不解之緣的羅馬人是非常講究戰術的，
他們把戰爭看成是唯一的藝術。「他們把自己的全部才智和全部
思想都用來使這種藝術趨於完善。」孟德斯鳩認爲，精通戰術既
是羅馬人在軍事方面的美德，又是他們取得高級官吏職位和榮譽
的唯一道路。

　　在孟德斯鳩看來，羅馬人的軍事勝利也是同他們對武器的重
視分不開的。羅馬人給自己的軍團以比任何其他民族的武器都要
有力、都要沉重的進攻武器和防禦武器。既有重武器，又有輕武
器。他們的軍團裝備著各種各類的戰爭器械。他們經常進行嚴格
的軍事訓練。他們善於學習其他民族的優點和長處，用以改進自
己的武器。例如，他們採用了薩比尼人的大盾，來代替他們以前

一直使用著的阿爾哥斯的小盾。孟德斯鳩在談到羅馬人正是由於善於吸收其他民族的長處才取得了對這些民族的勝利時，寫道：

> 哥特人和汪達爾人持劍作戰時是可怕的力量；匈奴人則精於射術；蘇匯維人是優良的步兵；阿蘭人是重步兵；埃路勒人是輕騎兵。羅馬人從所有這些民族當中吸收適合於他們的需要的不同隊伍，他們在對一個民族作戰的時候，卻有著其他民族的優點。⑱

孟德斯鳩認爲，不積極採用先進武器的軍隊，在戰鬥中是一定會吃大虧的。他說：後期的羅馬軍隊放棄了他們先前採用過的先進武器。士兵們嫌先前的武器太重了，他們不穿鎧甲了，後來索性連頭盔都不戴了。這樣一來，他們便沒有辦法防禦敵人的打擊，結果他們只有逃跑這一條出路了。

孟德斯鳩對於人和武器的關係的看法是比較辯證的，值得注意的。一方面，他強調武器的重要性。他認爲，在兩軍的士氣相同的情況下，武器的優劣決定著戰爭的勝負。例如他說：「愛榮譽，不怕死，有頑強的勝利意志」，是羅馬人和高盧人的共同特點，但是，他們的武器卻不相同。高盧人的盾是小的，他們的劍也不行。因此羅馬人在戰爭中就比高盧人佔了上風。然而另一方面，孟德斯鳩也不是一位唯武器論者。他認爲，在武器相同的情況下，戰鬥的勝負則要以「使用武器的人們的氣力和技藝」爲轉移了。因爲，「受過訓練的人們比起那不分青紅皂白地集合起來

---

⑱　孟德斯鳩：《羅馬盛衰原因論》，頁 112。

並不加選擇要被率領去參加戰鬥」的烏合之眾，肯定「具有巨大的優點。」

孟德斯鳩特別強調士兵的自豪感和愛國心以及由之而產生的士氣在戰爭中的重要作用。他認為，士兵的愛國心和自豪感乃是士氣的源泉。具有這種極其珍貴的感情的士兵，必定會有極高的士氣，一定能英勇作戰，所向披靡。這樣的士兵是絕不會向敵人投降的。孟德斯鳩說：開小差的士兵乃是「一個民族的最卑劣的那一部分。」羅馬士兵之所以很少有開小差的，就是由於「士兵們是從一個自尊心這樣強、這樣驕傲、這樣深信應該統治別人的民族中間吸收來的，他們絕不會想到把自己鄙視到這樣程度，甚至不要再做一個羅馬人[19]。」孟德斯鳩認為，在戰役中士氣的喪失要比人員的實際損失更為嚴重。他說：

> 一般對國家十分不利的並不是在戰役中所遭受到的實際損失（這就是說損失了幾千個人），而是想像中的損失和士氣的沮喪，這種士氣的沮喪使國家失去了甚至是命運留給它的那些力量。[20]

孟德斯鳩非常強調紀律在戰爭中的重要作用。他指出：「如果沒有軍紀的話，重武器或輕武器的步兵是什麼也不頂用的。」要步兵「能够行動得持久，那就需要紀律。」他還指出：早期的羅馬軍隊的紀律是十分嚴格的。「羅馬人的紀律嚴格到這樣程度，以致人們可以看到，他們的將領竟把自己那違背命令而取得了勝

---

[19] 孟德斯鳩：《羅馬盛衰原因論》，頁 10。

[20] 同上書，頁 22。

利的孩子處死❷。」孟德斯鳩認為，嚴明的紀律是羅馬軍隊取得最後勝利的可靠保證。他寫道：

> 羅馬的軍隊的紀律永遠是十分嚴明的。因此即使在最不利的戰鬥中他們也不會不集結在某一地區，或者敵人的隊伍中也不會不發生任何混亂。因此在歷史上，我們總是不斷地看到，儘管在開始的時候，他們由於敵人的數量大或是鬥志強而被戰勝，但最後他們總是從敵人的手中奪得了勝利。❷

孟德斯鳩指出，可是，到了羅馬的後期，他們的紀律鬆弛了，他們的軍官們幾乎總是不聽從一位將領的話了。紀律鬆弛乃是羅馬滅亡的原因之一。

孟德斯鳩在考察羅馬人的作戰方法時，實際上已經總結出用「各個擊破」的方法取勝的重要軍事原則和樹敵太多必敗的歷史教訓。他寫道：

> 羅馬的興起是由於它只能不停地作戰，原來，仗著一種難以相信的幸運，它總是在征服了一個民族之後，另一個民族才對它開始戰爭。羅馬之遭到毀滅是因為所有的民族一齊向它進攻，並且從四面八方侵入了它的土地。❷

---

❷ 孟德斯鳩：《羅馬盛衰原因論》，頁 104。
❷ 同上書，頁 11。
❷ 同上書，頁 110。

孟德斯鳩對於羅馬統治階級的道德品質是極端鄙視的。在他的筆下，羅馬統治者乃是一些不講原則、不守信義、慣於耍弄權術的政治騙子和掠奪者，他們爲了取得戰爭的勝利，可以不惜採取一切極其卑鄙無恥的手段。這一點在他們對待同盟者的關係上表現得尤其突出。羅馬人有各種各樣的同盟者；他們結盟的目的就在於利用同盟者來同敵人作戰。然後他們又背信棄義地撕毀盟約，並且採取「各個擊破」的辦法把這些同盟者征服。而且，他們「永遠是慣於以主人的口吻講話的」霸權主義者，他們經常以各種各樣的方式侮辱那些力求同他們相安無事的弱小民族。他們總是喜歡製造種種藉口來發動一場新的戰爭。他們「總是在最適當的時候，以最適當的方式，對他們最有利於進攻的那個民族宣戰 ❷。」「他們從沒有眞心誠意地締結過和約，而是想侵占一切」，因此，「他們的條約不過是戰爭的暫時中止而已」，而且，「他們總是把會使接受這些條約的國家陷於毀滅的各項條件加到條約裏面去 ❷。」他們甚至可以玩弄語言遊戲，任意地解釋條約，從而達到消滅與之訂約的國家的目的。有許多國家就是被羅馬人用這類卑鄙手段消滅的。

在《論法的精神》中，孟德斯鳩考察了較晚時期的戰爭。在他看來，封建君主所進行的以私欲爲出發點的戰爭，無疑是非正義的戰爭。他說：「君主由於個人的爭吵而進行的戰爭，毫無正義之可言。」他認爲，君主絕不能以別人拒絕對他所應得的某項禮遇或以別人對他的使臣不够得當等爲藉口而進行戰爭。君主的榮耀和尊嚴是不能成爲發動戰爭的理由的，這是因爲，君主的榮

---

❷ 孟德斯鳩：《羅馬盛衰原因論》，頁 33。
❷ 同❷。

耀「就是他的自尊自大；是一種情慾，而不是合法的權利。」而如果「以君主的榮耀、尊嚴、功利等武斷的原則爲基礎的話，那麼大地上便將血流成河了❷。」因此，他勸導君主不要只考慮威勢的原則，而無視公正的原則。他說：

> 君主以威勢著稱，誠然可以增加他的國家的力量；然而君
>
> 主以公正著稱，同樣也會增加他的國家的力量。❷

孟德斯鳩關於不許殺戮俘虜的觀點，是特別值得注意的。他從人道主義觀點出發，堅決反對殺戮俘虜。他認爲，殺害俘虜是「不合道理的」。他說：「除了必要的場合，說戰爭准許殺戮是荒謬的。當一個人已經把另外一個人當了自己的奴隸，他便沒法說他曾有殺戮他的必要，因爲他實際上並沒有殺戮他。戰爭所可能給予的對待俘虜的全部權利，只是把俘虜看守起來，使他們不能繼續爲害而已。在激烈戰爭之後，由士兵對俘虜進行無情的屠殺，是世界各國（除了那些吃俘虜的民族而外。——孟德斯鳩原注）所唾棄的❷。」

孟德斯鳩關於「征服的權利」的論述也是很值得注意的。在這些論述中充滿了人道主義的精神。

孟德斯鳩說：「戰爭的權利產生征服的權利。」「征服是一種取得，取得的精神就包含著保存和使用的精神，而不是破壞的精神❷。」他認爲，按照我們今日遵行的國際法，征服國對待被

---

❷ 孟德斯鳩：《論法的精神》上冊，頁 138。

❷ 同❷。

❷ 同上書，頁 242。

❷ 同上書，頁 138。

征服國的方法應當是： 按照被征 服國原有的 法律繼續治理其國
家，而征服國則僅僅行使政治及民事方面的統治權。他堅決反對
把被征服國的公民全體殺絕。他認爲，征服者完全沒有殺人的權
利。他說：

> 顯然，在完成征服以後，征服者就不再有殺人的權利，因
> 爲他已不處於當時那種需要自衛和自保的情況了。㉚

他駁斥了一些公法學者的錯誤想法和錯誤結論，卽：「認爲征服
者有權利毀滅社會」和「有權利毀滅組成該社會的人」。他指
出：「這是一個由錯誤原則得出的錯誤結論」。他還指出，政
治家們從征服的殺人權利引伸出奴役的權利來，這也是沒有根據
的。「征服的目的是保存； 奴役絕不是征服的目的。」因此，
「永久性的奴役也是違背事理的。應當使被奴役的人民能够變成
臣民㉛。」「所以，把被征服人民降爲奴隸的征服者，應當經常保
留一些被征服的人民得以恢復自由的方法㉜。」

孟德斯鳩認爲，如果征服不是毀滅性的征服的話，那麼，征
服者的權利有時就可能給被征服的人民帶來一些好處，就是說，
「被征服民族可以得到一些好處」。爲甚麼？孟德斯鳩解釋道：
「被征服的國家通常都是法制廢弛的。腐化已經產生；法律已停
止執行；政府變成了壓迫者。……一個政府如果已經到了自己不
能進行改革的地步，人家把它改造一下，於它有何損失呢？如果

㉚　孟德斯鳩：《論法的精神》上册，頁 139。
㉛　同㉚。
㉜　同上書，頁 139-140。

一個被征服的國家的情況是，富人通過千種詭計，萬種技巧，在不知不覺間使用無數手段進行掠奪，而不幸的人們受著壓迫，噓吁嘆息，看到他們一向認爲弊害的東西已經成爲法律，並連感到壓迫都被認爲犯了錯誤，如果情況如此，我認爲征服者就應該把該國的一切都推翻掉，而首先以暴力對待那裏暗無天日的暴政㉝。」可見，孟德斯鳩是希望征服者能够替被征服的人民推翻暴政的。

然而，希望征服者給被征服者帶來好處的想法，只不過是出自孟德斯鳩這位人道主義者的善良願望的空想而已。一些嚴酷的歷史事實教育了他。他看到了並憤怒地譴責了西班牙殖民主義者對墨西哥人民犯下的種種慘無人道的罪行。他在《論法的精神》中寫道：「他們本來應該向墨西哥人傳佈一種慈悲的宗教，而他們卻把狂熱的迷信帶給墨西哥人。他們本來可以把奴隸變爲自由人，而他們卻把自由人變爲奴隸。他們本來可以教化墨西哥人破除祭祀時以人作貢獻的惡習，但他們不這樣做，反而屠殺了墨西哥人。如果我要把他們所沒有做的好事和做了的壞事全都說出來的話，那是永遠說不完的㉞。」他在《波斯人信札》中也強烈譴責了殖民主義者征服弱小民族的罪惡行徑。他指出：「如果被征服的人民已經消滅或失敗，征服乃是暴政的紀念碑㉟。」他極其憤怒地譴責了西班牙殖民主義者在美洲殖民時對印第安人所犯下的滅絕種族的滔天罪行。他把西班牙殖民者稱爲野蠻人。他寫道：「那些野蠻人所到之處，只見一個人口之多和歐洲各國人口

㉝ 孟德斯鳩：《論法的精神》上冊，頁 140-141。
㉞ 同上書，頁 141。
㉟ 孟德斯鳩：《波斯人信札》，頁 163。

總數不相上下的大民族，從地球上被消滅了；那些野蠻人，在
發現西印度羣島時，似乎只想替人類發現什麼是殘酷的最高階
段❸。」可見，征服者——殖民主義者對於被征服民族是欠有巨
債的。他們必須對自己所做的壞事進行補償。於是孟德斯鳩給
「征服的權利」下了這樣一個定義：

> 征服的權利是一種必要的、合法的而又是不幸的權利，這
> 種權利老是留給征服者一筆巨債，要他淸償對人性所加的
> 損害。❸

孟德斯鳩認爲，對於被征服民族的風俗習慣一定要採取尊重
的態度，除了那些極其惡劣的慘無人道的風俗習慣要加以禁止以
外，一般都要儘量加以保留。他說：

> 在征服地區，僅僅保留戰敗的民族的法律是不夠的；保留
> 他們的風俗也許更爲必要，因爲一個民族對自己的風俗總
> 是比對自己的法律更熟悉、更喜愛、更擁護。❸

征服者調戲婦女是最容易激起被征服民族的憤懣和反抗的。法蘭
西人之所以九次被逐出義大利，就是由於他們對婦女的粗野無
禮。孟德斯鳩說：「一個民族被迫忍受征服者的傲慢已是難堪，
還要加上他們的淫佚和輕率，那就更是無法忍受了❸。」

❸　孟德斯鳩：《波斯人信札》，頁 209。
❸　孟德斯鳩：《論法的精神》上册，頁 140-141。
❸　同上書，頁 145。
❸　同上書，頁 145。

孟德斯鳩高度贊揚迦太基的征服者西拉庫賽王——哲隆堅決廢除被征服民族的惡習的人道主義精神。他說：「我以爲歷史所載最高尙的和平條約莫過於哲隆要迦太基人廢除祭祀時殺子女作貢獻的習慣。這是何等可贊美的事！ 在打敗三十萬迦太基人以後， 哲隆要求一個僅僅有益於迦太基人的條件； 或是說得確切些， 他的訂約是爲了人類❹。」

在孟德斯鳩眼裏，馬其頓王亞歷山大不僅是一個天才的軍事統帥，而且是人類歷史上一個最偉大、最理想、最富有人道主義精神的征服者。他對亞歷山大消滅希臘長期的敵人和征服亞洲的計畫倍加贊賞。他認爲：亞歷山大的計畫之所以獲得成功，只是因爲它合理。亞歷山大的計畫是智慧的，而且執行的方式也是智慧的。他稱贊亞歷山大，說「他在迅疾的行動中，甚至在情緒激動的時候，都受到『理智的光輝』的指導❹。」

孟德斯鳩不但佩服亞歷山大的軍事才能，而且尤其贊賞他在所征服的地方執行的種種寬和明智的政策。「他反對那些主張把希臘人當作主人而把波斯人當作奴隸的人們；他只想把這兩個民族聯合起來， 並且把征服民族和被征服民族的界限消除。 在完成征服以後，他抛棄了他曾經利用作爲進行征服的理由的一切成見。他採用了波斯人的風俗，以免波斯人因須隨從希臘人的風俗而感到憂傷。他對大流士的妻子和母親那樣尊重，對自己的情慾那樣節制❹。」

孟德斯鳩指出：對於被征服民族，亞歷山大只要求他們對他

---

❹ 孟德斯鳩：《論法的精神》上册，頁 141-142。
❹ 同上書，頁 147。
❹ 同上書，頁 149。

效忠就行了，至於他們的風俗怎樣，這位征服者認爲是無關緊要的；對於他們的風俗習慣，他基本上是採取尊重保留態度的；但對其中一些最惡劣的陋習則加以禁止，例如，他禁止了大夏人把他們年老的父親餵大狗的習慣。孟德斯鳩歷數了征服者亞歷山大的一系列明智政策和優秀品質。他說：「他不僅允許被征服的人民保留他們的風俗，而且還保留他們的民事法規，常常甚至連他們原有的國王和總督也不更動。他用馬其頓人率領軍隊，用本地人當政府首長；他寧願冒個別人對他不忠誠的危險（這有時發生過）而不冒一般人叛亂的危險。他尊重各民族的舊傳統和一切光榮或虛榮的紀念物。波斯的國王們曾毀壞了希臘人、巴比倫人和埃及人的廟宇，他把它們重建了起來；向他屈服的民族中，很少民族的祭壇他沒有去供奉祭品的。彷彿他征服的目的只是要成爲每個國家的特殊君主，成爲每個城市的第一位公民而已。羅馬人的征服一切是要毀滅一切，他的征服一切是要保全一切；不論經過哪一個國家，他首先想的，首先計畫的，總是應該做些什麼來增進那個國家的繁榮和強盛。他所以能夠達到這個目的，第一，是由於他偉大的天才；第二，是由於他的儉樸和對私事的節約；第三，是由於他在重要事情上揮金如土。他的手對於私人的開支握得很緊；而對於公共開支則放得極寬❸。」

　　孟德斯鳩非常贊賞亞歷山大所採取的征服民族與被征服民族通婚的方法。他寫道：「沒有比用通婚的方法把兩個民族連結起來更能鞏固征服的成果的。亞歷山大從他所征服的民族中挑選他的嬪妃，並且要他的朝臣也如此；其他的馬其頓人都仿效這個榜

---

❸　孟德斯鳩：《論法的精神》上冊，頁 150-151。

樣❹。」

孟德斯鳩雖然如此高度評價亞歷山大，但他並沒有把他加以神化。他認爲亞歷山大也犯有錯誤。他只是把他看作是一個犯有錯誤而又敢於承認錯誤，並因此而顯得更加偉大的征服者。他寫道：「他做過兩件壞事： 他燒燬了百泄波里， 他殺死了克里圖斯。二者都因爲他的懺悔而出名。所以人們忘記他的罪行，而懷念他對品德的尊崇；把二者視爲不幸事件，而不視爲屬於他個人的行爲；後世的人幾乎就在他的感情激動和弱點的近旁發現他靈魂的美；人們覺得應該惋惜他，而不應該憎恨他❺。」

孟德斯鳩認爲，亞歷山大在他所征服的地方執行的政策是得人心的，他本人的高尚品格是受人尊敬的，而這些對於保持住他在這些地方的統治是極有好處的。他征服了被征服民族的人心。因此，「當他逝世時，所有被他征服的各民族都哀悼他。」孟德斯鳩深有感慨地說： 「這是怎樣的一個征服者呢？被他推翻的王室也曾爲他的死落淚；這又是怎樣的一個篡奪者呢？這是他生命中的一個事蹟；歷史家們從沒有告訴過我們還有其他征服者能够以這種事蹟自詡❻。」

應該說，孟德斯鳩對於亞歷山大大帝的評價是比較全面系統的，基本上符合歷史事實。他是近代思想家中最先給亞歷山大以公道評斷的人。

孟德斯鳩極其贊賞清朝統治中國的方法。他認爲，征服中國的清朝統治者所採取的是一種 「新方法」， 是 「一個極好的辦

---

❹　孟德斯鳩：《論法的精神》上册，頁 149。
❺　同上書，頁 151。
❻　同上書，頁 149。

法，既可以緩和專制主義，又利於保持征服地。」這個統治辦法
就是：「爲了不使被征服的人民覺得沮喪，不使勝利者傲慢，爲
了防止政府軍事化，並使兩個民族各守本分起見，現在統治中國
的韃靼皇室規定各省的每支軍隊都要由漢滿人各半組成，這樣，
兩個民族間的妬忌心便得到約束。法院也是漢滿人參半。這就產
生了幾種良好效果：㈠兩個民族互相鉗制；㈡兩個民族都保有軍
事和民政的權力，誰也不能把誰毀滅；㈢征服民族能够到處擴張
而不致變弱或滅亡，能够應付內戰或對外戰爭❹。」孟德斯鳩認
爲，這是一個很明智的制度。「缺乏這樣一個制度，幾乎就是一
切征服者敗亡的原因❹。」此外，孟德斯鳩還注意到了清朝統治
中國的另一個極其重要的辦法，這就是：「中國皇帝身邊常常有
一支很大的韃靼軍隊，以備緊急時調遣。」這些軍隊是一支特別
忠誠的軍隊，它們「隨時可以去平定帝國中發生動亂的地方。」
同時，「這些特殊軍隊威懾著一般的軍隊❹。」

　　孟德斯鳩對歐洲各君主國的軍備競賽和擴軍備戰極其不滿，
並對之進行了猛烈的抨擊。他說，歐洲的一些君主們得了一種傳
染病——擴軍，「他們覺得非維持過分龐大的軍隊不可。當病情
加劇，勢必傳染，因爲一國增加它的所謂部隊時，他國便也立卽
增加它的部隊，結局各國將一無所得而同歸於毀滅。每個君主盡
量養兵，常備部隊裏各兵種都有，彷彿他的人民已遭遇到絕滅的
危險。人們把這種『人人竭力反對人人』的狀態叫做和平❺。」
孟德斯鳩指出，這種軍備競賽的惡果就是民窮財盡，國庫空虛，

❹　孟德斯鳩：《論法的精神》上册，頁 151-152。

❹　同上書，頁 152。

❹　同❹。

❺　同上書，頁 223。

以及「無盡期地增加賦稅」。很明顯，孟德斯鳩在這裏主要是把喜歡窮兵黷武，妄圖稱霸歐洲的法國國王路易十四作爲攻擊目標的。

孟德斯鳩反對利用科學技術來製造滅絕人類的大規模殺人武器的觀點，是特別值得注意的。他非常重視科學技術，認爲它對人民生活有著重要意義。他認爲，科學技術的喪失，必然會使人類引向野蠻和不幸。同時，他也看到了有人利用科學技術發明來爲戰爭和開拓殖民地服務這個事實，而且他並不排除有這樣一種可能性，卽：有人會發明一種能够「置眾人於死地，整個地摧毀一切民族，和一切國家」的武器。孟德斯鳩作爲一位人道主義者和和平愛好者，是堅決反對使用這種武器的。而且，他非常樂觀地指出：「這樣萬惡的發明一朝出現，它將迅速遭受人權的禁止，由於各國一致同意，這發明將被埋葬[51]。」同時他還指出，用這種途徑從事征服，對君主們來說也是沒有絲毫利益的，因爲「他們尋求的，應當是百姓，而不是赤地千里[52]。」孟德斯鳩早在二百多年前就發表了如此具有遠見卓識的論斷，該是多麼的難能可貴啊!

孟德斯鳩關於國際法的思想也是值得注意的。鑒於地球上存在國與國之間的戰爭這一社會現象，孟德斯鳩談到了國際法的問題。他認爲，世界各國人民之間是應該有法律的，卽是說，應該有國際法。他給國際法下了一個定義：「國際法是國家與國家相互關係的政治性法律[53]。」他認爲:

---

[51] 孟德斯鳩:《波斯人信札》，頁 181。
[52] 同[51]。
[53] 孟德斯鳩:《論法的精神》上册，頁 137。

> 國際法是自然地建立在這個原則上的，就是：各國在和平
> 的時候應當儘量謀求彼此福利的增進；在戰爭的時候應在
> 不損害自己眞正利益的範圍內，儘量減少破壞。❺❹

可見，孟德斯鳩的國際法原則貫穿著一個極其重要的思想，卽：
各國人民和平友好的思想。

孟德斯鳩是一位和平的愛好者，和平的捍衛者。他呼籲和
平，要求征服者對被征服者「保證和平，並補救征服所造成的錯
誤。」他強調和平條約的神聖性和捍衛和平的必要性。他說：

> 和平條約對於人類如此神聖，就像是大自然的呼聲，大自
> 然在爭取它的權利。如果和平的條件使兩國人民能夠生
> 存，這樣的和平條約都是合法的；否則，訂約的兩個社會
> 之中，那個走上絕路的社會，既被剝奪了通過和平的自然
> 保障，難免訴諸戰爭。❺❺

孟德斯鳩相信，以大無畏精神進行反侵略戰爭的小國，是可以打
破發動侵略戰爭的大國的，「因爲，大自然既然在人間造成不同
程度的強弱，也常用破釜沉舟的鬥爭，使弱者不亞於強者❺❻。」
總之，孟德斯鳩不僅是一位堅決反對以掠奪財物和擴張領土
爲目的的侵略戰爭、殖民戰爭的正直學者，而且是一個主張各國
人民和平相處、友好往來，維護世界和平的光榮戰士。他關於戰

---

❺❹ 孟德斯鳩：《論法的精神》上册，頁 5。
❺❺ 孟德斯鳩：《波斯人信札》，頁 163-164。
❺❻ 同上書，頁 164。

爭與和平的觀點，充滿人道主義精神，包含有許多合理因素。它不僅具有不可磨滅的重要歷史意義，而且對我們時代也具有重大的現實意義。正是由於這樣一些原因，世界和平理事會曾於1955 年作出決定，紀念這位世界文化名人、偉大的啟蒙思想家逝世 200 周年。

第八章　經濟思想

　　作爲法國新興資產階級的代表，孟德斯鳩對經濟問題是非常
重視的。在他的著作中，尤其是在《論法的精神》中，包含有
不少經濟思想。他不僅對法國經濟制度上的弊端進行了揭露和抨
擊，而且針對當時已經陷於崩毀邊緣、民窮財盡的法國經濟狀
況，提出了改革經濟的主張和理論。在經濟學說史上，他是「貨
幣數量論」的代表人物之一。

　　孟德斯鳩認爲，勞動是財富的源泉。他強調勞動致富。他
說：「大自然對人類是公道的。它按照人類的勞苦給與酬報。它
以較大的報酬給與較大的勞動，它就這樣鼓勵人類勤勞❶。」他
堅決批判了所謂「要人民勤勞，就必須征重稅」的謬論。他指
出：「說重稅本身是好的這種推理法是笨拙的。」國家對勞動者
征重稅必然會影響人們的勞動生產積極性，不利於生產的發展。
「如果專制的權力把大自然的報酬奪走的話，人們便憎厭勞動，
而怠惰便彷彿是唯一的幸福了❷。」因此，孟德斯鳩認爲，對公
民征收較少的賦稅，對於窮國來說，往往是害少利多。政府的政
策應該是減輕賦稅，先富民，後富國，從而達到民富國強。他這

---

❶　孟德斯鳩：《論法的精神》上冊，頁 214。
❷　同❶。

樣地論證道:

> 如果一些公民納稅較少，害處不會太大。他們的富裕常常
> 會反過來富裕公家。如果有一些人納稅太多，他們的破產
> 將有害於公家。如果國家把自己的財富和個人的財富的關
> 係調濟得相稱適宜的話，則個人的富裕將很快增加國家的
> 富裕。一切要看在這些關鍵的問題上作如何抉擇。國家
> 應該通過使國民貧困的手段來先使自己致富呢？還是等待
> 國民富裕後再由國民來富裕國家呢？國家要的是第一種好
> 處還是第二種好處呢？國家願意以富始呢？還是以富終
> 呢？ ❸

應該說，孟德斯鳩在這裏表述的先富民、後富國的思想，是很重
要的，非常值得重視的。

孟德斯鳩以其敏銳的眼光看到了「利益」在世界上，尤其是
在資本主義社會中所起的重大作用，把它提到人類社會最高統治
者的地位。他說：「利益是地球上最大的君主。」他給我們描繪
了一幅資本主義社會中人們爲積累財富而拼命操勞的生動圖畫：
「這種勞動熱情，和這種發財的狂熱，從這一社會階層發展到另
一階層，從手藝工匠直到大人先生。誰也不願意比他剛剛看見
的、緊接著排在他下面的那個人更窮。在巴黎你看見一個人，財
產足夠生活到裁判之日（即基督教《聖經》中所謂「最後的裁
判」，意即世界之末日。──原注），還在不停地勞動，冒著縮

---

❸ 孟德斯鳩：《論法的精神》上册，頁 216-217。

短生命之險，在那裏積累他所謂糊口之資❹。」

　　孟德斯鳩作爲新興資產階級的代表，是極其注意發展生產的。他很贊賞那種「鼓勵勤勞的方法」。例如，他說：「在歐洲的南部，人民重榮譽，所以把獎賞給予農業上優秀的農民，或是給予曾經推進了工業的工人，這是好的做法❺。」他指出：這種做法在愛爾蘭已獲得成功，它「已使愛爾蘭建立起歐洲最大規模的麻織工業之一❻。」他預言這種方法將會在一切國家獲得成功。孟德斯鳩很贊賞中國皇帝鼓勵農耕的做法。他說：「中國皇帝每年有一次親耕的儀式。這種公開而隆重的儀式的目的是要鼓勵人民從事耕耘❼。」「不但如此，中國皇帝每年都要知道誰是耕種上最優秀的農民，並且給他八品官做❽。」孟德斯鳩稱這種鼓勵農耕的做法是「中國的良好風俗」。

　　孟德斯鳩特別重視發展工業。在他看來，「工業」（主要是指手工業）在國民經濟中起著比農業更爲重要的作用，工藝對人民生活有著比農業更爲重要的意義。這是因爲，工藝的收入要比農業的收入大得多。因此，一個國家如果只注重農業，不注重工藝，那它只能成爲世界上最貧困的國家之一。他寫道：「我設想在某王國內，人們只許可土地耕作所絕對必要的藝術存在——雖然土地爲數甚廣；同時排斥一切僅僅爲官能享受與幻想服務的藝術；我可以說：這國家將成爲世界上最貧困的國家之一❾。」

---

❹　孟德斯鳩：《波斯人信札》，頁 182。
❺　孟德斯鳩：《論法的精神》上冊，頁 234。
❻　同❺。
❼　同上書，頁 233。
❽　同❼。
❾　孟德斯鳩：《波斯人信札》，頁 183。

「卽使居民有足夠的勇氣，能捨棄許多必需的事物，民生必日漸
凋敝，國家也削弱到這種程度，以致任何小邦可以征服它❿。」

「……在上述情況下，個人的收入將幾乎絕對涸竭，因此之故，
君主的收入也是一樣。公民之間，將幾乎沒有經濟關係；由於各
行各藝互相隸屬而產生的錢財的流轉與收入的增進，亦將終止；
各人將依靠自己的土地生活，而土地的生息，將只夠他免爲餓
莩⓫。」可見，在孟德斯鳩看來，農業只能解決人民羣衆的溫飽
問題。但是除了溫飽之外，人民羣衆還有更多的生活需要。只有
工業（卽所謂的「工藝」）才能滿足他們多種多樣的物質文化需
要，使他們過著豐富多彩的富裕生活。因此，孟德斯鳩告誡統治
者說：「如果要君主強大，必須使百姓生活在無上的歡樂之中；
君主必須設法使百姓得到各種各樣的奢侈品，和生活必需品一樣
地加以注意⓬。」

　　在孟德斯鳩看來，一個理想的國家，固然應當發展農業，尤
其是工商業，增加財富，使人民過著富裕的生活，但這還不夠，
它同時還必須重視道德，必須使人民具有高尚的道德水平。只有
這樣的國家的人民才是幸福的人民。在《波斯人信札》中，孟德
斯鳩在談到穴居人已認識到「有建立商業和工藝的必要」之後，
他借穴居人的國王之口說：

　　　　穴居人，財富將進入你們的家室；但是，我向你們宣告，
　　　如果你們德行失墮，你們將成爲世界上最不幸的人民之

---

❿　孟德斯鳩：《波斯人信札》，頁 183。
⓫　同❿。
⓬　同❿。

一。 ⓭

穴居人的這位國王是堅決反對「輕美德而重財富」的。

　　孟德斯鳩作爲新興資產階級的思想家，他是提倡勤勞、儉樸，反對好逸惡勞、奢侈浪費的。他在自己的著作中曾就這方面的問題闡發了許多精闢的論斷。

　　他認爲，「愛儉樸」是實行民主政治的共和國的國民應當具有的美德。共和國的國民是以儉樸爲樂的。因爲，在共和國裏，

> 每一個人既然都應該有同樣的幸福和同樣的利益，那麼也
> 就應該享受同樣的快樂，抱有同樣的希望。這種情況，如
> 果沒有普遍的儉樸，是不可能達到的。 ⓮

同時，由於民主國的國民都是以平等的地位爲國家服務的，所以每個國民的社會地位都應該是平等的。因此，孟德斯鳩主張把「愛平等和愛儉樸」訂入法律。他說：「當一個社會把平等和儉樸規定在法律裏的時候，平等和儉樸本身就能够大大地激起對平等和儉樸的愛⓯。」這種法律對於那些喜歡逸樂奢侈的人就能起到束縛作用，因爲，那些被逸樂所腐化的人們是不會喜愛儉樸生活的；那些羨慕或贊賞別人的奢華的人們，也是不會喜愛儉樸的。

　　孟德斯鳩還把儉樸同財富的平等聯繫起來。他說：「財富的

⓭　孟德斯鳩：《波斯人信札》，頁 282。
⓮　孟德斯鳩：《論法的精神》上册，頁 41。
⓯　同上書，頁 42。

平等保持著儉樸；而儉樸保持著財富的平等。」在他看來，儉樸
與財富的平等是互爲因果的：「要是民主政治失掉了其中的一
個，則其他的一個也必跟著消失。」孟德斯鳩認爲，一個「以經
營貿易爲基礎」的民主國家，「個人有巨大財富而風俗並不變
壞」的可能性是存在的，「這是因爲貿易的精神自然地帶著儉
樸、節約、勤勞、謹愼、安分、秩序和紀律的精神。這種精神存
在一天，它所獲得的財富就一天不會產生壞的效果⑯。」但是，
「當過多的財富破壞了這個貿易的精神的時候，害處便來了；一
向沒人感覺到的不平等的紛亂，便產生出來，並立即爲人們所看
到⑰。」那麼，要怎樣才能維持這種貿易的精神？孟德斯鳩認
爲，「應該由重要的公民親身經營貿易」，從而使這種精神佔統
治地位，並應該由全部法律加以維護。這些法律應該隨著貿易的
增加，來進行財富的分配，使每一個貧窮的公民都能獲得相當寬
裕的生活，都可以和別人同樣地工作。這些法律還「應該使每個
有錢的公民的生活維持中等水平，使他不能不用勞動去保持或取
得財富⑱。」孟德斯鳩還認爲，在經營貿易的共和國裏，法律應
該規定把父親的遺產平均分給所有的子女。因爲，這就可以造成
這樣一個結果，卽：「無論父親曾有多大的財富，他的子女都不
能像他那樣富有，因此便不得不避免奢侈，像他們的父親一樣地
工作⑲。」就是說，這些子女只能勤儉持家，靠勞動來過較爲寬
裕的日子。

　　孟德斯鳩指出：在君主和專制的國家裏生活的人們是不會喜

⑯　孟德斯鳩：《論法的精神》上册，頁 46。
⑰　同上書，頁 46-47。
⑱　同上書，頁 47。
⑲　同上書，頁 47。

愛儉樸的，相反地，他們都以奢侈逸樂爲榮。在這樣的國家裏，根本沒有人渴慕平等，人們的頭腦裏也根本沒有平等的觀念。「大家都希望出類拔萃。就是出身最卑微的人們也希望脫離他原來的境地，而成爲別人的主人[20]。」

孟德斯鳩認爲：奢侈是和財富的不均緊密相聯的，二者「永遠是成正比例的」。如果全國的財富都分配得很平均的話，那便沒有奢侈了。因爲，「奢侈只是從他人的勞動中獲取安樂而已[21]。」

因此，在一個財富平均的共和國裏，是不可能有奢侈的。孟德斯鳩認爲，財富分配的均等正是共和政體的優點。「一個共和國，奢侈越少，便越完善。」如果奢侈之風在共和國裏盛行起來的話，那麼，人心也就會隨著轉向私人利益，而「一個被奢華腐蝕了的靈魂，它的慾望是很多的，它很快就成爲拘束它的法律的敵人[22]。」孟德斯鳩舉出古羅馬的例子深有感慨地說：

> ……羅馬人一腐化，慾望立即變得漫無邊際。……在一個急趨腐化的情況下，人人都傾向於奢侈淫佚的時候，還有什麼品德可說呢？ [23]

古代的羅馬共和國正是由於奢侈成風、道德淪喪而遭到覆亡的命運的。因此，孟德斯鳩得出了「共和國亡於奢華」的結論。

與共和國的情況相反，在君主國和在專制國家奢侈都是必要

---

[20] 孟德斯鳩：《論法的精神》上册，頁 42。
[21] 同上書，頁 96。
[22] 同上書，頁 98。
[23] 同上書，頁 98。

的。這是因爲，在這兩種國家裏，財富的分配都是很不平均的。
它們的區別僅僅在於：

> 在君主國，奢侈是人們享受他們從自由所得到的東西；
> 在專制國家，奢侈是人們濫用他們從奴役中所得到的好
> 處。㉔

孟德斯鳩強調說：「奢侈對於君主政體特別合適。」君主政
體是不需要節儉的法律的。因爲，在君主政體下，貧富極端懸
殊，「要是有錢人不揮霍的話，窮人便要餓死。」因此，在君主
國裏，「財富越不均，富裕的人們的花費就應該越大，……奢侈
也應該按這個比例增加㉕。」孟德斯鳩富於正義感地指出：富人
的財富是通過剝奪了窮人的生活必需品才增加的，因此，「必須
把剝奪的東西歸還他們㉖。」

關於節儉和奢侈的問題，孟德斯鳩得出了一個一般性的結
論：窮國要講節儉——「相對的節儉」，富國要講奢侈——「相
對的奢侈」。他寫道：「一般地說：一個國家越窮，它的『相對
的奢侈』便越能摧毀它，因此它便越需要『相對的節儉法律』。
一個國家越富，它的『相對的奢侈』便將使它更富，因此，它應
該特別謹愼，不要製定『相對的節儉法律』㉗。」孟德斯鳩是反
對絕對意義上的節儉和奢侈的。因爲前者就是吝嗇，後者就是浪

㉔　孟德斯鳩：《論法的精神》上册，頁 100。
㉕　同上書，頁 99。
㉖　同㉕。
㉗　同上書，頁 101。

費。所以他說:「吝嗇與浪費應當同樣地加以斥責㉘。」

我們在這裏不妨談一下孟德斯鳩有關中國的論述。他認為:中國地少人多,「奢侈是有害的」。當時的中國雖然不是共和國,但它也應當和任何共和國一樣,「必須有勤勞和儉約的精神。人們需要從事必需的工藝,而避免供人享樂的工藝㉙。」孟德斯鳩還很好地總結了中國的歷史教訓,指出了中國統治者因奢侈而必然產生的惡劣後果。

孟德斯鳩在經濟學說史上是佔有一席地位的,他是「貨幣數量論」的代表人物之一。他的「貨幣數量論」是在《論法的精神》第 22 章中加以闡述的。他認為:「貨幣是一種標記,代表一切商品的價值㉚。」貨幣的總量對於商品的價值起著決定性的作用。他在談到商品價格是怎樣確定的這個問題時說:「物價的建立在基本上總是依據物品的總數和標記的總數的比例㉛。」孟德斯鳩的「貨幣數量論」是直接反對重金主義和重商主義學說體系的。他和另一個貨幣數量論者大衛・休謨(1711～1770)一樣,是反對銀行的發行,而且是反對以紙幣發行為基礎的信用的。他們對於銀行的見解,是跟約翰・勞(John Law, 1671～1720)的見解直接處於對立地位的:約翰・勞過分重視了銀行的作用,而孟德斯鳩和休謨則太輕視了銀行的作用。

我們知道,約翰・勞是重商主義崩潰時代獨樹一幟的人物之一,是現代的資產階級庸俗信用論的創始人。他把信用神化了,把信用看作是一種「創造資本」的力量;他以為,由於紙幣是銀

㉘ 孟德斯鳩:《波斯人信札》,頁 282。
㉙ 孟德斯鳩:《論法的精神》上冊,頁 103。
㉚ 同上書,頁 77。
㉛ 同上書,頁 82。

行發行的，銀行就能夠創造貨幣和財富，而銀行也成了整個國民經濟的原動力和創造力。於是在他當了法國財政大臣之後，爲了醫治百孔千瘡的財政，他便採取開設銀行，濫發紙幣的辦法，這就是所謂「勞氏制度」。在紙幣發行之初，的確曾在短期內使商業活躍起來，可是很快就引起通貨膨脹，財政紊亂，致使法國經濟陷於破產狀態。可見，正是這種過分強調銀行作用的錯誤理論，才使他的實踐碰壁了。而他的理論體系本身也就連同他根據這個理論體系所創立的銀行一起破產了。

　　孟德斯鳩對於約翰・勞進行了猛烈的抨擊。例如，在《波斯人信札》第 138 封信中，他借一位波斯人之口，用譏諷的口吻，批評了路易十四的幾個大臣，尤其是後來的約翰・勞。他寫道：「先王（指路易十四。——引者注）逝世之日，法國是一個百病叢生的身體。N（指納埃衣公爵（duc de Noaille），他主持內閣財政會議，直到 1718 年 1 月 28 日。——引者注）手執利刃，切削廢肌腐肉，並且塗上一些頭痛醫頭、腳痛治腳的藥膏。可是剩下一種內疾，有待治療。來了一個外國人（指約翰・勞。——引者注），著手治療工作。用了許多猛烈藥劑以後，他以爲已使法國恢復了豐腴，實際僅僅使法國腫脹❸。」「半年以前的富人，目前均在貧困中；而過去沒有麵包的人，今天卻財富用之不盡。……許多人發了意外的橫財……❸」，成了新暴發戶。這裏指的是約翰・勞所制定的關於整頓貨幣和財政的「制度」卽所謂「勞氏制度」及其惡果：他開設銀行，濫發紙幣，致使法國金融紊亂，貨幣貶值，狡黠者投機取巧，往往暴富，也有些人因爲不善

❸　孟德斯鳩：《波斯人信札》，頁 239-240。
❸　同上書，頁 240。

於經營而在旦夕之間遭到破產。在《波斯人信札》第 145 封信中，孟德斯鳩再次猛烈抨擊了約翰·勞，他說：由於這位財政大臣的「惡劣榜樣，頃刻之間，從最普通的百姓直到權貴大員，全部腐化惡化❸。」「腐蝕全國風俗、使最慷慨的靈魂墮落、使高尚的身分黯然失色、使道德本身成爲黑暗、使最高貴的家世混雜在眾人唾棄的末流之中──這些作爲，全是一個大臣的罪行，能有比這更大的罪行嗎❸？」

應該說，孟德斯鳩對約翰·勞的抨擊、譏諷以至責罵，都是以歷史事實爲依據的。如同上面所述，約翰·勞的理論和實踐都徹底破產了。同時應該看到，孟德斯鳩對約翰·勞的批判，乃是他同法國封建統治階級作鬥爭的一個組成部分。

孟德斯鳩非常注意商業問題和流通問題。他特別強調商業在資本主義發展中的作用，他認爲，國內外貿易的發展對於一個國家的強與弱、富與貧起著決定性的作用。他非常贊賞英國人的貿易精神，說他們比其他民族更善於做生意。他非常贊賞英國政府實行的宗教寬容、重商和政治自由的政策，尤其是扶植商業的政策。他說：別的國家是爲了政治的利益而犧牲商務的利益；而英國卻總是爲了商務的利益而犧牲政治的利益。英國是「世界上最能夠同時以宗教、貿易和自由這三種偉大的事業自負的民族❸。」孟德斯鳩認爲，英國之所以富強的根本原因就在於此。

在孟德斯鳩看來，貿易是互通有無的結果。由於各民族居住地區氣候的不同，各民族也就非常需要彼此的貨物。於是便有了

❸ 孟德斯鳩：《波斯人信札》，頁 261。
❸ 同上書，頁 262。
❸ 孟德斯鳩：《論法的精神》下冊，頁 19。

貿易。如果完全沒有貿易，那就會產生搶劫。而「貿易的本質就是使多餘的東西變成有用的東西，又使有用的東西變成必需的東西[37]。」可見，商業貿易是與善良的風俗緊密地聯繫在一起的。

> 商業能夠治療破壞性的偏見。因此，哪裏有善良的風俗，哪裏就有商業。哪裏有商業，哪裏就有善良的風俗。這幾乎是一條普遍的規律。[38]

孟德斯鳩認為，貿易使每個地方都能够認識到各國的風俗，從而進行比較，並由此而得到巨大的好處。因此，他堅決反對封建的閉關自守政策，非常重視發展對外貿易。他說：「一個國家如果沒有重大的理由不應排除任何國家同自己通商。這是一條眞正的準則[39]。」他認為，發展互通有無、平等互利的國際貿易，有利於在各國人民之間建立和平友好的關係。

> 貿易的自然結果就是和平。兩個國家之間有了貿易，就彼此互相依存。如果此方由買進獲利，則彼方由賣出獲利，彼此間的一切結合是以相互的需要為基礎的。[40]

孟德斯鳩以其敏銳的目光清醒地看到，貿易對於風俗的影響是多方面的，既有積極的影響，又有消極的影響。它既可以使野蠻的風俗日趨典雅與溫厚，又可以破壞純良的風俗，使之日趨腐

---

[37]　孟德斯鳩：《論法的精神》下册，頁 28。
[38]　同上書，頁 14。
[39]　同上書，頁 20。
[40]　同上書，頁 14-15。

敗。他看到了資本主義商業的發展，把人與人之間的一切關係，都變成了赤裸裸的金錢關係這個冷酷的現實。他十分深刻而又尖銳地指出：「但是，雖然貿易的精神把不同國家連結起來，它卻並不以相同的方式連結個人。我們看到，在貿易的精神旺盛的國家（指當時的荷蘭。——引者注），一切人道的行為、一切道德的品質全都成為買賣的東西。做人道所要求的最微小的事情也都是為著金錢❹。」「貿易的精神在人們的思想中產生一精確的公道的觀念。這個觀念在一方面和搶劫的觀念勢不兩立，在另一方面同某些道德的觀念極不相容。這些道德認為，一個人不必總是斤斤計較自己的利益，盡可以為著別人的利益而忽略自己的利益❷。」這就是說，那些浸透了「貿易的精神」的人們，固然不會幹明火執仗的搶劫勾當，但他們也絕不會做出見義勇為、公而忘私的事情來的。

孟德斯鳩認為，貿易和政制是有關係的。

> 在君主統治的政體下，貿易通常建立在奢侈的基礎上，雖然那裏的貿易也以實際的需要為基礎，但是貿易的主要目的卻是為貿易國獲取一切能為它的虛驕逸樂和奇思妙想服務的東西。❸

而在多人統治的共和政體下，

> 貿易通常建立在節儉的基礎上。那裏的商人把眼睛注視著

❹ 孟德斯鳩：《論法的精神》下冊，頁 15。
❷ 同❹。
❸ 同上書，頁 16。

地球上的一切國家，他們把從一個國家得到的貨物運給另一個國家。㊹

孟德斯鳩認爲，「貿易上的巨大事業不適合於君主國。」因爲「在君主國裏，商人通常對公共事業抱著懷疑的態度。」但是貿易上的巨大事業卻適合於「多人統治的政體」即共和政體的國家。因爲，「在共和國裏公共事業就似乎受到信任。」在共和國裏，「人們相信他們的財產極爲安全，這使他們什麼都去經營。人們對所獲得的東西相信是安全的，他們就敢於拋出資財，以取得更多的資財；他們除了在取得的手段方面要冒些風險而外，並不需要任何冒險。因此人人都渴望發財致富㊺。」可見，這裏的關鍵就在於要使商人對自己的財產有安全感，要使他們敢於放手經營，以獲取更多的資財。

孟德斯鳩是主張貿易自由的。但他認爲，貿易的自由並不是商人一種爲所欲爲的權利。即使是在自由的國家裏，也要從國家利益出發對商人進行種種必要的限制。他在舉了英國的例子之後說：「英國限制了商人，但卻有利於貿易。」在他看來，從國家的利益出發，征收關稅是完全必要的，理所當然的。

哪裏有貿易，哪裏就有稅關。貿易的目的是爲著國家的利益進行商品的輸出與輸入；稅關的目的是取得支配商品的輸出與輸入的某種權利，這也是爲著國家的利益。因此，國家居於貿易與稅關之間，應該不偏不倚，應該使二者不

㊹　孟德斯鳩：《論法的精神》下册，頁 16。
㊺　同上書，頁 17。

相抵觸，從而使人們享有貿易的自由。❹

　　孟德斯鳩堅決反對包稅，主張由國家直接徵稅。他認爲，國家直接徵稅最有利於君民。「直接徵稅是一個好父親的管家辦法。他親身去收租，既不糜費，又不紊亂❹。」孟德斯鳩極其痛恨法國大革命前替封建君主包徵全國某些賦稅的代辦人——包稅商。因爲，這種人不僅充當專制政府的爪牙，殘酷壓榨人民，而且從中自肥，富甲天下。「比有錢，他在眾人之上；比出身，他在眾人之下。」這種人毫無敎養，傲慢無禮。因此，這種毫無良心的傢伙，是當時人民羣眾最爲憎恨的對象之一❹。孟德斯鳩猛烈抨擊包稅人，指責他們採取種種卑劣手段阻礙貿易的發展，破壞貿易自由。他指出：「包攬關稅的人們，由於他們的不公道、橫暴、過高的抽稅，結果破壞了貿易。除此之外，他們所製造的困難，所要求的手續，使貿易受到更大的破壞❹。」孟德斯鳩盛讚英國的關稅制度，說它有利於貿易的發展：「在英國，關稅由官府辦理，經商便利非常，只要寫一個字，最大的事就辦成了；商人無須枉費無窮無盡的時間，也不需要特別的伙計，去免除或承受包稅人所給與的一切困難❺。」

　　孟德斯鳩是反對貴族經商的。他認爲：法律「應該禁止貴族經營商業。因爲這種有資財的商人，將會壟斷一切貿易❺。」而

---

❹ 孟德斯鳩：《論法的精神》下冊，頁 22。
❹ 孟德斯鳩：《論法的精神》上冊，頁 224-225。
❹ 見孟德斯鳩：《波斯人信札》，頁 77。
❹ 孟德斯鳩：《論法的精神》下冊，頁 22。
❺ 同❹。
❺ 孟德斯鳩：《論法的精神》上冊，頁 52-53。

貿易乃是一些平等的人們之間的職業。「貴族經商也違背君主國
的精神。英國准許貴族經商，是該國的君主政體受到削弱的最重
要的因素之一❺。」他非常贊賞法國所實行的不許貴族經商的做
法。他說，如果法國也准許貴族經商，那不但對貿易毫無裨益，
而且是毀滅貴族的手段。他認爲，法國的下述做法是明智的，這
就是：「商人裏面沒有貴族，但是可以成爲貴族，商人有取得貴
族資格的希望，而且在實際上又沒有障礙❺。」商人要想離開商
業，最穩妥的辦法就是：盡自己最大的能力「把商業搞好或是搞
得名譽善良。」他說：「我認爲，如果一個人在某一職業搞出
卓越成績，就有希望升入另一職業的話，他將會把業務搞得更
好❺。」「金錢既能够讓人取得貴族的身分，這就大大鼓勵商人
們努力去創造獲得這種身分的條件❺。」這裏值得注意的是：孟
德斯鳩的這些以發展資本主義商業爲出發點的論斷，卻打上了他
那「長袍貴族」出身的階級印記。在他看來，似乎商人是理當把
獲得貴族身分作爲自己的奮鬥目標的。

　　最後，孟德斯鳩對於私有財產的看法也是值得一提的。他認
爲，私有財產是人類的自然權利。他強調私有財產神聖不可侵
犯。這是針對天主教會和封建統治階級對私有財產強取豪奪而提
出來的。這是典型的具有反封建色彩的資產階級理論。

　　綜上所述，孟德斯鳩的經濟思想，尤其是關於貿易問題的思
想，是 18 世紀法國資本主義經濟日益發展的產物，它反映了 18
世紀上半葉法國新興資產階級力圖擺脫封建桎梏，發展資本主義

❺　孟德斯鳩：《論法的精神》下册，頁 26。
❺　同❺。
❺　同上書，頁 26。
❺　同❺。

工商業的迫切要求。它也是孟德斯鳩反對封建專制主義思想的一個重要組成部分，在法國歷史上是起過進步作用的。其中所包含的許多合理因素，對我們今天仍然具有重要意義，是值得我們認眞思考的。

第九章　人道主義思想

　　孟德斯鳩是資產階級早期的人道主義思想的代表之一。他的人道主義思想，是在《波斯人信札》和《論法的精神》這兩部主要著作中得到闡述的。他的人道主義思想主要表現在：反對和譴責奴隸制度；反對對黑人的奴役和迫害；反對和譴責西班牙殖民主義者對殖民地人民所採取的奴役和屠殺的暴政；反對迫害猶太人；反對戰爭，主張全人類和睦相處；反對歧視婦女，主張男女平等；反對和譴責封建專制主義；反對和譴責天主教會迫害異教徒的罪行；等等。

　　孟德斯鳩之所以反對和譴責上述種種社會現象，這是由於它們不僅違背自然法，而且違背人為法，因而是不人道的。我們在前面曾經講過，在孟德斯鳩看來，當人類還處在自然狀態的情況下，他們所接受的是下面四條自然法：（1）和平；（2）尋找食物；（3）相互之間經常存在著的自然的愛慕；（4）過社會生活的願望。而當人類根據這四條自然法組成社會之後，他們就不再依賴自然法，而依賴人為法亦即社會法了。無論是人類的自然法還是社會法（國際法、政治法和民法），都是「人類的理性」的體現。

　　孟德斯鳩認為，人是生而平等的。

在原始時代，人一生出來就都是眞正平等的，但是這種平
等是不能繼續下去的；社會讓人們失掉了平等，只有通過
法律才能恢復平等。❶

孟德斯鳩把平等看作是自然法的要求和人類理性的體現。他主張
在法律面前人人平等。在孟德斯鳩的平等觀中特別值得我們注意
的是：他不僅反對不平等，而且反對極端平等。他說：

民主政治原則腐化的時候，人們不但喪失平等的精神，而
且產生極端平等的精神。每個人都要同他們所選舉的領導
他們的人平等。❷

他認爲，民主政體應該避免不平等的精神和極端不平等的精神這
兩種極端。他對平等的理解是非常精闢的：

平等的眞精神和極端平等的精神的距離，就像天和地一
樣。平等的眞精神的含義並不是每個人都當指揮或都不受
指揮；而是我們服從或指揮同我們平等的人們。這種精神
並不是打算不要有主人，而是僅僅要和我們平等的人去當
主人。❸

孟德斯鳩把自由也看作是自然法的要求和人類理性的體現。
他認爲，人是生而自由的。他主張在社會生活中人人都應享有政

---

❶ 孟德斯鳩：《論法的精神》上册，頁 114。
❷ 同上書，頁 112。
❸ 同上書，頁 114。

治自由。但是，政治自由是與極端自由、與奴役格格不入的。因此，既要反對極端自由，又要反對奴役（奴役就是極端不自由）。他對政治自由的理解也是非常精闢的。他說：政治自由並不是願意做什麼就做什麼，而僅僅是「一個人能夠做他應該做的事情，而不被強迫去做他不應該做的事情。」「自由是做法律許可的一切事情的權利❹。」或者說，自由就是「可以說或寫一切法律所沒有明文禁止說或禁止寫的東西❺。」

可見，在孟德斯鳩看來，讓人類能夠在自由、平等、博愛、和平的環境中安居樂業，過著豐衣足食的生活，這是天經地義的事情，是作為與動物不同的、具有理性的人類所應當享有的權利。可是，在孟德斯鳩所生活的世界上，尤其是在 18 世紀上半葉的法國，這種理性的、人道主義的要求卻遠遠沒有達到，相反地，隨處可以看到違反理性的、不人道的現象——奴役、壓迫、暴虐、不平等、戰爭、貧窮、饑餓。於是，這些違背人類根本理性的不人道的東西，便成了孟德斯鳩揭露和批判的對象。他的著作充滿了這方面的內容。在他的著作中，除了揭露和批判封建專制主義和天主教會的內容佔有很大分量之外，反對和譴責奴隸制度的內容也佔有相當大的篇幅。

孟德斯鳩對奴隸制度進行了強烈的譴責。在他看來，奴隸制度是違反自然狀態的，是不合乎人類理性的，因而也是不道德的壞制度。他在給奴隸制下定義時寫道：「正確地說，所謂奴隸制，就是建立一個人對另一個人的支配權利，使他成為後者的生命與財產的絕對主人❻。」可見，奴隸制在性質上就不是一種好

---

❹　孟德斯鳩：《論法的精神》上册，頁 154。
❺　同上書，頁 322。
❻　同上書，頁 241。

的制度。孟德斯鳩認爲，這種制度無論對主人還是對奴隸都是沒有任何益處的。「它對奴隸沒有益處，因爲奴隸不可能出於品德的動機，而做出任何好事情。它對於主人沒有益處，因爲他有奴隸的緣故，便養成種種壞習慣，在不知不覺間喪失了一切道德的品質，因而變得驕傲、急躁、暴戾、易怒、淫佚、殘忍❼。」

　　孟德斯鳩認爲，自由乃是人的無價之寶。因此，一個自由人是不可以賣身爲奴的。

> 　　每個公民的自由，是公共自由的一部分。在平民政治的國家，這個特質，甚至是主權的一部分。出賣這個公民的特質，是如此不可想像的一種行爲，我們簡直不能設想，作爲一個人來說，竟會作出這種事來。如果自由對於買主來說是可以論價的話，它對於賣主來說，卻是無價之寶。❽

　　孟德斯鳩認爲，奴隸制對於社會來說也沒有什麼好處，因爲這種制度必然會使奴隸喪失勞動的積極性，因而也會在經濟方面造成不良的後果。在《波斯人信札》中，他在談到美洲的奴隸勞動時，從人道主義精神出發，憤怒地譴責了殖民主義者爲了獲取巨額利潤，不肯改善奴隸勞動的條件，致使大量奴隸（黑人和印第安人）身體倍受摧殘以至喪失生命的種種罪行。他說：「稀奇的是這個美洲儘管每年接受外來居民，本身仍然很荒涼，非洲人口不斷損失，對美洲並無裨益。那些奴隸，被運到另一氣候之下，成千地死亡；不斷使用本地土著與外國人的礦山勞役、從礦中發

---

❼　孟德斯鳩：《論法的精神》上冊，頁 241。
❽　同上書，頁 243。

出的惡劣氣息，以及必須不停地使用的水銀，不可挽救地摧毀了
他們❾。」他指出，殖民主義者「爲了從地底挖取金銀，而害死
數不清的人。」

　　孟德斯鳩幻想通過採用先進技術的辦法來改善奴隸的勞動條
件。他說：如果支配勞動的是理性而不是貪婪的話，那麼任何勞
動都是不會太艱苦，以致達到和從事那種勞動的人的體力完全不
相稱的程度的。他認爲：「在別的地方強迫奴隸去做的勞動，是
可以通過技術所發明或所應用的機器的便利來代替」的❿。他舉
例說：泰姆士瓦邊疆地方土耳其人的礦山，雖然比匈牙利的礦山
礦藏豐富，但其礦產卻不很多，這是因爲土耳其人不採用先進技
術，而完全靠他們的奴隸的雙手進行開採的緣故。孟德斯鳩的這
些論斷充滿了人道主義精神。他自己也說：「我不知道我這個論
點是出於我的智能或是我的良心的指使⓫。」

　　不過，也有必要指出：孟德斯鳩關於奴隸制的論斷是矛盾
的。他一方面說，「因爲一切人生來就是平等的，所以應該說奴
隸制是違反自然的」⓬，可是，另一方面他又說：「有些國家的
奴隸制是建立在自然的理由上⓭。」他把奴隸制的產生歸咎於氣
候的原因。他寫道：「有的國家，天氣酷熱，使人們身體疲憊，
並大大削弱人們的勇氣，所以只有懲罰的恐怖，才能够強迫人
們履行艱苦的義務⓮。」他又把法律不好看作是奴隸制產生的原

---

❾　孟德斯鳩：《波斯人信札》，頁 203。
❿　孟德斯鳩：《論法的精神》上冊，頁 248。
⓫　同上書，頁 248。
⓬　同上書，頁 247。
⓭　同⓬。
⓮　同上書，頁 246。

因。他說:「由於法律制定得不好,所以才有懶惰的人;由於這些人懶惰,所以讓他們當奴隸⑮。」

但總的說來,孟德斯鳩是否定奴隸制的。他認為,「天然的奴役」卽農奴制,只應「局限在地球上某些特殊的國家,在其餘的一切國家裏,……社會所要求的勞動,無論是多麼艱苦,也可以完全由自由人去做⑯。」因為在孟德斯鳩看來,奴隸制畢竟是殘酷的,違反人的自然本性的,是與人類理性不相符的。

這裏還要提一下孟德斯鳩關於古羅馬奴隸制的議論和看法。孟德斯鳩對古羅馬共和國的奴隸制表示贊賞,認為它有利於繁殖人口,發展工商業。在《波斯人信札》第 115 封信中,他認為,古羅馬的奴隸主們善於利用奴隸。他說,他們不像波斯等東方國家那樣採取強制手段阻止奴隸繁殖,而是「儘量用各種婚姻的形式,使奴隸結合起來。」他們讓奴隸們生兒育女。「用此方法,他們家宅中充滿了男、女、老、幼的僕役,而國家則充滿了數不清的人民。」他片面地誇大、贊揚古代羅馬奴隸制的優越性,說它有利於人口的繁殖。他寫道:「奴隸的兒童,在主人周圍大批繁殖,年長日久,全成了主人的財富;主人獨自負責那些兒童的飲食與教育;父親們身上無此重擔,可以順著『自然』的傾向,膽大放心,繁殖人數眾多的大家庭⑰。」他還認為,古羅馬的奴隸制有利於工商業的發展。因為,奴隸們可以占有小額的本錢去「經營銀行」,「從事海外貿易」,「經營商品零售」,「專力於某種機械手藝」,「出租田地,使之生利」。「這就形成了勤

---

⑮ 孟德斯鳩:《論法的精神》上册,頁 248。

⑯ 同上書,頁 247。

⑰ 孟德斯鳩:《波斯人信札》,頁 197。

勞的人民，刺激了手藝和工業的活躍。」「這種奴隸，由於自己的努力，和自己的勞動，發家致富，獲得解放，變爲公民。」孟德斯鳩由此還得出一個結論：「一國之中，人愈多則商業愈繁榮；……商業愈繁榮，人數愈增加：二者互相扶助，互爲必要的有利條件⑱。」他還說：「上述情況，當然就使爲數奇多的、永久辛勤勞動的羅馬奴隸，不斷地增加人口！工業和富庶產生了奴隸；同時奴隸也使富庶和工業得以產生⑲。」

可見，孟德斯鳩看到了古代羅馬的繁榮富強是由辛勤勞動的眾多奴隸所創造的這個歷史事實。但是，他對古羅馬奴隸制的看法卻是不全面的。他過分地贊揚它的優越性，幾乎把它理想化了。他沒有強調它的殘酷性，他閉口不談充滿古代羅馬歷史的此伏彼起的大規模的奴隸起義。

孟德斯鳩從人道主義精神出發，反對拷問罪犯和奴隸。他認爲，這種恐怖手段在今天已經沒有必要了。他舉英國的例子說：英國「禁止拷問罪犯，但並沒有發生任何不便。」它仍然是「一個治理得很好的國家⑳。」在他看來，拷問罪犯或奴隸，是專制國家爲了鞏固其統治而使用的恐怖手段，是違反大自然的意志的。他這樣寫道：「我所要說的是，拷問可能適合專制國家，因爲凡是能夠引起恐怖的任何東西都是專制政體最好的動力㉑。」

孟德斯鳩強烈譴責基督教徒從事殖民活動和恢復奴隸制。他以譏諷的口吻笑罵了那些曾以「解放奴隸」自詡的信奉基督教的殖民主義者，斥責他們在殖民地所犯下的恢復奴隸制、允許做奴

⑱ 孟德斯鳩：《波斯人信札》，頁 198。
⑲ 同⑱。
⑳ 孟德斯鳩：《論法的精神》上冊，頁 93。
㉑ 同⑳。

隸買賣的罪行。他寫道：

> 很久以來，基督教君主們已經解放奴隸。因爲他們說，基
> 督教徒使衆人平等。這一宗教行動，對於他們非常有利，
> ……後來君主們征服了某些地方，他們認爲在那些地方有
> 奴隸，而這是於他們有利的；於是他們就允許販奴和買
> 奴，將從前曾經使他們如此感動的宗教原則置之腦後。你
> 叫我說什麼？此時的眞理，到了彼時成了錯誤。㉒

孟德斯鳩譴責一些殖民主義者以傳教爲幌子奴役美洲土著人
民的罪行。他指出：「宗教給信教的人一種權利，去奴役不信教
的人們，以便使宗教的宣傳更加容易些㉓。」「就是這種想法鼓
勵了美洲的破壞者們的罪惡。在這個思想的基礎上，他們建立了
他們把那麼許多人民當奴隸的權利㉔。」孟德斯鳩把這些披著宗
教外衣的殖民主義者斥之爲「強盜彙基督徒」㉕。

孟德斯鳩揭露和抨擊了西班牙殖民主義者甚至在婚姻問題上
也對美洲印地安人進行壓迫和奴役的罪行。他說：他們「爲著增
加賦稅」而要印地安人早婚，給他們「規定的結婚年齡是男十四
歲、女十三歲；……他們有時候甚至強迫剛剛十二、三歲的人結
婚，如果他們看見這些人四肢發達，身體強壯的話㉖。」孟德斯
鳩憤怒地指出：「在一個人最最應該有自由的行爲上，印地安人

㉒ 孟德斯鳩：《波斯人信札》，頁 132。
㉓ 孟德斯鳩：《論法的精神》上冊，頁 244。
㉔ 同上書，頁 244。
㉕ 同㉔。
㉖ 同上書，頁 112。

卻仍然受到奴役❷。」

孟德斯鳩堅決反對開闢殖民地，憤怒譴責和控訴了西班牙殖民者採用野蠻手段殘酷消滅被征服國人民的滔天罪行。他寫道：「西班牙人感覺到沒有希望使戰敗的各國對它保持忠誠，就決定滅絕戰敗國，再從西班牙本國派遣忠誠的人民到那邊去。醜惡的陰謀，從未如此不爽秋毫地被執行過！那些野蠻人（指西班牙殖民者。——引者註）所到之處，只見一個人口之多和歐洲各國人口總數不相上下的大民族，從地球上被消滅了；那些野蠻人，在發現西印度群島時，似乎只想替人類發現什麼是殘酷的最高階段❷。」孟德斯鳩指出：這些西班牙殖民主義者正是「通過這種野蠻手段」才把那些地區保持在他們的統治之下的。他認為，這種滅絕被征服國人民的做法，是極其悲慘的「醜惡的下策」❷。

孟德斯鳩的人道主義思想在他對猶太人的態度方面也有所反映。他認為，猶太人在貿易方面是一個「名譽掃地的民族」，他們使貿易「不再同最可怕的重利盤剝、壟斷、徵收稅金，以及一切以詭詐方法獲取金錢的事情有所區別了❸。」然而，孟德斯鳩對於歐洲君主們用殘暴手段迫害猶太人和掠奪他們的財產的做法，卻是持抨擊態度的。他揭露了一些極其殘酷的歷史事實：「猶太人由勒索致富，而君主們用同樣殘暴的手段對他們進行掠奪❸。」英國的「約翰王監禁猶太人，以索取他們的財產。這些猶太人至少一隻眼睛被挖掉；其中很少有幸免的。這個國王就這

---

❷　孟德斯鳩：《論法的精神》下冊，頁 113。
❷　孟德斯鳩：《波斯人信札》，頁 208-209。
❷　同上書，頁 209。
❸　孟德斯鳩：《論法的精神》下冊，頁 66。
❸　同❸。

樣自己執掌司法。有一個猶太人每天被拔掉一根牙，一連拔了七根；到了第八根時，他付銀一萬馬爾克。亨利三世從約克的猶太人阿倫勒索了一萬四千馬爾克給自己，一萬馬爾克給王后㉜。」在歐洲，猶太人是不被當作公民的。而且，人們建立了一個慣例，卽沒收信奉基督教的猶太人的一切財產。孟德斯鳩指出，這個慣例是「離奇的」。而「沒收的理由是十分虛妄的；他們說這是要考驗猶太人，以肯定他們已完全擺脫魔鬼的奴役㉝。」孟德斯鳩憤憤不平地說：「一世紀又一世紀，這個民族如何受到戲謔。一個時期，如果他們願意當基督徒的話，他們的財產將被沒收。不久之後，如果他們不願意當基督徒的話，就要被人燒死㉞。」可見，孟德斯鳩雖然對猶太人帶有一定的民族偏見，但他對於迫害猶太人這種種族歧視做法卻是持否定態度的。在他看來，迫害猶太人的做法無疑是完全違背人道主義精神的。

孟德斯鳩的人道主義思想還表現在：他認爲，一個國家的天責就在於：保證人民能够安居樂業、豐衣足食，滿足人民羣眾多種多樣的物質文化需要；因此，必須發展生產，不僅要發展農業，而且要發展工商業和對外貿易。他對帶給人民深重苦難的路易十四、十五的反動封建統治進行了猛烈的抨擊，對處於饑寒交迫、水深火熱之中的法國人民寄予了極大的同情。這方面的內容是很多的，我們在前面若干章裏都已涉及到。

孟德斯鳩的人道主義思想，尤其突出地表現在他關於戰爭與和平的觀點上。他堅決反對以侵略擴張、奴役他國人民爲目的的

㉜　孟德斯鳩：《論法的精神》下册，頁 66。
㉝　同上書，頁 66-67。
㉞　同上書，頁 67。

侵略戰爭和殖民戰爭，竭力維護和平，主張各國人民應該和睦相處，友好往來。關於他在這方面的觀點，我們在前面（第七章）已經詳細談過了。

最後，孟德斯鳩的人道主義思想，還表現在他反對歧視婦女、主張男女平等這一點上。關於這一點，我們將在下一章（第十章）加以論述。

第十章　婦女問題

　　婦女問題在孟德斯鳩的著作中佔有重要的地位。這個問題之所以引起他的注意絕不是偶然的。在裙帶關係成風的封建專制主義下的法國，少數婦女雖然在政治舞臺上起著相當重要的幕後作用，即左右當權者的作用，但是婦女普遍的社會地位畢竟是低下的，她們仍然不能與男子處於平等的地位。孟德斯鳩清楚地看到，無論在法國、在西方，還是在東方，都普遍存在著男尊女卑，壓迫歧視婦女的現象。在他看來，這些現象完全是人為的、違反自然的、不人道的。而且這些現象的存在是與封建專制主義的存在密不可分的。因此，他在談論婦女問題時也就從人道主義精神出發，直接或間接地揭露和批判了封建專制主義。

　　在《波斯人信札》中，孟德斯鳩談到了西方的，尤其是法國的婦女在政治舞臺上的幕後活動。他指出：在西方，君主們的精神是受情婦和懺悔師（即神甫）掌握的。而且，情婦的作用往往更大些。甚至年邁的法國國王路易十四也「處於婦女的絕對統治之下」。法國的官員也莫不如此。在法國，不論是身在朝廷、在巴黎、或外省，沒有一個官員不是和婦女串通的。這些官員經過婦女的手，有時可以獲得種種恩惠，有時則可以掩飾他們「所作的不忠不義之事。這些婦女，彼此互相交結，形成一種共和

國，而其成員，永遠活躍，彼此援助，彼此服務，猶如在一國之內，成立了一個新的國家❶」這些婦女就像推動機器轉動的「發條」一樣，推動著大臣們、官員們、主教們的活動。

孟德斯鳩指出， 一些法國婦女之所以甘心做大臣的情婦，「那是爲了每天早晨，向大臣提出五六份大大小小的請求書，」並從而獲得大量財物。孟德斯鳩深有感慨地說： 「在波斯，王國由兩三個婦女統治著， 人們對此牢騷不平。 但在法國， 更其不堪， 這裏一般婦女，都在統治，不但將全部權威一把抓住，而且甚至在他們之間，把權力分得支離破碎❷。」

孟德斯鳩認爲，在各種政體下婦女的身分地位是不同的。他具體分析了各種政體下的婦女的身分地位。 他認爲， 在君主國裏， 「每一個朝臣都利用婦女的美色和感情來增進自己的富貴。婦女本身的軟弱，不容許他們傲慢，但容許他們有虛榮心；奢侈總是同婦女一道支配著朝廷❸。」「在專制國裏，婦女並不產生奢侈，但她們本身卻是奢侈的對象。她們應當絕對地是奴隸。……不但如此， 這些國家的君主玩弄人性， 所以擁有好些婦女。由於千百種考慮，君主們不能不把她們都幽閉起來❹。」「在共和國裏，婦女在法律上是自由的，但是受風俗的奴役。那裏擯斥奢侈，腐化和邪惡也一齊被擯斥❺。」

孟德斯鳩認爲，奢侈和淫亂這些不好的風氣是密不可分的。「奢侈總是跟隨著淫亂，淫亂總是跟隨著奢侈❻。」因此，必須

---

❶ 孟德斯鳩：《波斯人信札》，頁 185。
❷ 同❶。
❸ 孟德斯鳩：《論法的精神》上冊，頁 104。
❹ 同❸。
❺ 同上書，頁 104-105。
❻ 同上書，頁 109。

擯斥奢侈和淫亂，提倡質樸和貞潔。婦女應該具有質樸、貞潔、莊重等美德。而且這些美德對於共和國來說是至關重要的。他一再強調婦女要注意保持貞操，要有莊重的美德。他說：

> 婦女們失掉了品德，便會有許多缺點繼之而來，她們的整個靈魂將會極端墮落；而且在這個主要之點失掉以後，許多其他方面也會隨之墮落；所以在平民政治的國家，淫亂之風就是這種國家最後的災難，它預示該國的政制必將變更。❼

「所以共和國良好的立法者總是要求婦女要有一定程度的莊重的美德。這些立法者在他們的國家裏不但擯斥了邪惡，而且連邪惡的外表也在擯斥之列。風流情場中的交際產生怠惰，使婦女甚至在自己未墮落之先就成為墮落之人；這種交際把一切無聊的東西當做有價值的東西，對重要的東西反而加以貶抑；最後，這種交際使人完全依照揶揄戲弄的處世法則行事。婦女們在揶揄戲弄的處世法則上是非常高明的。良好的立法者是連這種風流情場中的交際也全都加以擯斥的❽。」應該說，孟德斯鳩的這段議論是極其精彩的，非常中肯的。

孟德斯鳩十分贊賞古希臘婦女的品德。他說：古希臘各城邦的婦女「很有品德；她們是那樣質樸、貞潔，我們幾乎從來不曾看到其他民族在這方面有更好的風紀❾。」

孟德斯鳩把婦女之受奴役直接歸因於封建專制制度。他說：

---

❼ 孟德斯鳩：《論法的精神》上冊，頁 103-104。
❽ 同上書，頁 104。
❾ 同上書，頁 105。

「對婦女的奴役是極符合於專制政體的特質的。」專制政體所喜歡的就是濫用一切權力。因此，在專制主義盛行的亞洲，「無論什麼時代，我們都看到家庭的奴役和專制的統治總是相輔而行的❿。」

　　然而在別的地方，孟德斯鳩卻運用他的地理學說來解釋婦女受奴役的問題。例如，他說某些東方國家，由於天氣炎熱，「生理的要求力量大，而羞恥心則軟弱到不可理解的程度。」「婦女們的性慾非常強烈」，容易產生放蕩行為。而且，「婦女們的放蕩行為曾造成了恐怖、犯罪、詐欺、暴行、毒殺、暗殺⓫。」因此，這些實行多妻制的東方國家便往往對婦女採取幽閉的辦法，即用家屋的圍牆把婦女和男人隔開，而且在同一個圍牆內她們也被彼此隔離開來。孟德斯鳩認為這種做法是有必要的。他十分贊賞「把妻子嚴禁在深閨裏，並防止她們再進入社會」的做法，說什麼：「因為這個緣故，在土耳其、波斯、莫臥兒、中國、日本等帝國，妻子的品行實在令人驚嘆⓬。」他甚至得出了「婦女的幽閉越嚴，風俗也越純潔」的結論。

　　這裏有必要指出的是：孟德斯鳩的上述解釋和論斷是沒有根據的，不正確的，而且所起的作用也是不好的：它們實際上起到了為某些東方國家慣常採用的把婦女幽閉在後房深院之中的惡劣做法進行辯護的作用。此外，孟德斯鳩的上述說法，也同他在《波斯人信札》中精心編寫的後房故事所表明的反對迫害婦女的基調相矛盾的。關於這一點我們在後面將會看到。

---

❿　孟德斯鳩：《論法的精神》上冊，頁 265。
⓫　同上書，頁 267。
⓬　同上書，頁 266。

　　孟德斯鳩關於離婚、休婚等問題的許多見解是相當精彩的，很值得我們注意。

　　他給離婚和休婚下了這樣的定義：

　　　　離婚是由於雙方感情不和，經雙方同意而成立的。休婚是出自一方的意願，爲著一方的利益而成立的，完全不顧另一方的意願與利益。❸

　　孟德斯鳩對封建社會關於離婚和休婚的不合理規定進行了猛烈的抨擊。

　　在談到休婚問題時，孟德斯鳩指出：休婚的法律只把休婚權利給予男子，而不給予女子，這是不正確的，殘酷的。因爲，休婚權掌握在作爲家庭主人的丈夫手中，「似乎只能是他的權力的多一種濫用而已。」孟德斯鳩說：「婦女們有時很有必要提出休婚，但進行休婚對她們常常是很不愉快的事❹。」這是因爲，「一個妻子進行休婚，只是行使一種悲慘的補救手段。她已經嫁過一個丈夫，她的容顏已逐漸衰老，這時竟不得不再去尋找第二個丈夫，這對她常常是莫大的不幸。女性妙齡時期的嬌艷的可貴，就是到了衰暮之年，還能使丈夫回憶過去的歡樂；因而心滿意足，恩愛不渝❺。」因此，孟德斯鳩認爲：一般的規則應該是：女子應和男子同樣有休婚的權利。而且「不僅如此，在氣候使女子生活於家庭奴役狀態的場合，法律似乎應該准許妻子有休婚的權

---

❸　孟德斯鳩：《論法的精神》上冊，頁 268。
❹　同上書，頁 269。
❺　同❹。

利，並且准許丈夫有離婚的權利 ⑯。」應該說，孟德斯鳩的上述論斷是比較合乎情理的，是爲封建社會的婦女們鳴不平的。

在談到離婚問題時，孟德斯鳩認爲：既然「離婚是由於雙方感情不和，經雙方同意而成立的」，那麼無論是父親或母親便都不可以強迫自己的兒女離婚。因爲，「離婚由一個第三人去決定，這是違背人性的⑰。」他說：

> 離婚只有雙方同意，或至少一方同意，才合乎人性；如果哪一方都不同意的話，這種離婚就好像是妖孽，極爲可恨。
>
> 總之，離婚的權力只得授予那些受到婚姻的苦惱，並且知道結束這些苦惱對自己有利的時機已經到來的人們。⑱

可見，在孟德斯鳩看來，只要雙方同意，或至少一方同意，就可以而且應當准許離婚。

但是，孟德斯鳩提醒說：夫妻雙方必須愼重地對待離婚問題，不要輕率地離婚。這是因爲，離婚雖然「是爲著夫妻雙方而建立的，但對於子女則始終是不利的⑲。」

孟德斯鳩認爲，但這並不等於不准人們離婚。不准離婚是不合理的，因爲這是違反人性的。他批判了基督教各國的不准離婚的婚姻制度。他認爲，這種婚姻制度是極其不合理的。因爲，不准離婚，便把婚姻的全部溫情都消除了。

---

⑯ 孟德斯鳩：《論法的精神》上冊，頁 269。
⑰ 孟德斯鳩：《論法的精神》下冊，頁 176
⑱ 同上書，頁 176。
⑲ 孟德斯鳩：《論法的精神》上冊，頁 270。

在如此自由的一種行動中，本來感情應當起很大的作用，而人們卻加以拘束、加以必須的要求、甚至不可避免的命運。絲毫不考慮反感、任性和脾氣不相投合；人們要想感情固定下來，而感情正是自然界中最變化無常的東西；人們將兩個幾乎永遠不相配合的、互相厭恨的人，毫無挽回餘地、毫無希望地維繫在一起；這種辦法，就像古代暴君，將活人與死屍捆縛在一起。**❷⓿**

孟德斯鳩指出：「不許離婚，配合不當的婚姻就不能得到挽救。」因此，那些婚配不當的基督徒，「他們眼前的痛苦，使未來也毫無希望，因為他們在婚姻的不愉快中，看不見何日了結，可以說看見的只是永恒。從而產生厭憎、糾紛、蔑視；對於後代，這都是損失。結婚剛剛三年，已經疏忽了主要的事，於是三十年的生活，都在冷漠中度過；有時形成內部分離，和公開的分離一樣粗暴，並且也許更為有害；男女雙方分開生活，各幹各的；而這種種，對於子孫後代都有損害❷❶。」在孟德斯鳩看來，硬是不讓貌合神離、同床異夢的夫妻離婚，不僅是不合情理，而且也是不公道的。「如此結合的男女雙方，倘有一方不適合於『自然』的安排，不適合於種族的繁殖，或由於氣質使然，或由於年齡關係，於是連同埋沒了對方，使對方也和自己一樣，成為廢物❷❷。」

　孟德斯鳩是反對男尊女卑，主張男女平權的。他譴責男子對

---

❷⓿　孟德斯鳩：《波斯人信札》，頁 199。
❷❶　同上書，頁 199-200。
❷❷　同上書，頁 200。

婦女的「肆行暴虐」這種不人道、「不通理性」的行為。他認為
男女應當平等，男子不應當有任何特權。在《波斯人信札》中，
他用大量篇幅詳盡地闡述自己的觀點，說：「自然的法則是否要
女子服從男子，這是另一問題。日前有一個對婦女很慇懃的哲學
家對我說：『不，自然從未規定這樣一條法則。我們加於婦女頭
上的威力是真正的暴虐。婦女任我們肆行暴虐，無非因為她們比
男子溫和，由此之故，比男子更富於人道與理性。這些優點，如
果男子通理性的話，本應使婦女得到優越的地位；男子卻不通理
性，所以婦女失掉了優越地位。可是，男子施於婦女的僅僅是暴
虐的權力，這是真實的；婦女在男子方面，具有自然的威力，這
點卻也是真實的；她們的權威就是美麗，那是不可抗拒的。我們
男子的權威，並非各國都有，而美麗的權威四海皆同。為什麼我
們有特權？難道我們比誰都強？但這是真正不公道的事。我們用
各種辦法，毀傷婦女的勇氣；如果男女教育平等，力量亦必相
等。不妨將婦女們未經教育削弱的各種才能，加以考驗，就可以
知道究竟我們男子是否比她們強[23]。』」

　　孟德斯鳩甚至認為：婦女執政、治理國家，是有優越性的，
婦女在治國方面甚至要比男子強。他寫道：

> 在家庭裏，因為婦女體質軟弱，所以不能獲得優越的地
> 位；但是在治國的場合，一般地說，婦女正是因為軟弱，所
> 以較為仁厚寬和；這比嚴峻殘暴的性格更能施行善政。[24]

[23] 孟德斯鳩：《波斯人信札》，頁 62-63。
[24] 孟德斯鳩：《論法的精神》上册，頁 111。

他列舉了埃及、印度和非洲的一些例子。他還舉出俄羅斯和英國的事例來證明說：「婦女們執政無論在寬政和暴政的國家都一樣地獲得了成功[25]。」

這裏有必要指出的是：　在 200 多年前婦女尚完全處於被壓迫、被奴役、被歧視的封建專制主義制度下，孟德斯鳩就能發表上述這些議論，無疑是須要有反潮流精神和極大膽識的，對婦女的解放鬥爭是起了積極的進步作用的。

孟德斯鳩在《波斯人信札》中精心編寫的後房故事，與婦女問題有著直接的關係。

我們知道，在古代波斯，普遍實行一夫多妻制。不僅王宮中嬪妃如雲，就連一般富貴人家也是妻妾成羣。這些婦女長年被禁閉在與外世隔絕的後房內院之中，由那些進行過一種「比死亡還殘酷千倍的腐刑」的閹奴看管著。這些年輕美貌的婦女純粹是供男人享樂的玩物；眾多的奴婢和閹奴乃是受盡壓迫凌辱的奴隸；而男主人則是慣於玩弄女性、虐待婢奴成性的老爺。孟德斯鳩通過其《波斯人信札》中講述的波斯權貴郁斯貝克家中的後房故事，充分表達了他的反封建專制主義思想。

在這個後房故事中，給我們留下了深刻印象的，首先是作為男主人的郁斯貝克。他出身於波斯封建貴族家庭，是一個學識淵博、思想深邃，對許多問題都有比較深刻、進步見解的知識分子。可是，他在對待妻妾、家奴等問題上，卻是一個擅長於玩弄女性，殘酷無情，心狠手辣的封建大老爺。一方面，他在寫給妻妾們的信中總是虛情假意地敍說他如何熱愛她們、想念她們的甜言

---

[25]　同[24]。

蜜語。可是另一方面，他在寫給友人的信中卻聲言他不是眞正的愛她們，他說：「生活在羣雌粥粥的後房內院，我曾預先防範，不使愛情發生；卽使發生了愛情，也要用新的愛情抵消舊的㉖。」他居然假閹奴之手，去殘酷鎮壓和迫害那些不安於後房生活的妻妾們。例如，郁斯貝克在一封寫給閹奴總管的信中，儼然以暴君的口吻命令道：「你要用像我自己一般的權威來發號施令。必須使畏懼與恐怖跟著你走。你要挨門逐室，到處施行責罰和懲辦。要使大家生活在驚愕和慌亂之中；要大家在你面前痛哭流涕㉗。」在老閹奴總管被毒死之後，郁斯貝克又命令新上任的閹奴總管替他「報仇」，囑咐他「不要附帶任何溫情與憐憫」；命令他在後房進行「清洗」，「消滅負罪的人，並且使那些有犯罪意圖的人，嚇得哆嗦。」郁斯貝克還寄信給後房婦人，嚇唬她們，要求「整個後房」必須在閹奴總管面前低頭。無怪乎他的妻妾們稱他爲指使閹奴總管幹出種種野蠻行動的暴君。他的妻妾向他罵道：「你的靈魂在墮落，你變成了殘忍的人㉘。」

在後房故事中，值得我們著重談一下的是以管束、監視後房婦女爲職責的閹奴。閹奴是東方專制暴政下最不幸的犧牲品。他們受到慘無人道、駭人聽聞的殘害——閹割，永遠成了「殘缺不全的人」。他們既是爲殘暴好色的主人服務的奴隸，又充當主人奴役婦女的幫兇。他們既聽命於主人，又要使人聽命於他們，因爲除了伺候主人以外，還可以指揮奴婢，甚至管束後房婦女。有一個閹奴頭目，他對後房婦女說的下面一席話是很典型的：

㉖　孟德斯鳩：《波斯人信札》，頁 7。
㉗　同上書，頁 263。
㉘　同上書，頁 271。

　　我是奴隸；對的，可是得問是誰的奴隸。你們的主人，同
　　時也是我的主人，我使用他給我的對付你們的權力。因為
　　懲罰你們的是他，不是我，我無非把手借給他用而已。㉙

　　他們的身體受到過殘害，他們的悲慘處境和特殊職務，造成了他
們特有的變態心理和報復情緒。他們的心中燃燒著怒火，他們的
靈魂充滿可怕的絕望，他們滿懷苦悶和憂鬱。他們的性格變得異
常殘酷，他們的內心充滿報復情緒。這些由於自己的不幸遭遇而
變得極其殘酷的人們，往往把自己的全部憤恨都發洩在由他們看
管的無辜婦女身上。 他們成了「執行暴政」的人。 他們在主人
面前極盡奴顏卑膝之能事，而在那些婦女面前卻往往成了十足的
暴君。《波斯人信札》中的老閹奴總管就曾自鳴得意地說：「我
永遠記得，我是爲了指揮她們而生活在世上的，遇到對她們發號
施令的機會，我彷彿覺得自己重新成了男子漢㉚。」「我在後房
內院好比在我的小小的帝國中一樣，於是我的野心……也稍稍滿
足㉛。」可見，這些人是多麼的可鄙、可憐而又可憎！然而，他
們畢竟是喪失了自由、不能掌握自己命運的奴隸。他們的社會地
位是極其卑賤的。郁斯貝克就曾一再告誡黑閹奴總管在後房婦女
面前要「保持極其卑下的身分」。 他稱閹奴是「一些卑怯的靈
魂」。從郁斯貝克嚴斥白閹奴總管時所說的一番話，我們可以極
其清楚地看到閹奴 所處的卑賤地位和悲慘處境： 「你們是什麼
人？無非我手中隨意可以捏碎的卑賤器物；懂得唯唯聽命，你們

㉙　孟德斯鳩：《波斯人信札》，頁 108。
㉚　同上書，頁 13。
㉛　同㉚。

始能存在；你們在世上，僅僅爲了生活在我的法律之下，或者爲
了我命令你們死的時候，立刻就死；你們一息尚存，無非因爲我
的幸福、愛情和嫉妬，用得著你們卑鄙的手腳；總之，除了服
從，你們不可能有別的命運；除了我的意志，你們不可能有別的
靈魂；除了使我快樂，你們不可能有別的希望㉜。」「如果你放棄
責任，我必將你的生命，和我腳底下的昆蟲一樣看待㉝。」閹奴
們的命運是完全掌握在主人手中的。上面提到過的那個老閹奴總
管就曾以極其淒慘的心情訴說道：「我被關在可怕的監牢中，周
圍的一切，天天如此，心上的憂鬱，永遠不變。五十年來，戰戰
兢兢、提心吊膽的日子，重重地壓在我身上，使我呻吟不已。我
這一生，去日雖多，卻不能說曾經有過一刻清靜，一天安心㉞。」
老閹奴總管的這一席話實際上是對於慘無人道的封建奴隸制度的
有力控訴。可見，《波斯人信札》的作者對於那些雖以管束婦女
爲職責、但卻過著非人生活的閹奴們也是深表同情的。

當然，孟德斯鳩給予最大同情的還是那些被禁閉在後房內院
裏的婦女們。她們雖然表面上備受主人寵愛，但實際上只不過是
主人的玩物而已。她們的生活是極其淒慘的。例如，那位年輕貌
美、充滿青春活力的婦女法忿梅，獨處後房，她既無事可做，又
得不到愛情和自由，她感到屈辱和憤慨，「於是不得不生活在長
吁短嘆和如怒如狂的熱情之中。」她感到自己「遠遠談不到幸
福」，「她在後房是無用的裝飾品，她之所以被保存，是爲了她
丈夫的體面，而不是爲了她丈夫的幸福㉟！」

㉜　孟德斯鳩：《波斯人信札》，頁 35。
㉝　同上書，頁 36。
㉞　孟德斯鳩：《波斯人信札》，頁 12。
㉟　同上書，頁 9-10。

　　後房故事的結尾處講到：長期在歐洲旅遊的主人郁斯貝克，當他從閹奴的來信中得悉家中妻妾有不軌行為時，便命令無知的閹奴對她們進行殘酷的鎮壓，於是激起了後房婦女們的極端仇恨和堅決反抗。那位最受主人寵愛的年輕漂亮的洛克莎娜表現得尤其突出，她在把那些直接迫害她們的眾閹奴毒死之後，也隨即服毒自殺了。這場後房風波，極其有力地表現出了深受封建專制主義迫害虐待的婦女強烈的反抗精神。

　　最後，再談一下與婦女問題有直接關係的《波斯人信札》第141封信。在這封信中，孟德斯鳩改寫了一篇波斯故事——〈伊卜拉亨的故事〉。這篇故事講的是：一個名叫阿娜伊絲的女人，被其非常兇暴的丈夫伊卜拉亨無辜殺害之後，來到了「極樂世界」，「在那兒享受著日新月異的幸福」。在那兒，她有一座後房，她把供她使用的天上的健壯的美男子禁閉其中，用若干極其忠心的閹奴來看守他們。她和這些男子們無時不陶醉於源源不竭的歡樂之中。在那兒，「她有時沉湎在熱鬧的歡樂中，有時玩賞著清靜的樂趣；或被一羣光彩煥發的人所讚揚，或被一個狂熱的情人所獨愛。她時常離開快樂的宮殿，到野外的窰洞裏去；她足蹟所到之處，好像開遍了鮮花，各種娛樂，成羣結隊歡迎她❸❻。」她是一位見義勇為的善良女子，她在經過深思靜慮之後，便下決心要解救那些仍在人間受苦受難的女伴們。於是她命令身邊的年輕人之一，扮作她原來丈夫的狀貌，到她原來的內院去，成了後房之主，趕走了原主，取而代之。「這位新的主人，採取種種行徑，恰好與舊主人完全相反，乃至四鄰八舍，大為驚異。他遣散

---

　❸❻　孟德斯鳩：《波斯人信札》，頁 247。

了眾閹奴，把他的家宅，向羣眾開門；他甚至不願意他的女人們再戴面幕。看她們在宴會席次，和男子參差雜坐，無拘無束，都和男子一樣，實在是奇聞異事⑰。」這篇經過孟德斯鳩改寫的波斯故事，儘管完全是虛構的，帶有烏托邦性質，但從這篇故事我們也不難看出，它異常深刻而又生動地反映了在殘酷的封建專制主義重壓下掙扎的被摧殘、被蹂躪的女性，要求對她們所謂的「多情郎君」、實爲她們的敵人——暴虐的壓迫者進行反抗與報復的心理，同時也有力地表達了她們要求獲得眞正的自由、平等與幸福的熱切願望。

　　綜上所述，我們可以清楚地看到，孟德斯鳩關於婦女問題的觀點，儘管並不完全正確，但其基本思想傾向卻是與反對役役婦女、主張男女平權的進步思潮相吻合的。它充滿了人道主義精神，其矛頭是直接指向封建專制主義的，因而也是他的啟蒙思想的一個重要組成部分。

---

⑰　孟德斯鳩：《波斯人信札》，頁 250。

第十一章　孟德斯鳩在歷史上的作用和地位

綜上所述，可以清楚地看到，孟德斯鳩不愧爲自己時代的兒子，他站在時代的前列爲新興資產階級的利益戰鬥了一生。他的一生是一個戰士的一生，他用自己犀利的文筆，機智而勇猛地抨擊了腐朽反動的封建專制主義和宗教僧侶主義。他的一生又是一個學者的一生。他畢生孜孜不倦地探索著各個科學領域的許多問題，撰寫了不少很有價值的著作。他是在社會學思想史上揭開了新篇章的傑出思想家，爲新興的資產階級提出了一系列進步的社會理論，在促使舊的封建社會的死亡和新的資本主義社會的產生方面起了重要的作用。他和伏爾泰、盧梭、狄德羅等人一起，同屬於資產階級革命的思想先驅。

然而，孟德斯鳩也同歷史上一切傑出的思想家一樣，具有自己時代和階級的局限性。由於他生活的時代，遠離 1789 年法國資產階級革命近半個世紀之久，革命的暴風雨尚未臨近，革命的條件尚未成熟，所以他只能提出一些改良的主張。由於他是一位出身於貴族家庭的、法國 18 世紀上半葉新興的資產階級在政治上的溫和派的代表，由於他看不到人民羣眾的偉大力量，所以，在他的思想中具有非常明顯的不徹底性和妥協性。他一方面對封建專制主義進行了無情的揭露和深刻的批判，可是另一方面又同

它進行妥協，提出了君主立憲的主張。他一方面對宗教僧侶主義
進行了鬥爭，可是另一方面他又不是一個無神論者，而是一個自
然神論者。在社會歷史觀方面也是這樣。他雖然比其他許多啟蒙
思想家更深刻地提出了社會發展的規律性和動力問題，可是他卻
不能正確地解決這個問題，而且在社會觀方面他仍然是一個唯心
主義者。

　　正是由於孟德斯鳩的思想具有這種兩重性，所以在他逝世以
後，他的思想在不同的社會階級中間便很自然地引起了不同的反
應和得到了不同的對待。

　　一切反動階級的代表人物和反動思想家，都總是力圖利用孟
德斯鳩及其思想理論遺產來爲自己的反動政治目的服務。例如，
俄國女皇葉卡捷琳娜二世（1729～1796）就曾爲了追求「開明女
皇」的榮譽，公開宣稱自己是孟德斯鳩的崇拜者。但她特別贊賞
的卻是孟德斯鳩關於幅員遼闊的國家似乎宜於建立專制制度的錯
誤主張。同時她也爲了收買民心而大談特談孟德斯鳩關於發展工
商業、關於寬容異教和關於發展教育事業等具有積極意義的啟蒙
思想。她還侈談法律面前人人平等和立法、行政、司法三權分
立，聲稱要使俄國成爲文明的法治國家。又如，美國社會學家漢
丁頓（1876～1947）則企圖從孟德斯鳩的社會學的某些錯誤論斷
中得出種族主義的反動結論，說什麼居住在南方國家的各族人民
沒有能力發展文化，他們應該受北方民族的支配。其目的說穿了
就是想要論證美國人這個「北方民族」是應該擁有支配權力的優
秀民族。當然，這只能是對孟德斯鳩的地理學說的歪曲利用而
已。

　　一切先進階級的代表人物和先進思想家，則總是以積極的態

度對待孟德斯鳩的思想遺產。他們既充分肯定孟德斯鳩在反對封
建專制主義、反對天主教神學鬥爭中的偉大功績，又指出他在這
些鬥爭中的妥協性和不徹底性；他們既充分肯定孟德斯鳩在社會
學研究方面所作出的巨大貢獻，又指出他的社會學說中的缺點和
錯誤。偉大的俄國詩人普希金(1799～1837)把孟德斯鳩看作是機
智而優秀的法國人民的最光榮的代表，是法蘭西民族的驕傲，認
爲他的「每一行字都將成爲後世的珍品❶」。俄國革命民主主義
者在指出孟德斯鳩的巨大的進步作用的同時，也指出了他的觀點
中的不徹底性，批評了他對君主制度的妥協態度。例如，皮薩列
夫(1840～1868)就曾在〈亨利‧海涅〉一文中尖銳地批評了孟德
斯鳩和其他法國啟蒙思想家的所謂立法者萬能的錯誤理論，說他
們是一些「信仰憲法是萬應靈藥」的人。馬克思(1818～1883)和
恩格斯(1820～1895)也對孟德斯鳩給予高度評價，把他看作是一
位反對中世紀經院哲學的英勇戰士，是一位在法國爲行將到來的
革命啟發過人們頭腦的傑出的啟蒙思想家，是那些「不承認任何
外界的權威」的「非常革命的」「偉大人物」之一❷。與此同時，
他們也總是指出孟德斯鳩的觀點的不可避免的歷史局限性。

　　孟德斯鳩的思想對 後世思想家 們理論的形成 是有重大影響
的。孟德斯鳩對封建專制主義和宗教神學的批判，他的自然法理
論以及他有關自由、平等、私有制的論斷等等，曾對法國唯物主
義者狄德羅 (1713～1784)、愛爾維修 (1715～1771)、霍爾巴赫
(1723～1789) 等人產生過重要影響，儘管他們在許多方面都大
大地超過了自己的前輩。法國唯物主義者們繼承了孟德斯鳩批判

❶　《普希金全集》第 12 卷，1959 年俄文版，頁 75。
❷　《馬克思恩格斯選集》第 3 卷，1972 年人民出版社版，頁 56。

唯心主義和批判宗教 神學的傳統， 但他們比孟 德斯鳩前進了一
步，他們不是自然神論者，而是徹底的唯物主義者和無神論者。
他們繼承了孟德斯鳩批判封建專制主義的傳統，但他們與孟德斯
鳩不同，他們不是改良主義者，而是資產階級革命的哲學家；而
他們的學說則是 1789 年政治變革的哲學前導。他們接受了孟德
斯鳩的自然法理論，並用這個理論來論證人民主權、平等、自由
和私有制，然而他們比孟德斯鳩前進了一步，對自然法理論的一
系列原則進行了新的論證， 並得出了新的更爲激進的結論。 他
們不同意孟德斯鳩的地理環境決定論，而認爲人是社會環境的產
物，人的個性是他周圍環境的產物。例如，愛爾維修說： 「人們
不是生來就是他們現在的那個樣子，後來的樣子是後來逐漸形成
的 。」 這種形成人的個性的環境， 首先就是政治制度和法律制
度。儘管愛爾維修的這一原理仍然是唯心主義的，但與孟德斯鳩
那種強調地理環境作用的理論相比， 它還是前進了一步。因爲愛
爾維修的這個原理必然會得出消滅封建專制制度的結論。法國唯
物主義者們在研究國家形式卽政體問題時，也受到了孟德斯鳩的
一定的影響，儘管他們對他也採取了批判的態度。例如，霍爾巴
赫對民主政體、貴族政體持否定態度，而比較喜歡君主政體。他
認爲，在君主立憲政體下，君主的權力受到了人民代表權力的限
制。他還認爲，最完善的國家必須以分權爲基礎。他如同孟德斯
鳩一樣，竭力美化君主立憲政體，特別是英國的君主立憲政體，
但是他卻反對貴族院，認爲它總是支持君主的。在這一點上，他
就比孟德斯鳩前進了一步。 再如， 愛爾維修在關於國家形式的
問題上則更前進了一步。他不同意孟德斯鳩對國家形式的分類，
他尤其不同意孟德斯鳩把君主政體同專制政體對立起來。在他看

來，君主政體和專制政體是沒有原則區別的。他指出，孟德斯鳩
關於榮譽是君主政體的原則的論斷是錯誤的。他對貴族政體持敵
視態度。他指出，貴族和自由是不相容的，貴族把國王控制在自
己手中。他甚至指出，孟德斯鳩「保留了議會顧問和貴族的一切
偏見」。因此，孟德斯鳩的君主立憲思想與他是格格不入的。他
對具有民主原則的共和政體表示贊賞，並把建立「聯邦共和國」
作爲自己的政治理想。

　　孟德斯鳩的社會政治思想，尤其是他的法治思想、三權分立
思想以及君主立憲思想，對德國古典哲學家康德、謝林、黑格爾
也產生過不同程度的影響。

　　康德（1724～1804）接受了孟德斯鳩關於法治的思想和三權
分立的主張。在《永久和平論》中，他把國家看作是「許多人依
據法律生活而組織起來的聯合體」。他認爲，國家或文明的社會
組織是「唯一的法治社會」。他把文明社會和法治等同起來。在
他看來，只有法治社會才是文明社會。他也主張法律面前人人平
等。他認爲，只有嚴格實行立法、行政、司法三權分立，才能消
除專制主義。而在那些不能保證使一種權力完全獨立於另外兩種
權力的地方，就必然會出現專制主義。如果三種權力協調一致，
那就能夠防止獨裁並使國家繁榮昌盛。在康德看來，共和國雖然
是唯一合理的國家形式，但它卻是一種永遠不能實現而又是我們
應該永遠力求和企圖實現的基準。因此，實際上，康德是把君主
立憲制看作是最可以接受而且可以實行的一種國家制度了。

　　孟德斯鳩的法治思想和三權分立思想也曾對青年時代的謝林
（1775～1854）產生過重大影響。青年謝林把資產階級的法治思
想當作是直接反抗封建專制主義的武器。他把法治的普遍實現看

作是資產階級的自由發展的條件和保證。他說：「普遍的法治狀態是自由的條件，因爲如果沒有普遍的法治狀態，自由便沒有任何保證❸。」在他看來，法治國家就是實行三權分立的國家。

　　孟德斯鳩的思想對黑格爾（1770～1831）的社會歷史觀點有著巨大影響。孟德斯鳩關於社會發展的規律性的思想，關於「民族精神」的思想，以及強調地理因素在人類社會發展中的作用的思想，都對黑格爾的社會歷史觀點的形成產生過巨大影響。孟德斯鳩的君主立憲思想和三權分立學說，對黑格爾的影響尤其巨大。黑格爾在《法哲學原理》中主張建立的君主權（單一）——行政權（特殊）——立法權（普遍）相結合的政治制度，就是對孟德斯鳩三權分立學說作辯證的加工改造而成的。另外，黑格爾也主張君主立憲，其眞正意義就在於限制君主權力。在他看來，君主只是一個說「是」的人。君主的最後裁決或簽署命令，也只是一個形式而已。這樣的君主實際上只是一個沒有實權的傀儡罷了。可見，在這裏，黑格爾不僅摹仿了英國的「虛君制」，而且也是直接受到了孟德斯鳩的影響。無怪乎黑格爾在其《哲學史講演錄》中，贊揚孟德斯鳩的《論法的精神》是「一部美妙的著作」，稱孟德斯鳩認爲「法制、宗教以及一個國家裏面的一切構成了一個整體」的思想，是一種「偉大的見解❹。」

　　孟德斯鳩的三權分立思想和君主立憲主張，對日本明治初期的啟蒙思想家西周（1829～1897）和明治時期的唯物主義者與無神論者中江兆民（1847～1901）也產生過一定的影響。西周是西

❸　謝林：《先驗唯心論體系》（梁志學、石泉譯），商務印書館1977年版，頁 246。

❹　見黑格爾：《哲學史講演錄》第 4 卷（賀麟、王太慶譯），商務印書館 1978 年版，頁 231。

方哲學的最初的移植者和傳播者， 被人們稱之爲「 日本近代哲
學之父」。他曾把孟德斯鳩的君主立憲和三權分立思想移植到日
本，並要求它們爲助進「三寶」❺ 而服務。他說：就政府的性質
而論，所謂國憲， 如近世歐洲各國所誇稱的三權分立， 無論立
法、司法，或行政均須以尊重三寶爲目的❻。 號稱「東洋盧梭」
的中江兆民，在留法三年期間，也曾學習過孟德斯鳩的著作。他
雖然是盧梭的崇拜者，但也曾受到孟德斯鳩的一定的影響。他雖
然是一位自由民權論者，並且痛斥過政府和專制官僚，但他卻從
未批判過國家和天皇。 他在〈平民之警醒〉（又名〈國會的心
得〉）中甚至贊揚天皇說：「我國之天子，其地位之尊，世界萬
國無其例者。」又說：「我日本之天子，神武天皇以來，皇統連
綿不絕，及今上猶聰明慈愛， 惠民如父母。」因此， 中江兆民
起初主張「君民共治」， 然後則主張自上而下的所謂「 恩賜民
權」。他把政治制度的進化分爲三個階段：(1) 君相專擅之制；
(2) 立憲之制卽君主立憲制；(3) 民主之制。他在談到君主立憲
制時說：

> 出專擅制而入立憲制之後，人始得有個獨立的人身，……
> 有參政權，有財產私有權、職業選擇權。……凡此類諸
> 權，均為人所必具有。此種權具備之後，人始有為人的價
> 值。❼

---

❺　所謂「三寶」者，卽：「第一，健康；第二，知識；第三，富有。」
　　（《人世三寶說》，見《西周哲學著作集》，頁 243。）
❻　見《西周哲學著作集》，頁 258-259。
❼　《明治文化全集》第 7 卷〈政治篇〉，頁 380。

但是在他看來，君主立憲制畢竟是不如民主制的。「立憲之制，整則整矣，備則備矣，猶隱隱使人有頭痛之感❽。」「立憲之制，春也，有些霜雪之氣；民主之制，夏也，無復有霜雪」「立憲可貴，民主可愛 ❾。」

孟德斯鳩的理論對世界資產階級革命運動產生過巨大而又深刻的影響。他的理論曾被歐美資產階級革命家用作反對封建暴政的銳利武器，尤其是他關於分權和法治的理論更爲一些資產階級國家所直接採用過。

例如，美國獨立戰爭（1775～1783）前後，美國的資產階級報刊就曾大量介紹孟德斯鳩的著作，特別是介紹《論法的精神》，獨立戰爭的領袖們不僅非常熟悉《論法的精神》這本書，而且後來還把其中的分權理論寫入了憲法。孟德斯鳩的進步的政治法律思想，曾對美國傑出的啟蒙思想家、《獨立宣言》的起草人托馬斯・傑弗遜（1743～1826）起過鼓舞作用，僅管後者批評了孟德斯鳩關於君主制國家形式有優越性的觀點，並指出了孟德斯鳩偏愛君主政體，特別是英國式的君主政體的危害性。孟德斯鳩的君主立憲思想和三權分立學說，對另一位著名政治活動家、曾參加制定美國憲法的亞歷山大・漢密爾頓（1755～1804）有著極大影響。在 1787 年 10 月至 1788 年 5 月期間，漢密爾頓和麥迪遜（1751～1836）等人共撰寫了 85 篇論文，發表在報刊上，後又印爲《聯邦黨人》文集發行。其中一半以上的論文都出自漢密爾頓之手。他在此文集中竭力宣揚美國「三權分立」的總統制。麥迪遜也在文集中寫道：

❽　《明治文化全集》第七卷〈政治篇〉，頁 382。
❾　同上書，頁 383。

……立法、行政和司法權置於同一人手中，不論是一個人、少數人或許多人，不論是世襲的、自己任命的或選舉的，均可公正地斷定為虐政。❿

此文集成了論證聯邦憲法的性質和作用的文獻。而漢密爾頓則被美國資產階級奉爲憲法理論的「權威」。1787 年 5 月在費城召開的制憲會議，正是在漢密爾頓的領導下（會議主席由華盛頓擔任），依據孟德斯鳩的三權分立學說，制訂美國憲法的。

法國資產階級大革命（1789～1794）也曾受到孟德斯鳩的明顯影響。例如，曾親自參加過北美獨立戰爭和法國大革命的法國將軍和政治活動家瑪利·約瑟夫·拉法耶特（1757～1834），就曾受到啟蒙思想家們的自由主義思想和君主立憲思想的影響。他是在 1789 年 5 月 5 日召開的三級會議上，最早同第三等級代表協同行動的貴族代表之一。他既主張實行英國式的君主立憲制度，但又主張把這種制度建立在美國式的成文憲法基礎上。他曾一度成爲君主立憲派的實際首領。法國大革命的另一位著名活動家、大資產階級和資產階級化貴族利益的代表人物奧諾萊·加里布埃爾·米拉波（1749～1791），是一位反對專制政權，維護民權的政論家。他也深受孟斯德鳩的影響，讚賞英國的君主立憲制。法國大革命時期吉倫特派的主要領導人雅克·波埃爾·布里索（1754～1793），也曾受到包括孟德斯鳩在內的啟蒙思想家的影響。他主張法治，希望在法國實行美國式的憲法。法國傑出的資產階級革命家、法國大革命時期雅各賓派著名首領羅伯斯比爾

---

❿ 原載 1788 年 2 月 1 日《紐約郵報》。

（1758～1794）和馬拉（1743～1793），都曾孜孜不倦地閱讀啟
蒙思想家的著作，尤其是盧梭和孟德斯鳩的著作。他們都曾受到
孟德斯鳩的思想，尤其是他的法治思想和三權分立學說的巨大影
響。他們主持制定 1793 年法國新憲法時採用了孟德斯鳩關於立
法、行政、司法三權分立的思想。羅伯斯比爾在其《革命法制和
審判》中談到制定憲法的原則時寫道：「要使任何人不能同時兼
任幾種職務。」「要使權力分散……。」「要使立法領域和行政
領域彼此仔細分開。」等等。馬拉在闡明他關於憲法的觀點時，
也贊同孟德斯鳩主張的立法、行政、司法三權分立的思想。法國
大革命時期山嶽派的重要領導人之一若爾日·雅克·丹東（1759
～1794），早在青年時代就酷愛閱讀孟德斯鳩、伏爾泰、盧梭、
狄德羅等人的著作，這些啟蒙思想家的思想對其革命思想的形成
產生過深刻的影響。此外，在 1789 年 8 月 26 日法國通過的
《人權宣言》中，宣佈沒有分權就沒有憲法，宣佈私有財產作為
人的權利是神聖的。

　　孟德斯鳩的理論，對 19 世紀爆發的其他資產階級革命（如
日本的明治維新）也是有影響的。

第十二章　孟德斯鳩與中國

　　孟德斯鳩這個光輝的名字，對我們中國人民來說是既熟悉而又親切的。這位在 300 年前誕生的非常革命的偉大人物，其啟蒙思想傳入我國並產生巨大影響，至今已有 100 多年了。

一、孟德斯鳩論中國

　　孟德斯鳩所處的法國路易十四和路易十五時代，相當於中國清王朝的康、雍、乾時代。他的三部主要著作就屬於這個時代的作品：《波斯人信札》發表於 1721 年（清康熙六十年）；《羅馬盛衰原因論》發表於 1734 年（清雍正十二年）；《論法的精神》發表於 1748 年（清乾隆十三年）。從他的著作中我們可以看到，他是一位視野開闊、學識淵博的百科全書式的學者。他不僅對歐洲各國的情況非常熟悉，而且對東方的情況也相當了解。他雖然從未到過中國，但他卻從那些旅居法國的中國人和到過中國的傳教士的著述中得到了不少有關中國的知識❶。他對古老文

---

　❶　1713 年，孟德斯鳩在巴黎居住期間，曾與一個名叫黃嘉略的中國人進行多次討論，他對儒教問題尤感興趣。在 1728～1729 年遊歷義大利期間，他又結識了兩位到過中國的耶穌會士福凱（中文名叫

明的中國有著濃厚的興趣，在他那些不朽的著作，尤其是《論法的精神》中，包含有不少關於中國的論述。這些論述主要涉及清康、雍、乾時代中國的政治、經濟、法律、文化、宗教、道德、風俗習慣、人口等問題。儘管這些論述比較零散，但是我們仍然可以從中看到，它們主要是圍繞著與中國封建專制主義直接有關的問題展開的。

孟德斯鳩認為，封建時代的中國乃是由專制君主治理的大帝國，是「一個強大的專制國家」❷，中國的專制主義是極其兇暴的，「它的原則是恐怖」❸。他引用一個傳教士的話說：「統治中國的就是棍子❹。」他不同意某些傳教士把中華帝國的政體的原則看作是「畏懼、榮譽和品德兼而有之」的說法。在他看來，封建時代的中國是一個地道的君主專制國家，而在這樣的國家裏，是根本無「榮譽」可言的。所以他說：「……我不曉得，一個國家只有使用棍棒才能讓人民做些事情，還能有甚麼榮譽可說呢。」他還指出在中國經常施行暴政，「對人性進行殘害」等情況❺。

在孟德斯鳩看來，中國封建時代雖然形式上也有法律，但這些法律往往很不完備，其條文又往往含混不清，所以會有許多流

傅聖澤）和馬蒂亞·里帕（中文名叫馬國賢），並從他們那裏瞭解到不少有關中國的情況。此外，他在法國還接觸過一些瞭解中國情況的人，其中有一位敍利亞的阿帕美亞的大主教，名叫斯特凡·埃沃提烏斯·阿賽瑪尼，是個「中國通」。

❷　孟德斯鳩：《論法的精神》下冊，頁 172。
❸　孟德斯鳩：《論法的精神》上冊，頁 129。
❹　同上書，頁 127。
❺　孟德斯鳩：《論法的精神》上冊，頁 127。

弊。比如，關於大逆罪，就有「把大逆罪名加於非大逆罪的行為」的。中國封建時代盛行的所謂「大逆罪」就是如此，它是專制暴政的典型例子。孟德斯鳩說：「中國的法律規定，任何人對皇帝不敬就要處死刑。因為法律沒有明確規定甚麼叫不敬，所以任何事情都可拿來作藉口去剝奪任何人的生命，去滅絕任何種族❻。」「有一個親王由於疏忽，在有朱批的上諭上面記上幾個字，人們便斷定這是對皇帝不敬，這就使他的家族受到史無前例的可怖的迫害❼。」孟德斯鳩深有感慨地說：「如果大逆罪含義不明，便足以使一個政府墮落到專制主義中去❽。」

孟德斯鳩把中國人的「子罪坐父」的習慣做法也看作是封建專制主義的典型表現。他說：「在中國，子女犯罪，父親是受處罰的。」「這個習慣是從專制思想產生出來的。」「子罪坐父這一事實說明『榮譽』在中國是不存在的❾。」

孟德斯鳩抨擊了中國封建時代的太監。他認為，讓太監擔任文武官職必然會帶來許多惡果。他說：在中國歷史上，雖然有許多剝奪太監一切文武官職的法律，「但是太監們卻老是又再回到這些職位上去。東方的太監，似乎是一種不可避免的禍患❿。」

按照孟德斯鳩的觀點，嚴峻的刑罰是比較適宜於以恐怖為原則的專制政體的。然而他認為，在這一點上中國卻有些例外，它的情況是「等於共和國或君主國」，即「政治寬和的國家」。因為中國的立法者「關心預防犯罪，多於懲罰犯罪，注意激勵良好

---

❻ 孟德斯鳩：《論法的精神》上册，頁 194。
❼ 同❻。
❽ 同❻。
❾ 同上書，頁 94-95。
❿ 同上書，頁 258-259。

的風俗，多於施用刑罰⑪。」「中國的著述家們老是說，在他們的帝國裏，刑罰越增加，他們就越臨近革命。這是因爲風俗越淺薄，刑罰便越增多的緣故⑫。」孟德斯鳩對中國統治者在刑罰問題上嚴格加以區別的做法表示贊賞。他說：「在中國，搶刼又殺人的處凌遲，對其他搶刼就不這樣。因爲有這個區別，所以在中國搶刼的人不常殺人⑬。」可見，「爲著公共安全起見，刑罰一定要有一些區別⑭。」

孟德斯鳩贊賞清王朝所採取的某些統治中國的方法，諸如「規定各省的每支軍隊都要由漢滿人各半組成」，「法院也是漢滿人參半」的辦法。認爲這是「一個極好的辦法，既可以緩和專制主義，又利於保持征服地」。孟德斯鳩還注意到清王朝統治中國的另一個極其重要的方法，這就是：「中國皇帝身邊常常有一支很大的韃靼軍隊，以備緊急時調遣。」這支軍隊特別忠誠於清王朝，它「隨時可以去平定帝國中發生動亂的地方」，同時，這支特殊的軍隊又「威懾著一般的軍隊⑮。」

孟德斯鳩注意到，中國的封建統治者除了利用其強大的政權和軍隊進行統治之外，還利用作爲中國封建社會的道德規範和生活準則的「禮」和「禮教」來在思想上爲鞏固其封建統治服務。

孟德斯鳩認爲，法律、風俗和禮儀是有嚴格區別的。法律主要規定「公民」的行爲，風俗主要規定「人」的行爲。而風俗與禮儀的區別則是：風俗主要是關係內心的動作，禮儀主要是關係

---

⑪　孟德斯鳩：《論法的精神》上册，頁 83。
⑫　同⑪。
⑬　同上書，頁 92。
⑭　同⑬。
⑮　同上書，頁 152。

外表的動作。可是中國的立法者們卻把法律、風俗和禮儀混淆在一起，「因爲他們的風俗代表他們的法律，而他們的禮儀代表他們的風俗❶。」孟德斯鳩窺透了中國的立法者們之所以這樣做的良苦用心。他深刻地指出：「中國的立法者們主要的目標，是要使他們的人民能夠平靜地過生活。他們要人人互相尊重，要每個人時時刻刻都感到對他人負有許多義務；要每個公民在某個方面都依賴其他公民。因此，他們制定了最廣泛的『禮』的規則❶。」而「禮」的規則也就成了束縛人們思想、行爲的繩索。「這是養成寬仁溫厚，維持人民內部和平和良好秩序，以及消滅由暴戾性情所產生的一切邪惡的極其適當的方法。實際上，如果使他們不受『禮』的規則的約束的話，豈非就等於給他們以放縱邪惡的便利麼❶？」可見，「禮」對於中國的封建統治者來說具有很高的價值：「禮」可以防止把人們的「邪惡」暴露出來。「『禮』是人們放在彼此之間的一道牆」❶，就是說，「禮」可以防止人民起來造反、革命。

　　孟德斯鳩還進一步談到中國的「禮教」。他說，中國的立法者還把宗教、法律、風俗、禮儀都混在一起。所有這些東西都是道德，都是品德。而這四者的箴規就是所謂禮教。他指出：中國的封建統治者就是因爲嚴格遵守這種禮教而獲得成功的。中國人的一生都用在學習和實踐這種禮教上。「文人用之以施教，官吏用之以宣傳；生活上的一切細微的行動都包羅在這些禮教之內❷。」由於中國人讀書時學的都是禮教，而禮教裏面所講的又

---

❶　孟德斯鳩：《論法的精神》上冊，頁 312。
❶　同上書，頁 312。
❶　同❶。
❶　同上書，頁 313。
❷　同上書，頁 313。

只是一些通常實行的規則，比較「容易理解，容易打動人心」，所以禮教便得以「容易地銘刻在中國人的心靈和精神裏」㉑。禮教成了中國政體的原則，成了中國人的道德行爲規範。孟德斯鳩指出：當道德淪喪了的時候，「國家便將陷入無政府狀態，革命便將到來㉒。」

孟德斯鳩認爲禮教的核心是孝道。他認爲，中國的立法者們把服從看作是維持帝國太平的最適宜的方法。於是，他們竭力激勵人們孝敬父母，並集中一切力量使人恪遵孝道。「他們制定了無數的禮節和儀式，使人對雙親在他們的生前或死後，都能克盡人子的孝道㉓。」「奉敬亡親的儀式，和宗教的關係較爲密切；侍奉在世的雙親的禮節，則與法律、風俗、禮儀的關係較爲密切㉔。」可見，通過孝道，便實現了宗教、法律、風俗、禮儀的結合。孟德斯鳩指出：

> 尊敬父親就必然和尊敬一切可以視同父親的人物，如老人、師傅、官吏、皇帝等聯繫著。對父親的這種尊敬，就要父親以愛還報其子女。由此推論，老人也要以愛還報青年人；官吏要以愛還報其治下的老百姓；皇帝要以愛還報其子民。所有這些都構成了禮教，而禮教構成了國家的一般精神。㉕

㉑　孟德斯鳩：《論法的精神》上冊，頁 313。
㉒　同上書，頁 314。
㉓　同上書，頁 315。
㉔　同㉓。
㉕　同上書，頁 315。

在孟德斯鳩看來，上述以孝道爲基礎和核心的禮教是與中國的基本政治有關係的。因此他說：「這個帝國的構成，是以治家的思想爲基礎的❷。」可見，在孟德斯鳩看來，「禮」和「禮教」是中國封建統治者用來維護其統治的思想武器，是爲鞏固中國封建統治和防止革命服務的。

在孟德斯鳩看來，禮教除了有利於中國封建政權的鞏固和防止革命的爆發以外，它還有一個重要作用，就是：使中國沒有被征服者所同化。他說：韃靼人曾經兩度征服中國，然而，征服者卻無法改變中國的習慣、風俗、法律和宗教，他們「不能夠一下子把這些東西都給改變了。」究其原因就在於：在中國，「習慣、風俗、法律和宗教就是一個東西。」於是，在中國，被改變、被同化的便「一向是征服者」。因爲「征服者的風俗並不是他們的習慣，他們的習慣並不是他們的法律，他們的法律並不是他們的宗教；所以他們逐漸地被征服的人民所同化，要比被征服的人民被他們所同化容易一些❷。」應該說，孟德斯鳩的這種見解是有一定道理的。

孟德斯鳩認爲，禮教在阻止基督教在中國傳播方面也起了很大的作用。他說：「要在中國建立基督教，幾乎是不可能的事❷。」爲甚麼？究其原因就在於：基督教的教規和儀式是與中國的禮教相矛盾、相抵觸的。「貞女誓言、婦女在教堂集會、她們和神職人員必要的來往、她們參加聖餐、秘密懺悔、臨終的塗油式、一夫一妻——所有這一切都推翻這個國家的風俗和習慣，

---

❷　同❷。
❷　孟德斯鳩：《論法的精神》上冊，頁 314。
❷　同❷。

同時也觸犯它的宗教和法律❷。」「基督教，由於建立慈善事
業，由於公開的禮拜，由於大家參加共同的聖禮，所以似乎要
求一切都要在一起；但是中國的禮教似乎只是要求一切都要隔
開❸。」孟德斯鳩指出：「這種隔離是和專制主義的精神相關連
的❸。」

　　儘管中國的封建統治者有比較豐富的統治經驗，儘管他們在
政治、軍事和思想等方面加強其反動統治，但是由於他們所實行
的是「極其野蠻的暴政」──封建專制主義，再加上由於天災和
人口眾多而造成饑荒，所以爆發農民起義是不可避免的。在孟德
斯鳩看來，「賊幫」（指起義的農民）的行動是有意義的，它對中
國的封建統治者可以起到「警告」和「懲罰」的作用。他說，中
國的統治者如果腐敗，如果不及時「改革弊政」，就會「受到急
遽的顯著的警告」，「受到懲罰」，「就要喪失他的帝國和生
命❸。」

　　在孟德斯鳩看來，中國封建統治者還有一個導致亡國的致命
的內在原因，這就是：好逸惡勞，驕奢淫逸，腐化墮落。他在總
結中國歷史上的教訓時這樣寫道：

　　　　大體上我們可以說，所有的朝代開始時都是相當好的。品
　　　德、謹慎、警惕，在中國是必要的；這些東西在朝代之初
　　　還能保持，到朝代之末便都沒有了。實際上，開國的皇帝
　　　是在戰爭的艱苦中成長起來的，他們推翻了耽於逸樂的皇

❷　孟德斯鳩：《論法的精神》上册，頁 314。
❸　同❷。
❸　同上書，頁 314-315。
❸　同上書，頁 128-129。

室，當然是尊崇品德，害怕淫佚；因為他們曾體會到品德
的有益，也看到了淫佚的有害。但是在開國初的三、四個
君主之後，後繼的君主便成為腐化、奢侈、懶惰、逸樂的
俘虜；他們把自己關在深宮裏，他們的精神衰弱了，壽命
短促了，皇室衰微下去；權貴興起，宦官獲得寵信，登上
寶座的都是一些小孩子；皇宮成為國家的仇敵；住在宮裏
的懶漢使勞動的人們遭到破產，篡位的人殺死或驅逐了皇
帝，又另外建立一個皇室，這皇室到了第三、四代的君主
又再把自己關閉在同樣的深宮裏了。㉝

　　總之，孟德斯鳩作為 200 多年前的法國人，在當時交通不
便、材料有限的條件下，竟能對中國封建社會的情況有如此深刻
的了解，並發表許多精闢的論斷和見解，這的確是極其難能可貴
的。

二、孟德斯鳩在中國

　　孟德斯鳩及其啟蒙思想，尤其是他的政治法律思想，不僅對
歐美資產階級革命運動產生過巨大影響，而且對中國近代革命運
動也產生過很大影響。孟德斯鳩及其思想之所以被一些先進的中
國人和進步刊物介紹到近代中國並得到廣泛傳播，這絕不是偶然
的，而是與中國舊民主主義革命時期的任務緊密相聯的。在這個
時期裏，中國人民面臨的任務是：推翻帝國主義和清王朝的封建
專制統治，變革腐朽反動的社會制度，建立獨立的資本主義國

㉝　孟德斯鳩：《論法的精神》上冊，頁 103。

家。當時那些爲實現這個革命任務而奮鬥的先進的中國人，企圖走一條向西方尋找眞理的道路。無論是資產階級改良派還是資產階級革命民主派提倡革新變法，都是從介紹西方資產階級政治法律制度開始的，他們不僅把參用西法作爲變法的主要內容，而且把西法作爲論證變法的依據。他們對孟德斯鳩的三權分立學說和君主立憲思想表現出濃厚的興趣。

孟德斯鳩的三權分立學說和君主立憲思想大約是在 19 世紀七、八十年代傳入我國的，當時，我國早期資產階級改良派的一些代表人物，就開始將西方國家所採用的三權分立和君主立憲等政治法律制度介紹到中國。例如，馬建忠（1845～1900）曾介紹過三權分立之制，說這種制度使政事「綱舉目張，燦然可觀」。王韜（1828～1897）、鄭觀應（1842～1922）等人對西方政治法律制度也作過評介，認爲這種制度值得效法，他們對於資產階級的君主立憲制度尤爲贊賞。

資產階級維新派的主要代表人物康有爲（1858～1927），從 19 世紀 80 年代中期到戊戌年間，也曾批評封建君主制，主張效法英國、日本，實行三權鼎立之制，與民權，開國會，立憲法，建立君主立憲制。在他看來，這才是眞正實現國家治強之途。他不僅強調在中國實行「三權鼎立之制」的必要性，而且認爲要建立君主立憲制，就應實行三權鼎立之制。他批評了淸王朝不實行三權分立之制的弊病。可是，在辛亥革命爆發以後，康有爲卻由鼓吹變法轉而反對變法，從主張採用西方資產階級的法律制度轉而反對廢除淸王朝的舊法。他竟然攻擊說：人們宣傳「民主、革命、平等」，「使舉國之人，皆盧騷、福祿特爾、孟德斯鳩」，都是無濟於事的空談。

資產階級維新運動的激進派代表譚嗣同（1865～1898）也主張實行資產階級的分權制。他認為，由帝王和地方長官一人包攬各項權力，勢必出現獨斷專橫，導致「平等亡，公理晦，而一切慘酷蒙蔽之禍，斯萌芽而浩瀚矣❸。」他非常讚賞西方國家的分權制，他說：

> 西國於議事辦事，分別最嚴。議院議事者也；官府辦事者也。各不相侵，亦無偏重。明示大公，陰互牽制。法治之最善而無弊者也。❸

嚴復（1851～1921）是中國近代著名的資產階級啟蒙思想家、維新派的重要理論家，著名的翻譯家。在他翻譯的大量西方資產階級社會學原著中，就有孟德斯鳩的《法意》（即《論法的精神》）。他認為，西方各國之所以富強，就在於它們的制度是以「自由為體，民主為用」。他把英國的君主立憲制看作是最理想的政治制度。孟德斯鳩的法治思想對他有一定的影響。他贊同孟德斯鳩的觀點，認為法律是「治國之經制」，而有了法，則君民「上下所為，皆有所束」。嚴復認為，只有懂得以法治國，才算得上是「知治之要」。照他的意見，要採用西法，實行新法制，重要的一條就是實行三權分立之制。他指出，英國的立憲，能「久行不弊」，「上下相安」，其秘密就在於採用了洛克、孟德斯鳩的分權論。他主張司法獨立，他說：在中國的專制制度之下，帝王、守宰「一人身而兼刑、憲、政三權」，分司不明確，

---

❸　〈壯飛樓治事篇第五・平權〉，《譚嗣同全集》卷1。
❸　同❸。

容易發生流弊，難有持平之獄。他認為，法律一經制定，就必須切實執行。「法之既立，雖天子不可以不循也。使立法矣，而其循在或然或不然之數，是則專制之尤者耳㊱。」他指出，專制君主是「超乎法之上，可以意用法易法，而不為法所拘」的㊲。

　　資產階級 維新派 的另一位 主要代 表人物 梁啟超 （1873～1927），以其通俗流暢的文筆，介紹了孟德斯鳩、盧梭等人的學說。從 1894 到 1902 年間，他的政治法律思想較多地受到盧梭、孟德斯鳩等人學說的影響。他曾經宣稱：在「西哲」的治國方案中，盧梭的《民約論》「最適於今日之中國」；孟德斯鳩的《萬法精理》（卽《論法的精神》），常為後來西方各國「改制之模範，功固不在盧梭下也」。在中國近代資產階級改良派中，梁啟超是一位較為重視法制，具有法治思想傾向的思想家。他受孟德斯鳩學說的影響，非常強調法律的作用。他把有無法律和法律是否發達看成是區別人類和禽獸、文明和野蠻的重要標誌。他認為，「人治」不如「法治」。他贊揚孟德斯鳩的分權論，說它「實能得立政之本原」。他認為，實行三權鼎立之制是西方各國「制治最要之原」。他還反覆陳述要在中國實行君主立憲制。他認為，中國若要強盛，就必須實行以三權分立為基礎的君主立憲制。他在〈立憲法議〉一文中說：「君主立憲者，政體之最良者也。」「立憲政體，亦名為有限權之政體。……有限權云者，君有君之權，權有限；官有官之權，權有限；民有民之權，權有限㊳。」他宣稱：「採定政體，決行立憲，實維新開宗明義第一

㊱　嚴復譯：《孟德斯鳩法意》上冊，商務印書館 1981 年版，頁27。
㊲　同上書，頁 26。
㊳　《飲冰室文集》卷 20。

事。」但他認爲，根據當時中國的條件，特別是根據國民現有的程度來說，尚無資格實行君主立憲，必須在「民智稍開」之後才能實行。於是他提出了「預備立憲」的主張。而到了 1905 年，當他成了資產階級革命民主派的主要論敵之後，他便拋棄了前期曾經極力宣揚的一些積極的主張。他由反覆陳述要實行君主立憲制，退而強調要先實行「開明專制」；由熱情呼喚盧梭的《民約論》，「尚其東來」，退而對它採取批評態度，認爲不論「應用之於何國，而無不失敗者」❸；過去曾稱孟德斯鳩的三權分立學說是「後世改制之模範」，而這時卻對它進行攻擊，說在中國「亦萬不能實現」，甚至說甚麼如在中國推行三權分立之制，則其「危險有不可思議者焉」。

　　曾在光緒二十八年清王朝變法修律時出任修訂法律大臣的沈家本（1840～1913），也是三權分立原則的擁護者。他反對政刑「叢於一人之身」的專制體制，主張政刑分離，司法獨立。他認爲，「司法獨立，爲異日憲政之始基❹。」

　　20 世紀初，以孫中山（1866～1925）爲代表的資產階級革命民主派宣傳和提倡資產階級的法制，強調以法治國，反對人治。他們主張三權分立，強調行政不得干涉司法，以確保司法獨立。孫中山說：

　　　英國憲法所謂三權分立……是從六、七百年前由漸而生，成了習慣，但界限還沒有清楚。後來法國孟德斯鳩將英國制度作爲根本，參合自己的理想，成爲一家之學。美國憲

---

❸　〈開明專制論〉，《飲冰室文集》卷 29。
❹　《清末籌備立憲檔案史料》下冊。

法又將孟氏學說作為根本，把那三權界限更分得清楚，在一百年前算是最完善的了。㊶

孫中山認為，資產階級的三權分立制度通過權力的相互制約，避免了封建專制時代集國家大權於君主一人之身的弊端，這無疑是應當肯定的。但是他也發現，三權分立仍然存在著嚴重的缺陷，這就是：人民沒有直接民權，容易出現議會專制。於是，他提出了五權分立和五權憲法的理論。所謂五權分立，就是在立法、行政、司法三權分立之外，另立考選權和糾察權。他說：「兄弟的意思，將來中華民國的憲法是要創一種新主義，叫做『五權分立』。」以五權分立為基本內容的憲法，就稱作五權憲法。他把五權憲法稱為「立國之本」。

章太炎（1869～1936）也是擁護資產階級三權分立的政權體制，推崇司法獨立的。他的理想是：建立一個沒有議會的、由平民直接行使權力的立法、司法、行政三權分立的總統制共和國。

這裏再談一下 20 世紀初我國介紹、傳播過孟德斯鳩及其思想的刊物。這些刊物主要有：(1)《譯書匯編》（1900 年 12 月在日本東京創刊，月刊，出至 1903 年 4 月），是我國留日學生最早創辦的刊物。在其第 1～3 期上刊載了孟德斯鳩的《萬法精理》（卽《論法的精神》）的部分譯文。這是孟德斯鳩這一名著最早的中譯文。(2)《國民報》（創刊於 1901 年 5 月，終刊於同年 8 月，共出 4 期），是清末資產階級革命派主辦的刊物。它贊頌孟德斯鳩說：「孟德斯鳩苦心焦慮，審慎週詳，其播之也出

㊶　〈在東京「民報」創刊週年慶祝大會上的演說〉，《孫中山選集》。

於和平。」(3)《清議報》，是資產階級改良派的宣傳陣地。梁啟超那篇論述君主立憲的重要文章〈立憲法議〉就是在 1901 年 6 月 7 日的《清議報》上發表的。(4)《新民叢報》（1902 年 2 月由梁啟超創辦，最後一號出版於 1907 年 11 月），在其第 3、4 號上連續介紹了孟德斯鳩的三權分立學說，認爲這是孟氏「千古不朽」的創見，是一個國家「創設自由政治」，保障國民「自由權」的模範政體。(5)《湖北學生界》1903年 2 月出版的第 2 期發表的一篇文章強調說：只有「灌輸路索（即盧梭）、孟德斯鳩、達爾文、斯賓塞諸儒之學說」，才能使學界適應時代潮流，求得新的救國方案，不致於「長淪於黑暗之中」。(6)《浙江潮》（1903 年 2 月創刊，月刊）在其第 3 期上發表了〈最近三世紀大勢變遷史〉一文，評介了盧梭、孟德斯鳩等人的學說。

孟德斯鳩的思想對於民國時代的憲法和法制有著明顯的影響。辛亥革命後成立的南京臨時政府，在孫中山法律思想的指導下，頒佈了許多具有民主主義性質的法律和法令，建立了前所未有的司法制度。1912 年頒佈的、作爲辛亥革命勝利產物的「中華民國臨時約法」，就是根據三權分立的原則，來建立民國的國家機關體系的。

孟德斯鳩的三部主要著作都有中譯本。《論法的精神》一書最早的中譯本是文言文，譯者是日本人何禮之和中國人程炳熙、張相文，只譯出孟氏原著的一半，書名爲《萬法精理》，於本世紀初發表在《譯書匯編》月刊上；1913 年商務印書館出版了嚴復的譯本，書名爲《法意》，這個譯本也還有第 30 卷和第 31 卷未譯；1961、1963 年，商務印書館又出版了張雁深的現代漢語譯本，書名爲《論法的精神》（上、下冊），這是個全譯本。

孟德斯鳩的另一部重要著作《波斯人信札》，過去也曾由林琴南和口譯者王慶驥合作譯成文言文，書名爲《魚雁抉微》（只譯出了其中的 80 多封信），連載在 1916 年的《東方》雜誌上；後來又由羅大岡譯完了全書的 160 多封信，於 1958 年由人民文學出版社出版。孟德斯鳩的第三部重要著作《羅馬盛衰原因論》的中譯本（書後附有他的一篇重要的美學論文〈論趣味〉），於 1962 年由商務印書館出版，譯者婉玲。

孟德斯鳩的著作，尤其是他的三部主要著作，是包括中國人民在內的整個人類的進步傳統的重要組成部分和整個人類極其珍貴的文化遺產。孟德斯鳩的名字，將與他的不朽著作一起，在人類文化史上永放光輝。

生平著作年表

1689年 1 月18日

生於法國西南部吉倫特省波爾多市附近的一個姓斯貢達的貴
族家庭。父親雅克・斯貢達，是個軍人。母親瑪麗・弗朗索
瓦・德・貝斯奈勒，是一位貴族小姐。未來的啟蒙思想家就
出生在她陪嫁來的拉柏烈德莊園裏。出生後，在拉柏烈德教
區的教堂受洗，取名沙利・路易。其教父是村裏的一個乞丐。

1696年（7 歲）

母親去世。作爲長子，他繼承了母親的遺產和拉柏烈德男爵
爵位。

1700年（11歲）

8 月　進巴黎附近的教會學校朱伊公學讀書。

1705年（16歲）

8 月　朱伊公學結業，回到故鄉。在朱伊公學 5 年期間，學
習了拉丁文、法文、希臘文、地理、歷史、數學、繪畫、
音樂、馬術、擊劍、舞蹈等課程。寫有詩體悲劇《布里馬
爾》。此外，還留下 78 頁的「羅馬史」筆記。進入波爾多
大學專修法律。

1708年（19歲）

獲得法學學士學位和碩士學位，並獲得律師資格，在基因會任律師。

1709年（20歲）

離開波爾多，來到巴黎。在巴黎一直住到 1713 年 11 月之前。

1711年（22歲）

寫作〈異教神甫〉一文。

1713年（24歲）

本年　在巴黎居住期間曾與中國人黃嘉略進行多次討論，對儒教問題尤其感興趣。

11月15日　父親去世。奔父喪，回到波爾多。作為長子，繼承了父親的產業。

1714年（25歲）

2 月24日　被破例任命為波爾多高等法院的推事。

1715年（26歲）

3 月11日　與一位貴族小姐、加爾文教徒讓娜‧德‧拉爾蒂克訂婚。婚約寫明新娘給丈夫 10 萬利弗爾嫁資。

4 月30日　在波爾多聖——米歇爾教堂舉行婚禮。

1716年（27歲）

年初或去年底　寫作〈論國家債務〉一文。

2 月10日　兒子讓‧巴普蒂斯特出生。（他於 1734 年未滿 19歲時已獲得律師資格，並被選入波爾多科學院，兩年後又當選為科學院的執行主席。他有一個兒子，但其子無子嗣。）

4 月　被選為波爾多科學院院士。18日，宣讀受職演說。

4 月24日　伯父讓‧巴普蒂斯特‧斯貢達‧孟德斯鳩男爵病

故。遵照伯父生前立下的遺囑，繼承其全部產業、孟德斯鳩
男爵爵位和波爾多高等法院庭長職位。

6月16日　在波爾多科學院宣讀〈論羅馬的宗教政策〉一
文。

9月28日　出資創設解剖學研究獎。

11月16日　在波爾多科學院宣讀〈論思想體系〉一文。

1716～1724年（27～35歲）

與頗有權勢的貝里克公爵結識，成了莫逆之交。

1717年（28歲）

5月22日　長女瑪麗·卡特琳娜出生。（她後來嫁給一位鄉
紳。）

8月25日　在波爾多科學院宣讀〈論才華的差異〉一文。

11月15日　宣讀〈波爾多科學院新學年開始時的演說〉。

本年（約）　寫作〈論西塞羅〉和〈贊誠實〉兩文。

1718年（29歲）

2月25日　在波爾多科學院宣讀〈論腎腺的功能〉一文。

5月1日　在波爾多科學院宣讀〈論回聲的起因〉一文。

1719年（30歲）

寫作〈古今地球歷史的設想〉一文。

1719～1721年（30～32歲）

寫作〈對自然史觀察的隨筆〉，1719年11月16日及1721年
11月20日在波爾多科學院宣讀。

1720年（31歲）

5月1日　在波爾多科學院宣讀〈論物體重力產生的原因〉
一文。

8月25日　在波爾多 科學院宣讀〈論物體透 明性產生的原因〉一文。

1721年（32歲）

春或初夏　第一部重要著作《波斯人信札》在荷蘭阿姆斯特丹出版。因此書的出版而一舉成為文壇名士。

本年　次女瑪麗・約瑟奧・丹妮絲出生。（她後來與堂弟戈德弗洛瓦・德・斯貢達結婚。孟德斯鳩家族由他們的後代繁衍下來。）

1721～1728年（32～39歲）

躋身於巴黎宮廷社交界，成為沙龍常客，並經常參加民間學術團體（主要是中樓俱樂部）的活動。

1723年（34歲）

11月18日　在波爾多科學院宣讀〈論彈性〉和〈論相對運動〉兩文。

本年（約）　寫作〈致古蒂芒什神甫書簡〉、〈歌：我們沒有哲學〉、〈致普利夫人〉。

1724年（35歲）

寫作《尼德的神殿》、《賽菲斯與愛情》、《蘇拉與歐克拉底的對話》。

本年（約）　寫作《色諾克拉底致菲拉斯的信》。

1725年（36歲）

由於長期涉足於巴黎社交界，經濟狀況出現困難，負債數萬利弗爾。

5月1日　在波爾多科學院宣讀〈論義務〉一文摘要。

8月25日　在波爾多科學院宣讀〈論敬重與聲望〉。

11月12日　在波爾多科學院宣讀〈在波爾多高等法院復業時的演說〉。

11月15日　在波爾多科學院宣讀〈鼓勵科學研究的諸因素〉。

本年　寫作〈論政治〉一文。

本年（約）　寫作〈論自然法及正義與非正義的區別〉一文。

1726年（37歲）

7月7日　賣掉波爾多高等法院庭長之職，獲得 10 萬利弗爾左右巨款。因而擺脫了經濟窘境，並爲以後的出國遊歷解決了旅費問題。

8月25日　在波爾多科學院宣讀〈頌揚德·拉福斯公爵的演說〉。

寫作〈論雷電的產生原因及效用〉一文。

著手寫作〈論趣味〉一文。

1726～1727年（37～38歲）（約）

寫作〈論西班牙的財富〉一文。

1727年（38歲）

寫作〈反對1725年 2 月27日樞密院決定〉。

寫作〈巴弗斯遊記〉。

本年（約）　寫作〈對話〉、〈桑蒂帕與色諾克拉底的對話〉。

1728年（39歲）

1月24日　被接納爲法蘭西學士院院士，並在院士會議上宣讀〈法蘭西學士院受職演說〉。

4月5日　離開巴黎，出國旅遊。

4月26日　抵達奧地利首都維也納。在維也納期間，覲見了皇帝，會見了歐仁親王、施倫堡元帥，結識了一些外交使節。

5～6月間　前往匈牙利考察礦山。

6月底　回到維也納，並從那裏向義大利進發。

7月底　抵達威尼斯，開始了爲時一年零一個月的義大利之行。

寫作〈奧地利旅行記〉、〈告別熱那亞〉。

1729年（40歲）

7月31日　離開義大利北部城市特蘭托。在義大利遊歷期間，參觀訪問了威尼斯、米蘭、都靈、熱那亞、比薩、佛羅倫薩、羅馬、那不勒斯等歷史名城，拜見並結識了一些樞機主教，包括後來成爲羅馬教皇克雷芒十二世的樞機主教洛倫佐·科爾西尼，會見過一些耶穌會士，尤其是兩位從中國回來的傳教士福凱（中文名叫傅聖澤）和馬蒂亞·里帕（中文名叫馬國賢），並與一些詹森派人士有過交往。

8月初　經奧地利的因斯布魯克，進入德國境內。其後，曾在慕尼黑逗留兩週，並途經奧格斯堡、漢諾威等城市。

10月15日　抵達荷蘭的阿姆斯特丹。

11月3日　抵達英國首都倫敦，開始了此次出國遊歷中時間最長、收穫最大、影響最深遠的英國之行。

1728～1729年（39～40歲）

寫作〈義大利、德國、荷蘭遊記〉、〈佛羅倫薩〉。

1730年（41歲）

2月　被選爲英國皇家學會會員。

5月　出席過共濟會分會會議，正式成爲這個世界性的秘密互助會社的成員。

1729～1731年（40～42歲）

寫作〈遊英筆記〉、〈英國旅行記〉。

1731年（42歲）

4月　離英回國。在英國生活的近一年半時間裏，著重考察了英國的社會政治制度，會晤過女王和政界顯要人物，出席聽取了輝格黨人和托利黨人在下院進行的辯論，並與英國知識界密切交往，還參加了共濟會。

5月21日　回國後第一次出席法蘭西學士院會議。

6月底　回到波爾多，住進拉柏烈德莊園。從此深居簡出，閉門著書，主要集中精力撰寫《羅馬盛衰原因論》。

本年（約）　寫作〈熱那亞書簡〉。

1731～1732年（42～43歲）

寫作〈關於礦山的論文〉。

1731～1733年（42～44歲）

寫作〈論歐洲一統王國〉、〈論幾位君主的性格及其一生中的若干事件〉兩文及《羅馬盛衰原因論》一著。

1731（約）～1738年（42（約）～49歲）

寫作〈眞實的故事〉（又名〈靈魂轉世者〉）。

1732年（43歲）或以前

寫作〈康蒂的信〉、〈嫉妒的故事〉（又名〈論嫉妒〉）。

1732年（43歲）

11月　在波爾多科學院宣讀〈論羅馬居民的節儉及其與古羅馬人飲食無度的對比〉一文。

1734年（45歲）

夏　第二部重要著作《羅馬盛衰原因論》在荷蘭阿姆斯特丹
出版。

11月14日　在波爾多科學院宣讀〈論思想的形成及發展〉一
文。

本年（約）　寫作〈政治自由〉、〈論哥特人的風俗〉兩
文。

1734年（45歲）（約）～1748年（59歲）

這一時期經常往返於波爾多與巴黎之間，而且主要住在巴黎。

經常出席波爾多科學院和法蘭西學士院的會議，並涉足於波
爾多和巴黎的文化沙龍之中。

主要集中精力撰寫《論法的精神》一著。

1734年（45歲）後

寫作〈貝里克元帥頌詞草稿〉。

1736～1743年（47～54歲）

寫作〈論影響精神與性格的諸因素〉。

1738年（49歲）

寫作〈獻給喬弗里夫人〉（四行詩）。此詩著作權不確定。

寫作〈獻給勒弗朗夫人〉一詩。

本年（約）　寫作《法蘭西史》。

1739～1740年（50～51歲）

寫作〈路易十一史〉。

1740年（51歲）或此後

寫作〈米爾波瓦夫人素描〉。

1742年（53歲）

寫作〈阿薩斯與伊斯梅尼〉、〈聖約翰的新年禮物〉。

1745年（56歲）（約）

寫作〈致布弗萊夫人〉、〈馬德里加爾：致兩位向他索取歌曲的姐妹〉。

1746年（57歲）

被選爲柏林皇家科學院院士。

1747年（58歲）

寫作〈斯坦尼斯拉斯·萊茨津斯基宮中回憶〉、〈向繆斯諸神祈求〉。

1748年（59歲）

10月　最重要的著作《論法的精神》在瑞士日內瓦問世。這部具有劃時代意義的巨著出版後，在學術界、政界、宗教界反應強烈，對它譭譽不一。圍繞著它展開了一場激烈爭論。這場爭論進行了 3 年。經過這場爭論，各種社會勢力的陣線變得越來越分明，啟蒙思想家的隊伍不斷壯大，孟德斯鳩在啟蒙思想家的圈子裏成了最受尊敬的成員之一。

本年　應達朗貝爾之邀爲《百科全書》撰寫〈趣味〉條目。

本年　波爾多大鬧饑荒，孟氏發放免費糧食，賑濟災民。

1748年（59歲）或此後

寫作〈論所有權訴訟〉一文。

1750年（61歲）

2月　匿名發表《爲「論法的精神」辯護》一著以及〈關於「論法的精神」的幾點澄清〉一文。

寫作〈關於鮑塔里報告的思考〉。

1751年（62歲）

寫作〈珍珠茱〉。

11月29日　羅馬教廷把《論法的精神》列入《禁書目錄》之中。（但宣佈它為禁書的裁決書則於1752年3月2日公開發佈。）

本年（約）　寫作〈關於「羅馬盛衰原因論」英文版譯者提出的幾點意見〉。

1752年（63歲）

寫作〈論政體〉。

1752～1754年（63～65歲）

寫作〈對神學院的答覆與解釋〉。

1753年（64歲）

4月2日　被選為法蘭西學士院院長。

寫作〈致達西埃〉。

一位瑞士徽章匠人專程來巴黎為孟德斯鳩作胸像。

1753～1755年（64～66歲）

最終完成早在 1728 年已具雛形的美學論文〈論趣味〉

1754年（65歲）

給《波斯人信札》增添了 11 封信。

1755年（66歲）

1月25日　在巴黎染上流行性熱病。

2月10日　在巴黎聖多米克大街寓所與世長辭。

2月11日　舉行葬禮。啟蒙思想家狄德羅參加了葬禮。

11月　《百科全書》第 5 卷出版，卷首刊有編者達朗貝爾撰寫的對孟德斯鳩的頌詞。

主要參考書目

Montesquieu. Oeuvres Complètes, t. 1-V11. Paris. 1875-1879.

Mèlanges inèdits bu baron de Montesquieu. Paris. 1892.

Voyagès de Montesquieu. Bordeaux. 1894-1896.

Pensèes et Fragments inèdits de Montesquieu. Bordeaux. 1899-1901.

Correspondance de Montesquieu. Paris. 1914.

Montesquieu. Cahiers (1716-1755). Paris. 1941.

Montesquieu. Oeuvres Complètes, t. I-III. Paris. Nagel. 1950-1955.

Монтескье Ш. Избранные произведения.—М. : Госполит-издат, 1955.

Монтескье Ш. Персидские письма.—М. : Госполитиздат, 1956.

孟德斯鳩：《論法的精神》（上、下冊）（張雁深譯），商務印書館 1961、1963 年版。

孟德斯鳩：《羅馬盛衰原因論》（婉玲譯），商務印書館

1962 年版。

孟德斯鳩: 《波斯人信札》（羅大岡譯），人民文學出版社
1978年版。

《孟德斯鳩法意》（嚴復譯），商務印書館 1981 年版。

※   ※   ※

Barckhausen H. *Montesquieu. Ses idèes et ses oeuvres
d'après les Papiers de la Brèdes.* P., 1907.

Cotta Sergio. *Montesquieu e la scienza della societò*
Turino. 1953.

Dedieu J. *Montesquieu.* P., 1954.

Gohring M. *Montesquieu historismus und moderner
Verfassungstaat.* Wiesbaden. 1956.

Actes du Congres Montesquieu. Bordeaux. 1956.

Althusser L. *Montesquieu. La Politique et l' histoire.*
P., 1959.

Durkhelm E. *Montesquieu and Rousseau-forerunners of
sociology.* Ann Arbor. 1960.

Shackleton R. *Montesquieu. A critical biography.*
London. 1961.

Waddicor M. *Montesquieu and the philosophy of
natural law.* Nijhoff, 1970.

Merry H. *Montesquieu's system of natural governement.*
West Lafayette. 1970.

Goyard-Fabre S. *La philosophie du droit de Montesquieu.* P. , 1973.

Pangle T. *Montesquieu's philosophy of Liberalism. A commentary on《The spirit of the Laws》.* Chicago-London. 1973.

Hulliung M. *Montesquieu and the old regime.* Berkeley. 1976.

Baum J. *Montesquieu and social theory.* Oxford. 1979.

Деборин А. М. Социально-политические учения нового времени, т. 1.—М. : изд-во АН СССР, 1958.

Баскин М. П. Монтескье.—М. : Мысль, 1975.

Политические учения : история и современность. Домарксистская политическая мысль.—М. : Наука, 1976.

Волгин В. П. Развитие общественной мысли во Франции в XVIII в.—М. : Наука, 1977.

亞里士多德:《政治學》（吳壽彭譯），商務印書館1981年版。

洛克:《政府論》（上、下篇）（瞿菊農、葉啟芳譯），商務印書館 1982、1964 年版。

黑格爾:《法哲學原理》（范揚、張企泰譯），商務印書館 1961 年版。

黑格爾:《哲學史講演錄》第 4 卷（賀麟、王太慶譯），商務印書館 1978 年版。

羅伯特·夏克爾頓:《孟德斯鳩評傳》（劉明臣、沈永興、許明龍譯），中國社會科學出版社 1991 年版。

索　引

一、名目索引

二　畫

人爲法　*127, 129, 130, 131, 149, 207*

人道主義　*98, 177, 179, 181, 185, 187, 207, 209, 210, 211, 213, 215, 216, 217, 219, 232*

三　畫

大逆罪　*60, 61, 137, 138, 139, 140, 245*

三權分立（制度，學說）　*142, 151, 156, 161, 162, 163, 164, 165, 234, 237, 238, 239, 240, 241, 242, 252, 253, 254, 255, 256, 257*

四　畫

「手藝人」（雜誌）　*27*

分權理論（學說）　*27, 28, 156, 157, 158, 164, 165, 236,*

274 孟德斯鳩

240, 253, 254

中樓俱樂部　17, 18

天主教（教會）　34, 67, 72, 77, 78, 85, 86, 87, 88, 89,

91, 93, 101, 102, 103, 115, 148, 150, 207

五　　畫

正義　17, 107, 168, 169, 171, 176, 263

平等　193, 194, 195, 207, 208, 209, 211, 214, 217,

219, 226, 232, 235, 236, 237

冉森教　94

加爾文教　94

六　　畫

托利黨　26, 265

共濟會　27, 32, 265

共和政體（制度）　31, 93, 104, 118, 131, 137, 141, 143,

151, 152, 195, 201, 202, 237

伊斯蘭教　92, 93, 96, 98, 99, 102, 113, 114, 116

自由　9, 105, 116, 118, 119, 131, 132, 133, 139, 144,

149, 150, 153, 155, 158, 159, 160, 161, 162, 163,

178, 199, 203, 208, 209, 210, 214, 220, 229, 232,

235, 236, 237, 253

自然神論（者）　37, 67, 68, 69, 71, 72, 73, 80, 234

自然法　*125, 126, 127, 129, 130, 148, 149, 168, 207,*
　208, 235, 263

自然法學派　*125*

七　　畫

投石黨人　*4, 8*

克雷芒通諭　*24*

君主立憲制（思想）　*28, 72, 126, 151, 153, 154, 155,*
　156, 157, 159, 164, 234, 236, 237, 238, 239, 240,
　241, 252, 253, 254, 255, 257

君主政體（制度）　*31, 93, 131, 141, 143, 151, 152, 153,*
　154, 196, 201, 235, 236, 237, 240

折衷主義　*68*

佛教　*92, 93, 102, 111*

八　　畫

宗教裁判所（宗教法庭）　*67, 91, 102, 130, 131, 147, 149*

法　*69, 70, 125, 126, 127, 149*

法的精神　*127, 128, 149*

法治（思想）　*119, 132, 133, 134, 149, 150, 161, 234,*
　237, 238, 240, 241, 242, 253, 254

九　畫

耶穌會士　*24, 29*

神爲法　*128, 129, 130, 149*

信仰自由　*90*

重金主義　*197*

重商主義　*2, 197*

十　畫

迷信　*9, 100, 102*

哥特式建築　*22*

索西尼派　*84*

十 一 畫

現實主義　*16, 44*

規律　*69, 70, 71, 74, 103, 106, 108, 109, 126, 127*

貨幣數量論　*189, 197*

假古典主義　*16*

專制政體（制度）　*3, 13, 19, 34, 55, 56, 57, 58, 59, 61,*
　　62, 63, 64, 67, 92, 93, 107, 118, 131, 134, 137, 141,
　　142, 143, 147, 148, 149, 150, 152, 153, 160, 221,
　　222, 227, 234, 236, 237, 245, 253

基督教　31, 68, 76, 77, 84, 98, 99, 114, 116, 213, 214,
　224, 249, 250

異端　37, 63, 74, 91, 99, 137, 138

唯物主義　68, 70, 72

唯心主義　68, 148, 236

理性　34, 38, 51, 69, 70, 72, 106, 107, 115, 116, 123,
　125, 126, 127, 128, 143, 144, 147, 148, 208, 209,
　211, 212, 226

庸俗信用論　197

十 二 畫

無神論　68, 72, 101, 147, 234

斯賓諾莎主義者（派）　37, 38, 84

猶太教　98, 99

猶太人　91, 96, 99, 129, 207, 215, 216

十 三 畫

道教　92, 93, 102

義務　17, 20

詹森派（教派）　25, 36, 38, 264

新教（基督教新教）　67, 77, 78, 84, 86, 93, 94, 115

十五畫

趣味　*17, 22, 44, 45, 46, 258, 263, 267, 268*
輝格黨　*26, 265*
寬容異教（宗教寬容）　*28, 32, 96, 199, 234*

十九畫

羅可可式　*15*

二十四畫

靈魂不滅　*84, 85*

二、人名索引

三畫

大流士　*181*

四畫

孔多塞，讓·安都昂（1743～1794）　*16*

牛頓，伊薩克（1643～1727）　*45*

巴爾博　*18*

巴里約（出版商）　*35, 37*

瓦倫蒂　*52*

中江兆民（日本思想家，1847～1901）　*238, 239*

丹東，若爾日・雅克（1759～1794）　*242*

王造時　*122*

王太慶　*238, 271*

王韜（1828～1897）　*252*

王慶驥　*258*

五　　畫

布封　*16, 45*

布里索，雅克・波埃爾（1754～1793）　*241*

加塞，德（伯爵）　*15*

加蘭托　*49*

卡斯泰爾，路易・貝特朗（教授，耶穌會士）　*29, 30, 50*

卡塔內奧（義大利人）　*39*

弗雷隆，艾里・卡特林　*38, 39*

尼凡爾內，德（公爵）　*40, 50*

本狄尼克十四世（教皇）　*40, 52*

皮薩列夫，德米特利・伊萬諾維奇（俄國思想家，1840～1868）

　235

石泉　*238*

六　畫

伏爾泰（本名弗朗索瓦・瑪麗・阿魯埃，1694～1778）　1, 14,
　16, 30, 38, 41, 45, 46, 48, 68, 233, 242, 252
休謨，大衛（1711～1776）　47, 197
米開朗基羅（1475～1564）　23
米拉波（法蘭西學士院院士，啟蒙派）　45
米拉波，奧諾萊・加里布埃爾（1749～1791）　241
吉爾基，朗蓋・德（桑城大主教）　39
托蘭德，約翰（1670～1722）　69
西塞羅，馬可・土利烏斯（公元前106～43）　29, 43
西周（日本思想家，1829～1897）　238, 239

七　畫

狄德羅，德尼（1713～1784）　16, 46, 48, 53, 233, 235,
　242
杜爾哥　16
杜克洛　45, 46
杜帕萊西夫人　33
里帕，馬蒂亞（中文名叫馬國賢）　25, 244, 264
阿賽瑪尼，斯特凡・埃沃提烏斯　244
阿拉里教士（法蘭西學士院院士）　18
貝里克公爵　8, 9, 15, 21, 261, 266

克萊爾蒙，德小姐　*15*

克里圖斯　*183*

沃爾德格雷夫伯爵（一世）　*21*

貝爾托尼（佛羅倫薩人）　*39*

亨利三世（英國國王）　*216*

亨利四世（法國國王）　*94*

亨利八世（英國國王）　*139*

吳壽彭　*133, 271*

沈永興　*49, 271*

沈家本（1840～1913）　*255*

何禮之　*257*

八　畫

亞里士多德（公元前384～322）　*34, 132, 151, 152, 156,*
　　157, 271

亞歷山大（馬其頓王）　*181, 182, 183*

廸雷奈爾　*45*

波旁公爵　*15*

拉博梅爾　*38*

拉羅什富科，德（紅衣主教）　*39*

拉斐爾（1483～1520）　*23*

拉佩納，讓　*42*

拉孔達明　*47*

拉博梅爾，安吉維埃爾·德　*48*

拉法耶特，瑪利·約瑟夫（1757～1834） *241*

帕西奧內（樞機主教） *40*

彼得大帝（俄國沙皇） *147*

林琴南 *258*

九　畫

英諾森十世（羅馬教皇） *25*

范揚 *271*

科爾伯 *2*

科爾西尼，洛倫佐（教皇克雷芒十二世） *24,32,264*

洛克，約翰（1632～1704） *28,125,126,132,133,156,*
157,253,271

勃勞斯，德 *36*

施倫堡元帥 *21*

柯雷 *51*

柏拉圖（公元前427～347） *90*

查士丁尼 *135*

查理二世（西班牙國王） *167*

約翰王（英國） *215*

韋爾耐，雅各布 *25,35*

十　畫

馬札然 *1,4*

馬勒伯朗士，尼古拉（1638～1715）　*6*

馬克思，卡爾（1818～1883）　*235*

馬拉（1743～1793）　*242*

馬建忠（1845～1900）　*252*

馬蒂翁元帥　*15*

馬基雅維里，尼科洛（1469～1527）　*103, 104*

泰西爾，喬治—路易（英國皇家醫生）　*27*

唐森，德夫人　*32, 35, 46*

夏克爾頓，羅伯特　*49, 271*

恩格斯，弗里德里希（1820～1895）　*72, 73, 235*

格老秀斯（1583～1645）　*125, 126*

哲隆（西拉庫賽王，迦太基的征服者）　*181*

孫中山（1866～1925）　*255, 256, 257*

特朗布雷，阿伯拉罕　*47*

納埃衣公爵　*198*

十一畫

朗貝爾，德侯爵夫人　*16, 17, 18*

莫佩爾蒂　*43, 45*

荷馬　*122*

培根，弗蘭西斯（1561～1626）　*45*

乾隆　*243*

梅朗，多爾圖·德　*10, 45*

許明龍　*49, 271*

麥迪遜（1751～1836） *240*

康德，伊曼努爾（1724～1804） *237*

康有爲（1858～1927） *252*

康熙 *243*

梁啓超（1873～1927） *254, 257*

梁志學 *238*

章太炎（1869～1936） *256*

張雁深 *55, 257, 269*

張相文 *257*

張企泰 *271*

婉玲 *258, 269*

十 二 畫

黃嘉略 *7, 24, 243, 260*

萊布尼茲，哥特弗利德・威廉（1646～1716） *45*

華盛頓（美國總統） *241*

喬托（約1267～1337） *22*

凱撒 *43, 9*

普里，德夫人 *15*

普列漢諾夫，格奧爾基・瓦連廷諾維奇（1856～1918） *72,
   122, 123*

普希金，亞歷山大・謝爾蓋也維奇（1799～1837） *235*

普萊斯，德神甫 *36*

斯隆，漢斯爵士（英國皇家學會會員） *27*

斯賓塞（1820～1903）　*257*

博蒙，克利斯多夫・德（巴黎大主教）　*40*

博林布羅克子爵　*16*

黑格爾，格奧爾格・威廉・弗里德里希（1770～1831）　*121,*
　　122,124,237,238,271

傑弗遜，托馬斯（1743～1826）　*126,240*

腓力四世（西班牙國王）　*167*

勞，約翰（1671～1720）　*10,197,198,199*

賀麟（1902～1992）　*238,271*

程炳熙　*257*

十 三 畫

達朗貝爾，讓・勒朗（1717～1783）　*16,43,45,46,53,*
　　267,268

達爾貝薩，讓・巴蒂斯特　*20*

達西埃，雅克—安托葛　*42*

達賽，讓　*48*

達埃吉翁公爵夫人　*51*

達爾文，查理・羅伯特（1809～1882）　*257*

葉啟芳　*133,271*

葉卡捷琳娜二世（俄國女皇，1729～1796）　*234*

路易十四（法國國王，1638～1715）　*1,2,8,15,24,58,62,*
　　67,94,167,185,198,216,219,243

路易十五（法國國王）　*2,13,18,216,243*

奧爾良公爵（攝政王） *2, 15, 16*

愛爾維修，克勞德・阿德里安（1715～1771） *16, 33, 36,*
46, 48, 235, 236

福凱（中文名叫傅聖澤） *24, 243, 264*

詹森（1585～1638） *25*

詹姆斯二世（英國國王） *8*

聖西辛特（英國皇家學會會員） *27*

聖莫爾，杜普里・德夫人 *51, 52*

塞拉蒂（義大利人） *36, 41*

雷納爾 *48*

雍正 *243*

十 四 畫

瑪麗・安娜 *15*

赫爾德，約翰・哥特弗里德（1744～1803） *120, 121*

維科，喬巴蒂斯特（1668～1744） *124*

漢丁頓（美國社會學家，1876～1947） *234*

漢密爾頓，亞歷山大（1755～1804） *240, 241*

十 五 畫

德穆蘭（牧師） *11, 41*

德博爾德，雅克（出版商） *11*

德比內，克洛德（金融家） *36*

德萊爾，亞歷山德魯　*48*

魯，奧古斯丁　*48*

魯思，伯納爾（神甫）　*50,51*

劉明臣　*49,271*

鄭觀應（1842～1922）　*252*

歐仁親王　*21*

十 六 畫

盧梭，讓・雅克（1712～1778）　*1,16,48,68,125,126,*
233,239,242,252,254,255,257

霍爾巴赫，保爾・亨利希・迪特里希（1723～1789）　*16,*
102,122,235,236

霍爾貝格（丹麥人）　*39*

霍布斯，托馬斯（1588～1679）　*125,126,168*

鮑塔里　*40,41,267*

默隆　*10*

十 七 畫

謝林，弗里德里希・威廉・約瑟夫（1775～1854）　*237*

繆薩，皮埃爾　*35*

十 八 畫

豐特納爾　*16, 17, 45*

瞿菊農　*133, 271*

十 九 畫

譚嗣同（1865～1898）　*252, 253*

羅昂，德（紅衣主教）　*17*

羅伯斯比爾（1758～1794）　*241, 242*

羅大岡　*11, 258, 269*

二 十 畫

蘇阿爾　*48*

蘇韋爾維　*6*

嚴復（1851～1921）　*253, 254, 257, 269*

世界哲學家叢書 (九)

書　　　　　名	作　　者	出 版 狀 況
德　　日　　進	陳　澤　民	撰　稿　　中
朋　諤　斐　爾	卓　新　平	撰　稿　　中

世界哲學家叢書(八)

書　　　　　名	作　　者	出 版 狀 況
弗　　雷　　格	趙　汀　陽	撰　稿　中
石　　里　　克	韓　林　合	撰　稿　中
維　根　斯　坦	范　光　棣	撰　稿　中
愛　　耶　　爾	張　家　龍	撰　稿　中
賴　　　　　爾	劉　建　榮	撰　稿　中
奧　　斯　　丁	劉　福　增	已　出　版
史　　陶　　生	謝　仲　明	撰　稿　中
赫　　　　　爾	馮　耀　明	撰　稿　中
帕　爾　費　特	戴　　　華	撰　稿　中
魯　　一　　士	黃　秀　璣	已　出　版
珀　　爾　　斯	朱　建　民	撰　稿　中
詹　　姆　　斯	朱　建　民	撰　稿　中
杜　　　　　威	李　常　井	撰　稿　中
蒯　　　　　英	陳　　　波	排　印　中
帕　　特　　南	張　尚　水	撰　稿　中
庫　　　　　恩	吳　以　義	撰　稿　中
拉　卡　托　斯	胡　新　和	撰　稿　中
洛　　爾　　斯	石　元　康	已　出　版
諾　　錫　　克	石　元　康	撰　稿　中
羅　　　　　蒂	范　　　進	撰　稿　中
馬　克　弗　森	許　國　賢	已　出　版
希　　　　　克	劉　若　韶	撰　稿　中
尼　　布　　爾	卓　新　平	已　出　版
馬　丁·布　伯	張　賢　勇	撰　稿　中
蒂　　里　　希	何　光　滬	撰　稿　中

世界哲學家叢書(七)

書　　　名	作　　者	出版狀況
哈　伯　馬　斯	李　英　明	已　出　版
榮	劉　耀　中	撰　稿　中
柏　　格　　森	尚　新　建	撰　稿　中
皮　　亞　　杰	杜　麗　燕	撰　稿　中
別　爾　嘉　耶　夫	雷　永　生	撰　稿　中
縮　洛　維　約　夫	徐　鳳　林	撰　稿　中
馬　　利　　丹	楊　世　雄	撰　稿　中
馬　　賽　　爾	陸　達　誠	已　出　版
沙　　　　特	杜　小　眞	撰　稿　中
梅　露　‧　彭　廸	岑　溢　成	撰　稿　中
阿　爾　都　塞	徐　崇　溫	撰　稿　中
葛　　蘭　　西	李　超　杰	撰　稿　中
列　　維　　納	葉　秀　山	撰　稿　中
德　　希　　達	張　正　平	撰　稿　中
呂　　格　　爾	沈　清　松	撰　稿　中
富　　　科	于　奇　智	撰　稿　中
克　　羅　　齊	劉　綱　紀	撰　稿　中
布　拉　德　雷	張　家　龍	撰　稿　中
懷　　德　　黑	陳　奎　德	撰　稿　中
玻　　　爾	戈　　革	已　出　版
卡　　納　　普	林　正　弘	撰　稿　中
卡　爾　巴　柏	莊　文　瑞	撰　稿　中
柯　　靈　　烏	陳　明　福	撰　稿　中
羅　　　素	陳　奇　偉	撰　稿　中
穆　　　爾	楊　樹　同	撰　稿　中

世界哲學家叢書 (六)

書　　　　　名	作　　者	出 版 狀 況
黑　　格　　爾	徐　文　瑞	撰　稿　中
祁　　克　　果	陳　俊　輝	已　出　版
彭　　加　　勒	李　醒　民	排　印　中
馬　　　　　赫	李　醒　民	撰　稿　中
費　爾　巴　哈	周　文　彬	撰　稿　中
恩　　格　　斯	金　隆　德	撰　稿　中
普　列　漢　諾　夫	武　雅　琴	撰　稿　中
馬　　克　　思	洪　鎌　德	撰　稿　中
約　翰　彌　爾	張　明　貴	已　出　版
狄　　爾　　泰	張　旺　山	已　出　版
弗　洛　依　德	陳　小　文	撰　稿　中
阿　　德　　勒	韓　水　法	撰　稿　中
史　賓　格　勒	商　戈　令	已　出　版
布　倫　坦　諾	李　　　河	撰　稿　中
韋　　　　　伯	陳　忠　信	撰　稿　中
卡　　西　　勒	江　日　新	撰　稿　中
雅　　斯　　培	黃　　　藿	已　出　版
胡　　塞　　爾	蔡　美　麗	已　出　版
馬克斯・謝勒	江　日　新	已　出　版
海　　德　　格	項　退　結	已　出　版
漢　娜　鄂　蘭	蔡　英　文	撰　稿　中
盧　　卡　　契	謝　勝　義	撰　稿　中
阿　多　爾　諾	章　國　鋒	撰　稿　中
馬　爾　庫　斯	鄭　　　湧	撰　稿　中
弗　　洛　　姆	姚　介　厚	撰　稿　中

世界哲學家叢書 (五)

書　　　　　名	作　　者	出 版 狀 況
柏　　拉　　圖	傅　佩　榮	撰　稿　中
亞　里　斯　多　德	曾　仰　如	已　　出　　版
柏　　羅　　丁	趙　敦　華	撰　稿　中
聖　奧　古　斯　丁	黃　維　潤	撰　稿　中
安　　瑟　　倫	趙　敦　華	撰　稿　中
伊　本・赫　勒　敦	馬　小　鶴	已　　出　　版
聖　多　瑪　斯	黃　美　貞	撰　稿　中
笛　　卡　　兒	孫　振　青	已　　出　　版
蒙　　　　田	郭　宏　安	撰　稿　中
斯　賓　諾　莎	洪　漢　鼎	已　　出　　版
萊　布　尼　茲	陳　修　齋	撰　稿　中
培　　　　根	余　麗　嫦	撰　稿　中
霍　　布　　斯	余　麗　嫦	撰　稿　中
洛　　　　克	謝　啟　武	撰　稿　中
巴　　克　　萊	蔡　信　安	已　　出　　版
休　　　　謨	李　瑞　全	已　　出　　版
托　馬　斯・銳　德	倪　培　林	撰　稿　中
伏　　爾　　泰	李　鳳　鳴	撰　稿　中
孟　德　斯　鳩	侯　鴻　勳	已　　出　　版
盧　　　　梭	江　金　太	撰　稿　中
帕　　斯　　卡	吳　國　盛	撰　稿　中
達　　爾　　文	王　道　遠	撰　稿　中
康　　　　德	關　子　尹	撰　稿　中
費　　希　　特	洪　漢　鼎	撰　稿　中
謝　　　　林	鄧　安　慶	撰　稿　中

世界哲學家叢書(四)

書　　　　名	作　　者	出版狀況
休　　　　靜	金　煥　泰	撰　稿　中
知　　　　訥	韓　基　斗	撰　稿　中
李　　栗　谷	宋　錫　球	已　出　版
李　　退　溪	尹　絲　淳	撰　稿　中
空　　　　海	魏　常　海	撰　稿　中
道　　　　元	傳　偉　勳	撰　稿　中
伊　藤　仁　齋	田　原　剛	撰　稿　中
山　鹿　素　行	劉　梅　琴	已　出　版
山　崎　闇　齋	岡　田　武　彥	已　出　版
三　宅　尚　齋	海老田輝巳	已　出　版
中　江　藤　樹	木　村　光　德	撰　稿　中
貝　原　益　軒	岡　田　武　彥	已　出　版
荻　生　徂　徠	劉　梅　琴	撰　稿　中
安　藤　昌　益	王　守　華	撰　稿　中
富　永　仲　基	陶　德　民	撰　稿　中
石　田　梅　岩	李　甦　平	撰　稿　中
楠　本　端　山	岡　田　武　彥	已　出　版
吉　田　松　陰	山　口　宗　之	已　出　版
福　澤　諭　吉	卞　崇　道	撰　稿　中
岡　倉　天　心	魏　常　海	撰　稿　中
中　江　兆　民	華　小　輝	撰　稿　中
西　田　幾　多　郎	廖　仁　義	撰　稿　中
和　辻　哲　郎	王　中　田	撰　稿　中
三　　木　　清	卞　崇　道	撰　稿　中
柳　田　謙　十　郎	趙　乃　章	撰　稿　中

世界哲學家叢書 (三)

書　　　　名	作　　者	出版狀況
知　　　　　　禮	釋　慧　嶽	排　印　中
大　慧　宗　杲	林　義　正	撰　稿　中
袾　　　　　宏	于　君　方	撰　稿　中
憨　山　德　清	江　燦　騰	撰　稿　中
智　　　　　旭	熊　　　琬	撰　稿　中
康　　有　　爲	汪　榮　祖	撰　稿　中
章　　太　　炎	姜　義　華	已　出　版
熊　　十　　力	景　海　峰	已　出　版
梁　　漱　　溟	王　宗　昱	已　出　版
金　　岳　　霖	胡　　　軍	已　出　版
張　　東　　蓀	胡　偉　希	撰　稿　中
馮　　友　　蘭	殷　　　鼎	已　出　版
宗　　白　　華	葉　　　朗	撰　稿　中
唐　　君　　毅	劉　國　強	撰　稿　中
賀　　　　　麟	張　學　智	已　出　版
龍　　　　　樹	萬　金　川	撰　稿　中
無　　　　　著	林　鎮　國	撰　稿　中
世　　　　　親	釋　依　昱	撰　稿　中
商　　羯　　羅	黃　心　川	撰　稿　中
維　韋　卡　南　達	馬　小　鶴	撰　稿　中
泰　　戈　　爾	宮　　　靜	已　出　版
奧羅賓多·高士	朱　明　忠	撰　稿　中
甘　　　　　地	馬　小　鶴	已　出　版
拉達克里希南	宮　　　靜	撰　稿　中
元　　　　　曉	李　箕　永	撰　稿　中

世界哲學家叢書 (二)

書　　　　　名	作　　　者	出　版　狀　況
王　　廷　　相	葛　榮　晉	已　出　版
王　　陽　　明	秦　家　懿	已　出　版
李　　卓　　吾	劉　季　倫	撰　稿　中
方　　以　　智	劉　君　燦	已　出　版
朱　　舜　　水	李　甦　平	已　出　版
王　　船　　山	張　立　文	撰　稿　中
眞　　德　　秀	朱　榮　貴	撰　稿　中
劉　　蕺　　山	張　永　儁	撰　稿　中
黃　　宗　　羲	吳　　　光	撰　稿　中
顧　　炎　　武	葛　榮　晉	撰　稿　中
顏　　　　元	楊　慧　傑	撰　稿　中
戴　　　　震	張　立　文	已　出　版
竺　　道　　生	陳　沛　然	已　出　版
眞　　　　諦	孫　富　支	撰　稿　中
慧　　　　遠	區　結　成	已　出　版
僧　　　　肇	李　潤　生	已　出　版
智　　　　顗	霍　韜　晦	撰　稿　中
吉　　　　藏	楊　惠　南	已　出　版
玄　　　　奘	馬　少　雄	撰　稿　中
法　　　　藏	方　立　天	已　出　版
惠　　　　能	楊　惠　南	已　出　版
澄　　　　觀	方　立　天	撰　稿　中
宗　　　　密	冉　雲　華	已　出　版
永　明　延　壽	冉　雲　華	撰　稿　中
湛　　　　然	賴　永　海	已　出　版

世界哲學家叢書 (一)

書　　　　名	作　　　者	出 版 狀 況
孟　　　　子	黃 俊 傑	已　出　版
荀　　　　子	趙 士 林	撰　稿　中
老　　　　子	劉 笑 敢	撰　稿　中
莊　　　　子	吳 光 明	已　出　版
墨　　　　子	王 讚 源	撰　稿　中
韓　非　　子	李 甦 平	撰　稿　中
淮　南　　子	李　　增	已　出　版
賈　　　誼	沈 秋 雄	撰　稿　中
董　仲　舒	韋 政 通	已　出　版
揚　　　雄	陳 福 濱	已　出　版
王　　　充	林 麗 雪	已　出　版
王　　　弼	林 麗 眞	已　出　版
阮　　　籍	辛　　旗	撰　稿　中
嵇　　　康	莊 萬 壽	撰　稿　中
劉　　　勰	劉 綱 紀	已　出　版
周　敦　頤	陳 郁 夫	已　出　版
邵　　　雍	趙 玲 玲	撰　稿　中
張　　　載	黃 秀 璣	已　出　版
李　　　覯	謝 善 元	已　出　版
楊　　　簡	鄭 曉 江	撰　稿　中
王　安　石	王 明 蓀	撰　稿　中
程顥、程頤	李 日 章	已　出　版
朱　　　熹	陳 榮 捷	已　出　版
陸　象　山	曾 春 海	已　出　版
陳　白　沙	姜 允 明	撰　稿　中